中国发展报告2011/12

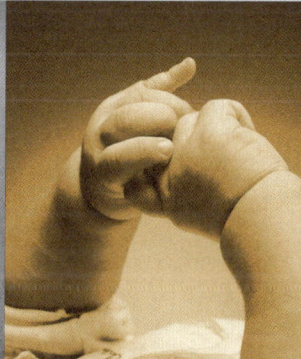

人口形势的变化
和人口政策的调整

中国发展出版社
CHINA DEVELOPMENT PRESS

CDRF 中国发展研究基金会
China Development Research
Foundation

图书在版编目（CIP）数据

中国发展报告2011/12：人口形势的变化和人口政策的调整/中国
发展研究基金会著. —北京：中国发展出版社，2012.10
ISBN 978 - 7 - 80234 - 858 - 5

Ⅰ. 中…　Ⅱ. 中…　Ⅲ. 人口—工作—研究—中国
Ⅳ. C924.2

中国版本图书馆 CIP 数据核字（2012）第 242426 号

书　　　　名：中国发展报告2011/12：人口形势的变化和人口政策的调整
著作责任者：中国发展研究基金会
出 版 发 行：中国发展出版社
　　　　　　（北京市西城区百万庄大街16号8层　100037）
标 准 书 号：ISBN 978 - 7 - 80234 - 858 - 5
经　销　者：各地新华书店
印　刷　者：北京科信印刷有限公司
开　　　本：890×1230mm　1/16
印　　　张：14
字　　　数：268 千字
版　　　次：2012 年 10 月第 1 版
印　　　次：2012 年 10 月第 1 次印刷
定　　　价：42.00 元

咨 询 电 话：(010) 68990642　68990692
购 书 热 线：(010) 68990682　68990686
网　　　址：http://www.develpress.com.cn
电 子 邮 件：fazhanreader@163.com

《中国发展报告 2011/12》课题组名单

顾 问：

王梦奎　国务院发展研究中心原主任,中国发展研究基金会理事长

陈　元　国家开发银行董事长

项目总协调人：

卢　迈　中国发展研究基金会秘书长,研究员

主报告作者：

蔡　昉　中国社会科学院人口与劳动经济研究所所长,研究员

李建民　南开大学人口与发展研究所教授

背景报告作者：

蔡　昉　中国社会科学院人口与劳动经济研究所所长,研究员

李建民　南开大学人口与发展研究所教授

谭　琳　全国妇联妇女研究所所长

何宇鹏　国务院发展研究中心研究员

胡　英　国家统计局人口与就业统计司副司长

王萍萍　国家统计局住户调查办主任

都　阳　中国社会科学院人口与劳动经济研究所研究员

郑真真　中国社会科学院人口与劳动经济研究所研究员

王　丰　清华－布鲁金斯公共政策研究中心主任

陆杰华　北京大学社会学系教授

陈　卫　中国人民大学人口与发展研究中心教授

彭希哲　复旦大学社会发展与公共政策学院院长,教授

风笑天　南京大学社会学系教授

王美艳　中国社会科学院人口与劳动经济研究所副研究员

吴　帆　南开大学周恩来政府学院副教授

冯文猛　中国发展研究基金会项目主任,副研究员

刘　蓓　中国发展研究基金会项目官员,副研究员

项目办公室主任:

方　晋　中国发展研究基金会副秘书长,副研究员

项目协调:

冯文猛　中国发展研究基金会项目主任,副研究员

序 言

  为了实现全面、协调、可持续的发展，需要进行广泛的政策调整，包括人口政策的调整。这种政策调整近年来实际上已经在许多领域陆续展开。

  上世纪 80 年代初推行的计划生育政策，是针对人口过快增长而做出的权宜选择。这项政策实施之初，中共中央在一封公开信中就曾经预见："到 30 年以后，目前特别紧张的人口问题就可以缓和，也就可以采取不同的人口政策了。"

  在 30 年以后的今天，中国的人口形势确实发生了根本性的变化。据第六次全国人口普查，2000～2010 年中国人口年均增长率仅为 0.57%，远低于上一个十年的 1.07%，中国的生育率已降到很低水平；虽然未来 10 年人口总量还能维持惯性增长，但之后将是持续减少之势，人口负增长已经很难避免。人口结构的变化也应该引起高度重视：2010 年第六次人口普查和 1982 年第三次人口普查相比，0～14 岁少儿人口比重由 33.6% 下降到 16.6%；60 岁以上老年人口比重由 7.62% 上升到 13.26%；65 岁以上老年人口比重由 4.9% 上升到 8.9%，这意味着老龄化的加快和未来劳动力数量的减少。除计划生育政策的直接作用外，大规模快速推进的工业化和城市化，以及社会经济发展和城乡生活水平的提高，也是导致生育率降低的重要原因。老龄化则是生育率降低和人均寿命提高的必然结果。健康长寿是人类的理想和追求，但老龄化也带来许多新的挑战。困扰发达国家的少子老龄化问题，已经开始困扰中国，且有愈演愈烈之势。现在中国的人口问题，已经主要不是增长过快，而是少子老龄化，人口政策的调整势在必行。这是关系国家长远发展和民族兴旺发达的大事。考虑到，人口政策调整要经过比较长的时间才能看到明显效果，更需要有预见和远虑，行动宜早不宜迟。

近年来，不断有关于调整人口政策的呼声和建议。中国发展研究基金会这份研究报告，考察了目前中国不同地区实行计划生育政策的不同情况，对中国人口形势的变化及其深远影响作了全面深入的分析。这是关于中国人口问题的综合性的研究报告，重点是讨论生育政策的调整，此外还广泛地讨论了人口政策所涉及的健康、教育、儿童发展、人口流动、性别平等、家庭建设，以及老龄社会如何激发活力等诸多领域的问题。研究是认真扎实的，持论是客观公正的，所提政策建议是富有建设性的。报告还有一个鲜明特点和优点，是作者不仅比较分析了社会上已有的研究成果，还充分利用了基金会近年来在关于城市化和其他相关领域的研究成果，特别是关于农村儿童发展和贫困地区农村教育的社会实验的成果，有许多亲历的经验和第一手的资料，是有创新性的研究，很有新意，读起来有新鲜感。

　　我相信，这份研究报告的公开出版，对于中国人口政策的调整和完善，对于人口问题研究的进一步深入开展，对于增进国际社会对中国人口问题和人口政策的了解，都是有积极意义的。这正是中国发展研究基金会进行这项研究的初衷所在。

中国发展研究基金会理事长

国务院发展研究中心原主任　　王梦奎

2012 年 10 月 25 日

致　　谢

　　经过近两年的努力，《中国发展报告2011/12：人口形势的变化和人口政策的调整》终于可以呈现给读者了。本次报告选择"中国的人口"作为研究对象，是因为它对当下以及未来中国经济社会发展所具有的重大意义。2010年11月实施的第六次人口普查，清晰地揭示出了中国人口领域中发生的重大变化：人口增长率已经放缓，流动人口的规模继续膨胀，出生性别比持续失衡，老龄化不断加速……近些年，与人口相关的问题已经越来越多的被社会各界所关注。如果说人口红利、未富先老等这些名词只是学术界和决策者所了解的概念，那么农民工、空巢家庭、留守儿童、社会抚养费、失独父母、养老金等已经成为社会大众耳熟能详的话题。遗憾的是，在政策领域，32年前开始实施的以独生子女为核心的计划生育政策依然作为主要支柱，尚未根据当今人口形势发生的变化做出有效的调整。

　　计划生育政策的实施，根源于建国后确立的计划经济体制。在20世纪60年代，公有制全面确立、物质生产完全置于计划下的历史环境中，决策者提出了需要将人的生产，即人口的生育也要纳入到计划中的想法。由此，计划生育政策逐步在中国生根发芽直至在全国范围内付诸实施。1978年之后的改革开放，打破了经济管理体制中的计划模式，使物质生产逐步建立在市场调节的基础之上；但与此同时，对人的生产实行的计划控制却没有改变，愈加严格且延续至今。不可否认，计划生育政策的实施，在历史上曾经为控制人口过快增长、缓解经济建设中出现的积累与消费之间的矛盾做出了贡献。但当人口形势已经发生重大变化，新的社会经济管理体制模式也已基本确立的情况下，对人的生产进行的计划控制已不能适应经济社会发展的总体要求，需要进行调整，将生育自主权最终归还给个人。

人口问题的影响具有代际传递性，当代人口变化所引发的问题往往需要下一代人来承担，这个特点决定了研究人口问题和制定人口政策时需要很强的前瞻性。人口政策的影响具有很长的延续性，这使得对人口政策的调整更为复杂，既要考虑新政策可能带来的各种问题，又要妥善处理既有政策产生的历史影响。既有政策的调整和新的政策的实施，需要认真研究各项配套措施如何建立，不能一蹴而就。

在上述背景下，中国发展研究基金会组织研究了这份报告，就是要对我国人口形势的变化及其对经济社会的影响进行详细的剖析，在此基础上有针对性地提出人口政策调整的建议。在内容上，本报告围绕"中国人口"这一主题，从理论和实践两个层面，对人口形势的变化、人口与经济社会发展之间的关系、人口转变的挑战进行了详细阐释，在此基础上对政策调整的方向和具体步骤做了探讨。此外，报告还从教育和健康两个领域对如何应对人口结构的挑战进行了研究，并对儿童人口、劳动年龄人口、妇女和老年人口各自面临的问题和需要做出的努力做了专题剖析，在此基础上提出了加强家庭发展能力的对策和建议。

本报告的顺利完成，得益于全体课题组成员的辛勤投入以及众多专家和单位的鼎力支持。中国社会科学院劳动和人口经济研究所所长蔡昉和南开大学人口与发展研究所教授李建民作为主报告作者，用深厚的专业理论知识，长期积累的政策实践经验和辛勤的工作，为报告的顺利完成奠定了坚实的基础。国务院发展研究中心原主任、中国发展研究基金会理事长王梦奎先后五次对报告进行了仔细阅读，对报告的框架结构和各章内容提出了很多重要的指导意见。中国发展研究基金会副秘书长方晋参与了报告多个章节的撰写和修改工作。

人口问题研究涉及多个学科，这份报告也是多学科合作的结晶。为了使报告的分析具有坚实的科学基础和广阔的视角，中国发展研究基金会先后组织召开了多次专家座谈会，并委托了来自高校和部委科研机构的研究学者以及政府相关部门的政策实践者撰写了14份背景报告，这些座谈会和背景报告中的许多资料、分析和意见已经被本报告采纳。这些背景报告及作者分别是:《独生子女代际与家庭养老》(风笑天)、《疾病模式变化与生殖健康》(郑真真)、《劳动力流动对农村地区影响的实证分析和政策含义》(何宇鹏)、《劳动年龄人口与劳动供给》(都阳、胡英)、《老龄产业、老龄事业和相关政策》(陆杰华、王伟进)、《农村流动人口:现状、趋势与政策》(都阳、王萍萍)、《中国妇女发展状况与政策》(谭琳)、《适应未来经济增长的人力资本积累》(蔡昉、王美艳)、《中国人口转变的国际比较与人口红利的得失》(王丰)、《中国生育率现状:争论与各种背景》(李建民、姚从容)、《不同生育政策方案下中国人口发展趋势》(陈卫、张现苓、靳永爱)、《人口与资源、环境及气候变化》(彭希哲、朱勤)、《家庭政策:中国与国际比较》(吴帆)、《关注儿童发展》(刘蓓、赵俊超、于明潇、曹艳)。上述背景报告的作者还参与了各个阶段的讨论并提供了很多宝贵的建议。除上述背景报告作者之外,在研究和报告的撰写当中,翟振武、顾宝昌、曾毅、郭志刚、李伯华、莫荣等多位专家参与了讨论并为报告提供了详细的参考资料和建设性的意见。

为了更准确地把握人口问题的形势变化和现实影响,报告课题组先后赴辽宁、云南、上海、浙江等地进行了实地调研。调研当中,得到了当地政府有关部门的大力协助。此外,为了解国际经验,课题组还邀请OECD的Cristina Martinez-Fernandez等专家详细介绍了OECD国家在应对人口老龄化问题上的探索和尝试,并专门赴日本福冈等地进行了实地调研。福冈调研中,日本老龄综合研究中心专务理事吉田成良、九州大学名誉教授小川全夫和福冈市有关工作人员就当地应对人口老龄化的各项措施进行了详细讲解。

中国发展研究基金会承担了此次报告的全部组织工作和部分章节的撰写工作,冯文猛、俞建拖、杜智鑫、刘蓓、都静、李敏、于明潇、邱月不仅出色地完成了项目的具体组织工作,还承担了资料搜集整理、辅助性研究和后期的大量编辑工作。

2008年起,中国发展研究基金会设立了"中国政策研究基金",以支持年度性的《中国发展报告》及其他研究项目的进行。美国史带基金会、沃达丰集团和中国国际金融有限公司为 2011 年到 2012 年度中国政策研究基金提供了慷慨资助。德国技术合作公司（GIZ）为报告的英文版的翻译和编校提供了热心资助。国家开发银行为报告的相关准备工作提供了资助。

至此报告付梓之际，谨代表中国发展研究基金会，对全体课题组成员以及为报告的顺利完成提供支持和帮助的单位和个人表示诚挚的感谢！

中国发展研究基金会秘书长　卢迈

2012 年 10 月 22 日

目　录

引　言 ··· 1

第一章　处在历史转折点上的中国人口 ······························· 3
　　一、计划生育政策的实施 ··· 4
　　二、人口形势的变化 ·· 9

第二章　经济社会发展决定人口转变 ································· 21
　　一、关于人口与发展的争论与现实 ····························· 22
　　二、人口转变的一般规律 ·· 25
　　三、中国人口转变的新阶段 ··· 28

第三章　人口转变对经济社会发展的影响 ························· 33
　　一、生命周期与经济社会政策 ······································ 34
　　二、人口红利与经济增长 ·· 36
　　三、人口年龄结构变化带来的影响 ······························ 40
　　四、应对人口结构变化的政策取向：调整生育政策，提高人口素质 ············ 47

第四章　稳步调整生育政策 ·· 49
　　一、现已进行的局部调整 ·· 50
　　二、不同生育政策下的人口情景 ··································· 54
　　三、新人口政策的原则和着力点 ··································· 59
　　四、生育政策调整的步骤 ·· 61
　　五、完善生育政策的辅助措施 ······································ 62

第五章　　投资于健康 ··· 65
　　一、中国的健康进步 ··· 66
　　二、21 世纪以来中国的医疗卫生体制改革 ····················· 67
　　三、人口健康面临的新问题 ·· 69
　　四、医疗卫生体制改革的原则 ······································ 76

第六章　　提升教育水平 ··· 79
　　一、产业升级的人力资本要求 ······································ 80
　　二、老龄化背景下的教育 ··· 81
　　三、从人口大国迈向人力资源强国 ······························· 94

第七章　　农村儿童发展 ··· 97
　　一、投资于儿童 ··· 98
　　二、儿童早期发展 ··· 99
　　三、农村学生营养 ··· 108
　　四、促进农村儿童发展的措施 ······································ 110

第八章　　统筹城乡发展中的人口流动 ································ 113
　　一、人口流动与"半城市化" ··· 114
　　二、建立新型人口管理与服务模式 ······························· 117
　　三、深化户籍制度改革 ··· 118
　　四、挖掘劳动力供给潜力与城乡统筹发展 ····················· 121

第九章　　促进社会性别平等 ·· 125
　　一、社会性别平等与妇女发展 ······································ 126
　　二、性别平衡与出生性别比失调 ··································· 129
　　三、性别平等与妇女保护 ··· 133
　　四、促进社会性别平等的措施 ······································ 136

第十章　　激发老龄化社会的发展活力 ································ 137
　　一、提高养老保障覆盖水平 ·· 138
　　二、提高老年人的劳动参与率 ······································ 140

三、探索中国特色的养老模式 ……………………………… 144

四、开发朝阳期的养老产业 ………………………………… 146

第十一章　家庭发展能力建设 ………………………………… 151

一、家庭变迁及特点 ………………………………………… 152

二、社会转型期家庭面临的问题 …………………………… 155

三、家庭变迁与代际关系 …………………………………… 156

四、社会政策对象的偏离与矫正 …………………………… 157

五、家庭政策与家庭发展能力建设 ………………………… 159

第十二章　政策建议 ………………………………………… 163

一、调整生育政策 …………………………………………… 164

二、投资健康和教育 ………………………………………… 165

三、注重农村地区儿童发展 ………………………………… 166

四、统筹城乡发展中的人口流动 …………………………… 166

五、激发老龄社会的发展活力 ……………………………… 167

六、促进性别社会平等 ……………………………………… 167

七、加强家庭发展能力建设 ………………………………… 168

附　录 ………………………………………………………… 169

参考文献 ……………………………………………………… 199

专栏目录

专栏 1.1   《公开信》节录 ·· 7

专栏 1.2   联合国最新人口预测对中国人口形势的纠正：生育率的大幅调低 ·············· 11

专栏 1.3   山东禹城的农村空心化——基于 48 个典型村的调查 ························· 17

专栏 2.1   "被误解的"马尔萨斯 ·· 23

专栏 3.1   东亚经济体与新大陆经济体的人口红利 ··· 36

专栏 4.1   二孩生育政策地区调研结果 ··· 53

专栏 4.2   社会抚养费的征收和争议 ··· 62

专栏 6.1   世界各国普及高中教育的经验 ·· 83

专栏 6.2   陕西吴起推行免费教育 财政蛋糕优先分给教育 ································· 85

专栏 6.3   "城中村"流动儿童的教育不容乐观 ··· 89

专栏 6.4   发达国家利用立法和政策鼓励职业教育和培训 ································· 91

专栏 6.5   宝马打败老龄化危机 ·· 92

专栏 7.1   中国开展的儿童早期营养与母婴健康项目 ·· 102

专栏 7.2   中国发展研究基金会"贫困地区儿童早期发展"项目 ·························· 105

专栏 7.3   农村学生营养改善项目试点与政策评估 ··· 108

专栏 8.1   新一代农民工群体崛起对人口管理提出更高要求 ····························· 114

专栏 9.1   国际通用的三个性别指数及 2008 年中国在世界的排名 ················· 127

专栏 9.2   中国农村妇女对 B 超技术的认知 ·· 130

专栏 9.3   出生性别比问题治理 ·· 132

专栏 10.1   退休老人受青睐，返聘实现"老有所为" ·· 142

专栏 10.2   日本的护理保险制度 ·· 145

专栏 10.3   "十一五"期间为老服务事业发展 ··· 147

图目录

图 1-1   中国人口增量的变化 ·· 5

图 1-2   1950~2100 年中国人口增长趋势 ··· 10

图 1-3   中国与几个国家生育率变化趋势比较 ··· 11

图 1-4   中国人口金字塔 ··· 14

图 1-5   1955~2011 年中国出生性别比 ··· 15

图 1-6   2000~2010 年中国各地区常住人口增长幅度 ··· 16

图 2-1   总和生育率与经济发展水平的关系 ·· 26

图 2 - 2　中国城乡生育率下降趋势 ……………………………………… 29

图 2 - 3　女性成人文盲人数和文盲率的下降趋势 ……………………… 31

图 2 - 4a　中、日、韩三国女性生第一胎的概率 ……………………… 31

图 2 - 4b　中、日、韩三国女性一胎后生二胎的概率 ………………… 31

图 3 - 1　人口生命周期中的生产与消费 ……………………………… 34

图 3 - 2　中国人口自然增长率与劳动年龄人口比重变化 …………… 38

图 3 - 3　经济增长的不同源泉 ………………………………………… 39

图 3 - 4　中国人口抚养比变化趋势 …………………………………… 39

图 3 - 5　中国各年龄组人口变化 ……………………………………… 40

图 3 - 6　中国与发达国家老龄水平比较 ……………………………… 41

图 3 - 7　中国老年人口增长趋势 ……………………………………… 41

图 3 - 8　日本人口红利消失与增长减速 ……………………………… 42

图 3 - 9　日本劳动生产率提高的源泉变化 …………………………… 42

图 3 - 10　中国 15 ~ 64 岁劳动年龄人口规模及比例变化趋势 ……… 45

图 3 - 11　中国新生劳动力变化趋势 …………………………………… 45

图 3 - 12　中国劳动力的老化趋势 ……………………………………… 46

图 4 - 1　不同调整方案下的生育率趋势 ……………………………… 56

图 4 - 2　不同方案下的人口总量预测 ………………………………… 56

图 4 - 3　不同方案下劳动年龄人口变化 ……………………………… 57

图 4 - 4　不同方案下人口老龄化趋势 ………………………………… 58

图 5 - 1　中国人类发展指数 …………………………………………… 67

图 5 - 2　中国分性别出生时平均预期寿命 …………………………… 67

图 5 - 3　1950 ~ 2008 年中国甲乙类法定报告传染病发病率和死亡率变化趋势 ……

图 5 - 4　2008 年中国城乡居民年龄别两周患病率、慢性病患病率和住院率 ………… 71

图 5 - 5　中国 65 岁及以上老年人两周患病率 ……………………… 72

图 5 - 6　2008 年中国分省预期寿命指数 ……………………………… 73

图 5 - 7　2006 年中国残疾人服务需求满足情况 ……………………… 74

图 5 - 8　2006 年中国 65 岁及以上老年人残疾率 …………………… 74

图 6 - 1　东、中、西部学生学业成绩水平的比较 …………………… 83

图 6 - 2　城市和农村学生学业成就水平的比较 ……………………… 83

图 6 - 3　日本和韩国的高中入学率 …………………………………… 84

图 6 - 4　教育相对收益率的下降 ……………………………………… 85

图 6 - 5　高校招生数和入学率提高趋势 ………………………………………… 86

图 6 - 6　留守儿童、流动儿童和城市本地儿童的在校率 ………………………… 88

图 7 - 1　大脑发育的敏感期 ……………………………………………………… 100

图 7 - 2　青海试点地区干预 20 个月后 6~24 月龄儿童生长迟缓率 …………… 105

图 7 - 3　试点地区与非试点地区 3~4 岁幼儿心理发展状况比较 ……………… 106

图 8 - 1　农村外出劳动力的规模和构成 ………………………………………… 116

图 8 - 2　中国劳动参与率变化趋势 ……………………………………………… 122

图 8 - 3　中国分年龄劳动参与率的变化 ………………………………………… 122

图 10 - 1　2009 年中国 60 岁以上男性分地区主要生活来源的人口 …………… 138

图 10 - 2　2009 年中国 60 岁以上女性分地区主要生活来源的人口 …………… 139

图 10 - 3　2009 年中国分年龄组、分主要收入来源的老年人口组成 ………… 139

图 10 - 4　2010 年经济合作与发展组织国家退休年龄 ………………………… 141

图 11 - 1　中国居民家庭户规模变化趋势 ……………………………………… 153

图 11 - 2　2009 年中国城乡居民家庭户类别 …………………………………… 154

图 11 - 3　2009 年中国家庭户按户主年龄分布 ………………………………… 154

表目录

表 1 - 1　中国与世界人口 ………………………………………………………… 10

表 2 - 1　部分亚洲国家的总和生育率变化 ……………………………………… 29

表 2 - 2　不同收入水平地区女性劳动参与率 …………………………………… 30

表 4 - 1　生育政策调整不同方案下的人口变化情景 …………………………… 55

表 5 - 1　中国城市和农村人口死因构成 ………………………………………… 70

表 5 - 2　中国分城乡人口平均预期寿命（岁） ………………………………… 72

表 6 - 1　城镇分产业教育水平构成 ……………………………………………… 81

表 7 - 1　部分国家 5 岁以下儿童营养不良状况 ………………………………… 99

表 7 - 2　中国学前教育事业发展主要目标 ……………………………………… 103

表 7 - 3　中国城乡幼儿园及入园、在园幼儿人数分布 ………………………… 104

表 8 - 1　农村劳动力流动的阶段性特征与政策变迁 …………………………… 115

表 8 - 2　农民工外出年限与就业流动性的关系 ………………………………… 117

表 9 - 1　中国男女两性的平均受教育年限 ……………………………………… 128

表 9 - 2　中国各级各类学校在校生的女性比例 ………………………………… 128

表 9 - 3　城市、镇和乡村婴幼儿及青少年人口性别比的比较 ………………… 131

表 9 - 4　2000 年以来按登记注册类型分的城镇单位就业人员中的女性比例 …………… 135

附表目录

附表 1　中国各省人类发展指数（2010 年）………………………………………………… 169

附表 2　各省人均 GDP 及 GDP 指数（2010 年）………………………………………… 170

附表 3　各省三级教育入学率及教育指数（2010 年）…………………………………… 171

附表 4　各省预期寿命和预期寿命指数（2000～2010 年）……………………………… 172

附表 5　各省人口数、城镇人口比例、出生率 …………………………………………… 173

附表 6　各地区按三次产业分就业人员数（2010 年末）………………………………… 174

附表 7　各省登记失业人数和登记失业率（2010 年）…………………………………… 176

附表 8　2010 年各省地方财政收入和支出 ……………………………………………… 178

附表 9　各省城镇居民平均每人全年家庭收入来源（2010 年）………………………… 179

附表 10　各省农村居民家庭人均纯收入及收入来源（2010 年）……………………… 180

附表 11　各省城镇居民家庭平均每人全年消费性支出（2010 年）…………………… 181

附表 12　各省农村居民家庭平均每人生活消费支出（2010 年）……………………… 182

附表 13　各省卫生机构数和人员数（2010 年）………………………………………… 183

附表 14　各省基本养老保险情况（2010 年）…………………………………………… 184

附表 15　各省教育、卫生支出占地方财政支出和 GDP 的比重（2010 年）………… 186

附表 16　各省进出口额占 GDP 的比重（2010 年）…………………………………… 188

附表 17　各地方土地拥有情况（2010 年）……………………………………………… 189

附表 18　中国历代人口数 ………………………………………………………………… 190

附表 19　新中国的人口变化（1949～2011 年）………………………………………… 191

附表 20　城乡人口的变化（1949～2011 年）…………………………………………… 193

附表 21　各地区人口分布的变化和增减情况（1982、1990、2000、2010 年）……… 195

附表 22　平均预期寿命的变化 …………………………………………………………… 196

附表 23　各地区的平均预期寿命（1982、1990、2000、2010 年）…………………… 196

附表 24　历次人口普查的主要结果（1953、1964、1982、1990、2000、2010 年）…… 197

引　言

　　人口政策是关系国家长远发展和民族前途的大事。人口政策的出发点和落脚点，是实现人口和社会经济的协调和可持续发展，增进最广大人民的福祉。人口政策的制定和调整要从中国的实际情况出发。

　　长期以来，人口基数大、增长快是中国的基本国情，这也是实行计划生育政策的原因。现在，这种状况已经发生了重大转变。

　　2010年第六次全国人口普查结果显示①，2000～2010年间，中国人口年均增长率为0.57%，远远低于上一个10年的1.07%，增长速度明显放缓，计划生育政策取得了显著效果；与此同时，人口结构②发生了巨大变化：2010年，中国60岁以上的老龄人口达到1.78亿，所占比例从1982年的7.62%增至13.26%，0～14岁人口所占的比重则由33.59%减至16.60%。这种情况过去未曾得到充分注意，也缺少应对之策。人口年龄结构中这种此消彼长的变化，说明中国人口增长过快的趋势已经扭转，同时也预示着多年来对经济发展做出了巨大贡献的人口红利正在消失，老龄化成为中国未来经济社会可持续发展必须面对的重大问题。

　　面对当前人口领域中出现的新情况和新问题，需要及时做出政策上的调整。本报告剖析了中国人口形势的变化及其对经济社会的影响，提出"生育自主、倡导节制、素质优先、全面发展"的新人口政策，以及调整生育政策和提高人口素质促进人的全面发展两大政策取向。本报告还提出了稳步调整生育政策的具体方案，并从教育、健康、就业、养老、城市化、儿童与妇女发展、家庭能力建设等方面对如何促进人的全面发展进行了分析，在此基础上给出了各领域深化改革的建议。

---

　　① 第六次全国人口普查结果于2011年7月公布。
　　② 人口结构，指总体人口的各个组成部分所占的比例及关系，组成部分可以依据自然的、社会的、地域的特征来划分。人口结构的变化，指的是组成部分比例的变化，以及相互关系的变化。

第一章

处在历史转折点上的中国人口

- 计划生育政策的实施
- 人口形势的变化

20 世纪 80 年代初期，以独生子女政策为核心的计划生育政策成为中国的基本国策。在随后的 30 多年中，这项政策不仅改变了中国人口的演进轨迹，对中国经济和社会的发展也产生了巨大的影响。今天，中国人口进入了一个多元变动的时代，一些新的人口现象正在出现，许多人口发展指标出现了趋势性的转折。这些新的人口变化将会给中国经济社会发展带来怎样的影响？将会给人民的福祉带来怎样的影响？这是社会普遍关心的，也是政府决策需要考虑的。本章重点讨论独生子女政策出台的背景及其影响，在此基础上对当前中国人口领域中发生的重大变化进行梳理。

一、计划生育政策的实施

要了解中国人口问题的现状，计划生育政策是最为重要也是最为直接的起点。中国的人口变化，虽然是在多种因素的共同影响下完成的，但这些因素之中，源自政策方面的影响最为突出。

1. 实施计划生育政策的背景

1949 年中华人民共和国成立后，随着人民生活水平的提高和医疗卫生条件的改善，死亡率出现了快速下降的局面。在短短 20 年中，人口死亡率从 1949 年的 20‰ 下降到 1970 年的 7.6‰，平均预期寿命①从 1950 年的 44.6 岁上升到 1970 年的 64.6 岁，增加了 20 岁。

在高出生率的情况下，死亡率的迅速下降把中国人口带入了历史上增长最为迅速的时代。1949～1958 年和 1962～1975 年，中国先后出现了两次人口增长高峰。在第一次人口增长高峰期间，平均每年净增人口 1221 万人；在第二次人口增长高峰期间，平均每年净增人口 1947 万人。1959～1961 年是中国人口增长史上的一个特殊时期，严重的饥荒导致了死亡率的剧增和人口的负增长。但这个特殊的历史事件并没有阻断中国人口快速增长的步伐，从 1962 年开始，死亡率回归到正常水平，而出生率则出现了补偿性的大幅反弹，1963 年升至 43‰，当年出生人口接近 3000 万，达到中国历史上单独年份人口出生数量的最高峰。经过两轮增长高峰，中国的人口规模迅速膨胀，总人口分别于 1954 年、1964 年、1969 年和 1974

---

① 平均预期寿命可以理解为：在目前的死亡水平下，某一年龄人口可以存活的平均年龄；在没有特别说明的情况下，平均预期寿命通常是指 0 岁时的平均预期寿命。

年达到 6 亿、7 亿、8 亿和 9 亿，20 年间人口增加 3 亿（见图 1 – 1）。

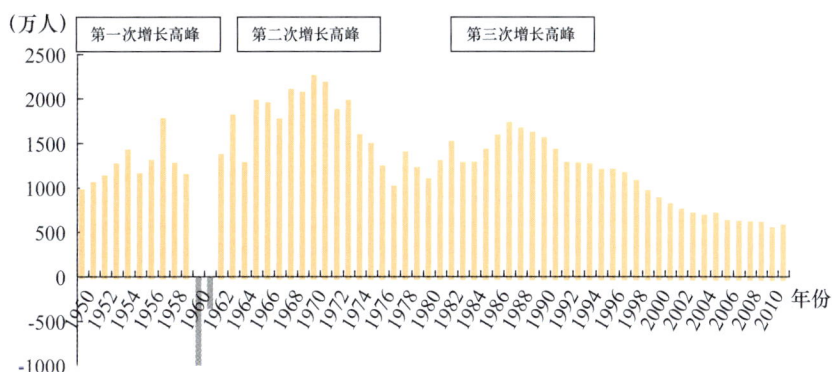

图 1 – 1　中国人口增量的变化
资料来源：中国统计年鉴和统计公报。

人口的过快增长给中国的经济社会发展带来了多方面的巨大压力。一是少年儿童人口对教育的压力，二是年轻人口对就业、住房等方面的压力，三是满足新增人口的刚性消费对资本积累的制约。据统计，1952 ~ 1981 年，中国粮食的年产总量增加两倍，但人均粮食年产量仅增加 14%，从 285 公斤增至 326 公斤。由于同一时期人口增加了 73%，新增的粮食生产被人口的快速增长所抵消。人口多、底子薄，成为当时中国的基本国情。

更为严重的是，这一时期的人口与经济社会发展处在恶性循环之中：越是贫困的农村地区，生育的子女数量越多；而过重的人口负担成为家庭生活改善和地区经济发展的重要"瓶颈"。人口的这种畸形快速增长构成了对经济社会可持续发展的严重制约。

面对人口快速增长给经济社会发展带来的压力，中国政府在实践中逐渐调整对人口问题的认识，从新中国成立之初的"社会主义国家不会出现人口过剩"、"人多力量大"等"人口资本论"的思想，向"提倡节育"、"控制人口数量"转变。经过近 30 年的探索，1980 年终于在全国范围内实施了以独生子女政策为核心的计划生育政策。

2. 计划生育政策的演进和独生子女政策的出台

独生子女政策的出台，经历了一个逐步演进的过程。

新中国成立之初，人口问题并没有引起关注，中国政府也没有采取系统的政策措施降低当时很高的生育水平。相反，为了维护妇女的权益和保护子女的健康，以及在"人多力量大"和"人有一张口，但有两只手"等观念的影响下，政府明文规定不准进行人口流产。1950 年 4 月 20 日，卫生部和军委卫生部联合发布《机关部队妇女干部打胎限制的办法》。1952 年，在上述文件的基础上，卫生部制定了一个面向全民的《限制节育及人工流产暂行办法》，这在事实上起到了鼓励人口增长的作用。

20 世纪 50 年代中期，受 1953 年第一次普查结果人口数量大大高于此前社会普遍预测的影响，中国领导层开始对控制人口的必要性有所认识，并逐步产生了节制生育的思想。1955 年 3 月 1 日，中共中央《对卫生部党组关于节制生育问题的报告的批示》中指出："节制生育是关系到广大人民生活的一项重大政策性问题。在当前的历史条件下，为了国家、家庭和新生一代的利益，我们党是赞成适当地节制生育的。"这是新中国第一次以中央文件的形式表明了对节制生育的支持态度。1957 年 10 月，中共中央颁布的《1956 年到 1967 年全国农业发展纲要（修正草案）》首次写入了计划生育内容，计划生育开始在一些地区进行试点。但在 1958 年开始的"大跃进"运动中，片面宣传"人多是好事"，不可能再实行计划生育。

"大跃进"和三年自然灾害结束后，随着国民经济的好转以及社会和家庭正常生活秩序的恢复，结婚生育人数大幅度上升，同时还有一些前几年因生活困难未生孩子的已婚育龄妇女进行补偿性生育，结果出现了人口急剧增长的局面。这种变化再度引起了政府的重视，中国领导层重新认真考虑计划生育的必要性。1962 年 12 月 18 日，中共中央、国务院发出《关于认真提倡计划生育的指示》，提出："在城市和人口稠密的农村提倡计划生育，适当控制人口自然增长，使生育问题由毫无计划的状态逐渐走向有计划的状态，这是中国社会主义建设中既定的政策。"这一文件发出之后，计划生育工作首先在城市，然后在农村逐步展开。

1971 年，国务院批转卫生部等部门《关于做好计划生育工作的报告》，把控制人口增长首次纳入国民经济发展计划之中。1973 年，政府提出了"晚、稀、少"的计划生育政策。"晚"就是晚婚晚育，晚婚就是女 23 周岁、男 25 周岁；"稀"就是生育间隔 3 年以上；"少"就是一对夫妇生育子女数最好一个，最多两个。在 20 世纪 70 年代，以"晚、稀、少"为主的计划生育政策逐步在城乡落实，真正意义上的计划生育开始在全国范围内开展。

虽有"晚、稀、少"政策的实施，但已经形成的庞大的人口基数依然造成了人口增长数量的居高不下。在这种情况下，政府继续加大对控制人口增长的力度。1980 年 9 月 7 日，在第五届全国人民代表大会第三次会议上，时任总理华国锋代表国务院所做的报告提出，提倡一对夫妇只生育一个孩子，正式宣布国家实行独生子女政策。1980 年 9 月 25 日，中共中央发表《关于控制我国人口增长问题致全体共产党员共青团员的公开信》（以下简称《公开信》），对提倡"一对夫妇只生一个孩子"进行大力宣传和提倡。1981 年，在第五届全国人民代表大会第四次会议上，国务院在政府工作报告中明确提出："限制人口的数量，提高人口的素质，这就是我们的人口政策。"1982 年 2 月 9 日，中共中央国务院做出了《关于进一步做好计划生育工作的指示》，要求巩固和发展计划生育的成果，提出国家干部和职工、城镇居民一对夫妇只生育一个孩子，农村普遍提倡一对夫妇只生育一个孩子，而对于少数民族，则施行相对宽松的政策①。1982 年 9 月 1 日~11 日召开的中共十二大，把计划生育定为中国的基本国策。与此同时，政府又在法律层面，为计划生育政策的推行做出了有关规定。在 1982 年 12 月颁布的宪法修正案中，明确规定："国家推行计划生育，使人口的增长同经济和社会发展计划相适应。"2001 年 12 月 29 日，全国人大常委会颁布《人口与计划生育法》，以国家立法形式进一步明确了现行生育政策。《人口与计划生育法》第三章第十八条规定："国家稳定现行生育政策，鼓励公民晚婚晚育，提倡一对夫妻生育一个子女；符合法律、法规规定条件的，可以要求安排生育第二个子女。具体办法由省、自治区、直辖市人民代表大会或者其常务委员会规定。"根据《人口与计划生育法》，各地制定了人口与计划生育条例或办法，对当地的生育政策做出了具体规定。

专栏1.1　　　　　　　　　　　　**《公开信》节录**

如果不从现在起用三四十年特别是最近二三十年的时间普遍提倡一对夫妇只生育一个孩子，控制人口的增长，按目前一对夫妇平均生 2.2 个孩子计算，我国人口总数在 20 年后将达到 13 亿，在 40 年后将超过 15 亿。这将会大大增加实现四个现代化的困难，造成人民的生活很难有多少改善的严重局面。

解决这一问题的最有效的办法，就是实现国务院的号召，每对夫妇只生育一个孩子。

对每家每户来说，增加了人口，在他们不能干活以前，就会多用钱、多用粮，影响家庭生活的改善，这笔账一算就清楚。当他们能够干活以后，一方面对社会做出贡献，另一方面也要消费社会上生产的物资。对国家来说，如果工农业的劳动生产率还很低，物资的生产还不丰富，人口增长的快慢，就会直接影响现代化建设所需的资金的积累。人口增长过快，资金的积累就会减少，人口增长减慢，资金的积累就会增加。人口增加，除了家庭需要增加抚养费以外，为了解决他们的上学、就业等问题，国家还需要增加教育经费、设备投资和社会公用事业经费等。请想一想，从这些方面省下钱来发展经济和文化教育事

---

① 中国当时实行的生育政策规定，部分地区少数民族农牧民可以生育 3 个孩子，西藏地区的城镇居民可以生育 2 个孩子，藏族及人口稀少的少数民族农牧民不限制生育数量。这项生育政策坚持至今。关于生育政策的详细规定，请参看本报告第四章中关于中国现行生育政策分类的有关内容。

业，将会起多么大的作用！

到 30 年以后，目前特别紧张的人口增长问题就可以缓和，也就可以采取不同的人口政策了。

————————

资料来源：《中共中央关于控制我国人口增长问题致全体共产党员共青团员的公开信》，1980 年 9 月 25 日。

从早期的节制生育的号召，到 1980 年以国务院向全国人大所做报告和中共中央《公开信》的发表启动独生子女政策，中国的人口政策是在实践中根据情况的变化逐步演进的，以独生子女政策为核心的计划生育政策是在当时的历史条件下做出的权宜选择。

3. 计划生育政策的影响

以独生子女政策为核心的计划生育政策对中国经济社会产生了深远的影响。

一方面，计划生育政策的实施减少了人口增长带来的压力。20 世纪 80 年代初期，农村家庭联产承包责任制的实施，大量知识青年返城，新的婚姻法降低结婚年龄等，多重因素都可能促使生育率反弹。计划生育政策的实行，抑制了这种反弹，使生育率持续下降。人口出生率从 1970 年的 33.4‰下降到 1980 年的 18.2‰，进一步下降到 2010 年的 11.9‰。40 年间下降 21.5 个千分点。独生子女政策的实行，从根本上扭转了中国人口快速增长的局面，加快了人口从"高出生、低死亡、高增长"向"低出生、低死亡、低增长"转变的过程。人口增长速度的下降，促进了经济和社会的发展。

由于计划生育政策的实施，加之改革开放一系列政策，使"人口红利"[①] 得到充分挖掘，这是中国经济高速增长的一个重要原因。根据不同学者的测算，人口红利对近 20 年中国人均收入增长所做的贡献占 15%～25% 左右（王丰、梅森 2006；Cai and Wang，2005）。

此外，随着出生子女数量的减少，家庭的关爱更为集中，每个新生个体获得的教育资源也相应增加。更为充分的关爱和更加集中的家庭教育资源为年青一代的成长创造了更为良好的环境，促进了整体人口素质的提高。

另一方面，独生子女政策的实施也付出了巨大的政治和社会代价。根据卫生部 1986 年公布的数据，仅 1971～1986 年的 15 年间，中国接受流产手术的为 1.2354 亿人次。虽然这些

————————

① 人口红利，是指在人口转变过程中由于死亡率下降、出生率降低带来的经济影响，即在给定的经济条件下，由于人口年龄结构变化所带来的经济后果。这种影响是通过增加劳动力供给、扩大积蓄以及人力资本投入与回报上升三个主要途径实现的。

流产手术大多是在自愿的前提下进行的，但也有一部分是在各地基层计生干部的强制下实施的。强制实施的流产手术，不仅给育龄妇女本人和家庭带来了伤害，也使干群关系处于紧张之中。虽然中央强调，一定要把思想工作放在首位，坚持耐心细致的说服教育，但在政策执行过程中，由于对计划生育考核实行"一票否决"①，为确保计划生育规定的严格执行，在一些农村地区出现了针对违规居民的不文明甚至粗暴野蛮的做法。这些做法酿成了很多社会矛盾，与独生子女政策有关的社会事件时有发生。由于在收取超生罚款（后更名为"社会抚养费"）中存在着弹性，给某些基层执法人员的腐败造成可乘之机，也在一定程度上影响了党和政府的形象。为确保计生工作的开展，各地自上而下建立了庞大的计生队伍，付出了巨大的行政成本和社会成本。

此外，严格的独生子女政策的实施，使得很多地区居民采用 B 超等手段进行性别鉴定和人口流产，直接导致女婴数量的减少，造成出生性别比②的严重失衡。当初对此是估计不足的。

二、人口形势的变化

1980 年的《公开信》曾预测，30 年后人口形势和人口政策将发生变化。事实也确实如此。现在，在经历了从高生育率到低生育率的转变之后，中国的人口形势与 30 多年前已大不相同。大的变化可以概括为以下七个方面。

1. 走向人口负增长

现在中国依然是世界上人口最多的国家，但中国人口在世界人口中所占的比例已经从最高的 1974 年的 22.73% 降到 2011 年的 19.24%。目前，中国人口的增长速度已经非常缓慢。2000～2010 年间人口仅增加 7390 万，年平均增长率为 0.57%，而同期世界人口的增长速度超过中国一倍以上。在世界人口增长的第 7 个 10 亿中，来自中国人口增长的贡献不到 1/10（见表 1－1）。

---

① "一票否决"，是指一个单位或地区如有违反计划生育政策规定的情况，则该单位和地区在整个考核期间无法获得其他任何荣誉或奖励的制度规定。

② 出生性别比，是指在某一时期内（年）出生男婴与女婴的数量之比，其数值为每 100 名女婴对应的男婴数。出生性别比的正常范围为 103～107。

表 1 - 1 　　　　　　　　　　　　　　中国与世界人口

年　份	世界人口（亿人）	中国人口（亿人）	中国人口比重（％）
1959	30	6.62	22.07
1974	40	9.09	22.73
1987	50	10.93	21.86
1999	60	12.59	20.98
2011	70	13.47	19.24

注：中国是年末数。
资料来源：联合国人口基金（UNFPA）：《2011 年世界人口状况报告》；国家统计局：《2010 年中国统计年鉴》、《2011 年我国人口总量及结构变化情况》。

如果目前的低生育水平一直持续下去，2027 年中国人口将转为负增长，到 21 世纪末人口规模很可能会缩减到 9.4 亿人（United Nations，2010）。虽然在总量上，中国 2100 年的人口数量同 1975 年相当，但人口的年龄结构存在着根本不同。在 1975 年的 9.2 亿人当中，0～14 岁人口所占的比重为 38.9％，65 岁以上人口所占的比重仅为 4.6％；在 2100 年的 9.4 亿人当中，0～14 岁人口所占的比重下降为 15.9％，65 岁以上人口所占的比重增至 28.2％，人口年龄结构将严重老化（United Nations，2011a）。人口负增长已经难以避免，但是人口平缓地负增长与急剧地减少是两回事，所带来的经济社会后果也完全不同（见图 1 - 2）。

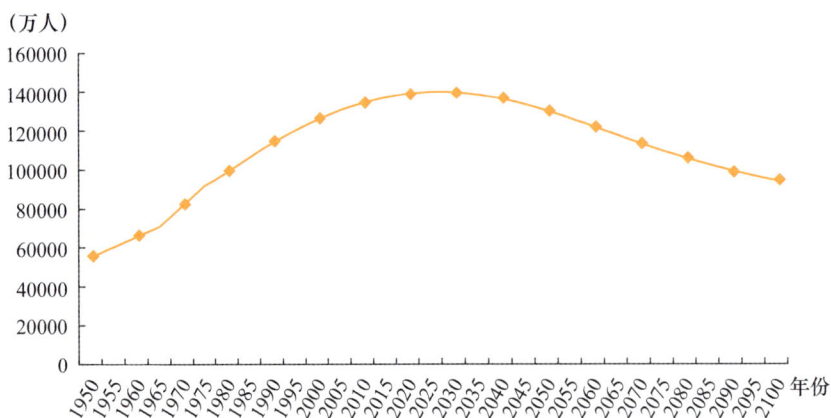

图 1 - 2　1950～2100 年中国人口增长趋势
资料来源：United Nations，World Population Prospects：2010 Revision。

2. 临近超低生育率水平

尽管对出生统计数据的质量存在广泛争议，中国低生育率的事实已经无可否认。根据第六次全国人口普查数据直接推算，中国总和生育率①为 1.18，考虑到出生漏报，当前的总和

---

① 总和生育率（total fertility rate，TFR）可以理解为：按照目前的生育水平，平均每个妇女生育的孩子数。

生育率应在 1.5① 以下。

联合国近年发表的几份报告都调低了对中国生育率水平的估计（见专栏 1.2）。《世界生育模式 2009》（United Nations，2009）认为 2006 年中国的总和生育率为 1.4；《世界人口展望 2010（修订本）》（United Nations，2011a）和《世界生育政策 2011》（United Nations，2011b）公布的数据显示，2005～2010 年世界人口的总和生育率（TFR）为 2.5，其中发达国家为 1.7，欠发达国家为 2.7，最不发达国家为 4.4，中国为 1.6。有研究者认为，中国的总和生育率甚至比这个水平更低（郭志刚，2011；蔡泳，2011）。这都表明，中国的生育率不仅低于发达国家的平均水平，而且已经临近超低生育率②（见图 1 - 3）。

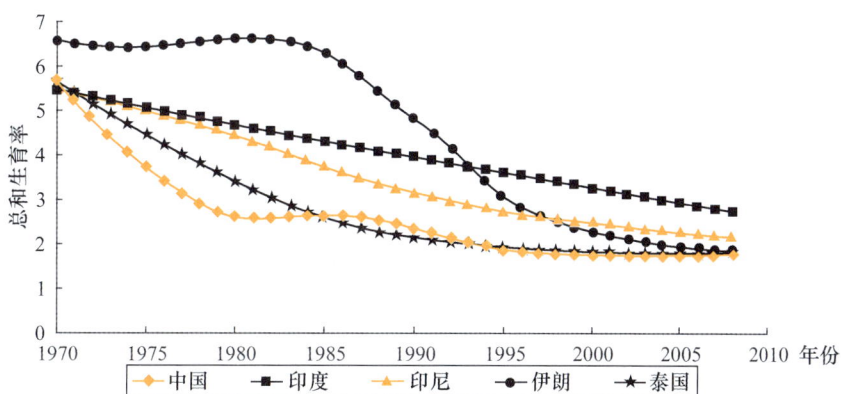

图 1 - 3　中国与几个国家生育率变化趋势比较

资料来源：王丰：《中国人口转变的国际比较与人口红利的得失》，背景报告 2011。

专栏1.2　联合国最新人口预测对中国人口形势的纠正：生育率的大幅调低

最新发布的联合国《世界人口展望 2010（修订本）》（以下简称《2010 修订本》）对中国人口的评估和预测做出了两个重大调整：一是下调当前中国人口的总量，二是调整对中国人口未来趋势的判断。

《世界人口展望 2008（修订本）》（以下简称《2008 修订本》）中预测中国人口的峰值是在 2032 年，将达到 14.63 亿；此后中国人口总量缓慢下降，到 2050 年为 14.17 亿。而《2010 修订本》中则预测中国人口在 2026 年达到峰值 13.96 亿后迅速下降，2050 年下降

---

① 关于总和生育率的讨论，请参看郭志刚：《中国的低生育率与被忽略的人口风险》，《国际经济评论》2010 年第 6 期。

② 根据可能产生的人口及经济社会后果，将低生育水平划分为：1.5～2.1，为低生育水平（low fertility）；1.3～1.5 为很低生育水平（very low fertility）；而当总和生育率降到 1.3 以下时，称做极低或超低生育率（lowest-low fertility）。

到 12.95 亿。与《2008 修订本》相比，《2010 修订本》不仅把中国人口的峰值下调了 6700 万，到达峰值的时间也提前了 6 年。

联合国做出上述调整的根本原因是其对中国生育率趋势的判断有了重大转变。比较联合国对中国生育率的最近三次估计可以看到，在最新的人口预测中大幅下调了中国近期和未来的生育率。在《世界人口展望》2006 版中，联合国的判断是中国在 2000～2005 年的生育率为 1.70，以后逐步提高，于 2020～2025 年上升到 1.85 并一直保持下去。在 2008 版中，其判断比 2006 版有所提高，估计 2000～2010 年的中国生育率为 1.77；但长期趋势和 2006 版一样，仍然假定生育率会在 2020～2025 年上升到 1.85 并一直保持下去。而在 2010 版中，联合国估计中国的生育率从 2000～2005 年的 1.7 下降到 2005～2010 年的 1.64；未来会进一步下降，一直到 2015～2020 年的 1.51，然后掉头回升，在 2045～2050 年达到 1.77，在 2095～2100 年达到 2.01。

联合国调低中国当前和未来生育率，不仅体现了其对中国当前人口形势和生育形势的一个新认识，也和联合国人口预测技术进步有关。《世界人口展望 2010（修订本）》的一个重大技术改进是首次采用随机模型来预测世界各国的生育率。相较于此前以经验数据得出的决定性模型进行的点和线的估计，随机模型可以同时参考本国生育率下降的历史和其他国家生育率变化的经验，来预测一国生育率变化的未来。同时，以随机变量为基础，可以通过仿真模拟计算出未来生育率变化的范围，并以此来度量和评价生育率发展的不确定性，从而更好地了解生育率变化的趋势。

《世界人口展望 2010（修订本）》的准备工作是在中国第六次人口普查数据公布以前进行的，所以和中国第六次人口普查数据的吻合程度可以看做是对这一次修订合理与否的一项检验。事实上，"六普"数据公布的结果和联合国《世界人口展望》2010 版的估计数非常接近，只少了约 500 万人。《世界人口展望》2010 版要比 2008 版更接近于中国的实际情况，对中国人口的估计显然更为合理，是对 2008 年误判的一次重要纠正。

虽然同"六普"结果相比，联合国《世界人口展望 2010（修订本）》仍存在高估中国当前的生育率、低估人口老龄化的速度等问题，但其所做的预测仍然对了解中国人口未来发展有着重要的参考意义。总体而言，中国快速迈向老龄化社会大势已定，无法逆转，生育率能否尽快走出低谷是决定中国人口未来的关键。

资料来源：蔡泳：《从联合国人口预测看中国人口的未来》，《国际经济评论》2012 年第 1 期。

过低的生育水平会导致一系列的人口与经济社会问题，最直接的问题是人口老龄化和劳动力的短缺。2005 年，有国外学者提出了"低生育率陷阱"（low-fertility trap）的概念①。他们认为，在人口、经济与社会等多种因素的相互作用下，生育水平一旦落入到一个较低的值域，将长期持续下去，如同马尔萨斯的人口均衡陷阱一样，如果不采取有力的措施，将处在一个不良的循环状态。2006 年，又有国外学者通过对低生育水平国家的人口转变过程进行分析后警告，一个国家或地区想把总和生育率从 1.3 或 1.4 提高到 1.6 以上是很困难的，要想尽办法阻止总和生育率降低到 1.5 以下的"临界水平"（critical level）②。这些看法引起了国际学术界和政府部门的高度重视。

在低生育率情况下，推行鼓励生育政策已经成为很多国家的政策选择。联合国《世界人口政策 2009》中的数据显示，2009 年，过半数生育率低于更替水平（2.1）的国家已采取鼓励生育政策，包括发放生育津贴、减免税收、延长带薪产假、实行弹性工作制度等多种措施。当生育率降至 1.8 以下时，2/3 的国家已出台鼓励生育措施。当生育率降至 1.6 以下时，鼓励生育的国家占比上升至 83%。

对于临近超低生育率的中国而言，是否将面临与其他低生育率国家同样的问题，甚至面临更为严重的挑战呢？在政策选择上，中国是否比其他国家有更多的机会来应对"超低生育率陷阱"呢？

3. 人口金字塔的失衡

作为生育率迅速下降、持续的低生育水平以及寿命延长的结果，少子化和老龄化的快速发展使中国人口金字塔的形状发生了重要改变③。2010 年第六次人口普查时，少儿人口比重为 16.6%，65 岁及以上老年人口比重为 8.9%，而 1982 年第三次人口普查时这两个年龄段人口的比重分别为 33.6% 和 4.9%。这两个年龄段人口的反向变化必然导致一个结构性后果：新生劳动力数量的萎缩和需要社会负担的老年人口数量的扩张。前者将带来劳动力供求关系的重大转折，后者将使老龄化成为中国社会的常态。在过去的 30 多年中，人口的转变

---

① 在 2005 年发表的论文中，奥地利科学院维也纳人口研究所主任卢茨等人提出了这一概念，详见 Wolfgang Luts, VegardSkirbekk, 2005. Policies Addressing the Tempo Effect in Low – Fertility Countries. *Population and Development Review* 31（4）：703～723.

② 详见澳大利亚人口和社会研究所主任麦克唐纳于 2006 年发表的关于低生育率的论文：McDonald, P. 2006. "Low Fertility and the State: the Efficacy of Policy." *Population and Development Review* 32（3）：485～510.

③ 少子化是指总人口中 0～14 岁少儿人口比重下降的过程；老龄化是指总人口中 65 岁及以上老年人口比重提高的过程。

为中国经济增长创造了丰厚的人口红利，但是，随着人口老龄化进程的加速，人口抚养比①下降趋势在 2011 年已经终结，这意味着人口红利消失（见图 1-4）。

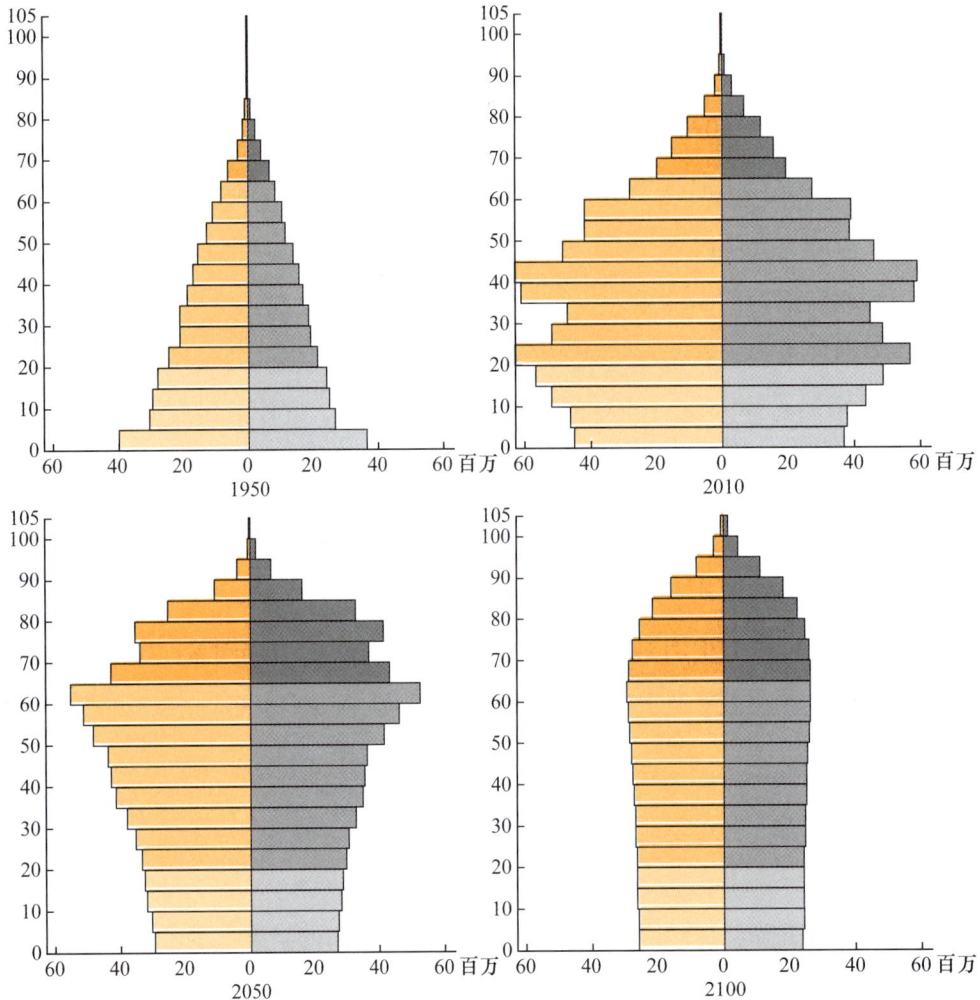

图 1-4　中国人口金字塔

注：每个图的左半边代表男性，右半边代表女性。

资料来源：UN, World Population Prospects：2010 Revision。

　　另一个备受世人关注的现象是，出生人口性别比的长期异常。从 20 世纪 80 年代中期开始，中国的出生性别比就超出了正常范围，在随后的年代里日趋严重：一是偏高的程度不断加剧，二是从农村蔓延到了城市。虽然政府采取了治理措施，2011 年仍高达 117.8。有研究推算，未来一个时期 20～40 岁的人口中，男性要比女性多出 3000 万～4000 万人。现在，出生性别比失调年代出生的人正在陆续进入结婚年龄，出生性别比失调的社会后果将会逐步显

---

　　① 人口抚养比，是指在一个人口中劳动年龄人口（15～64 岁）与少儿人口（0～14 岁）和老年人口（65 岁及以上）之比。

现（见图 1-5）。

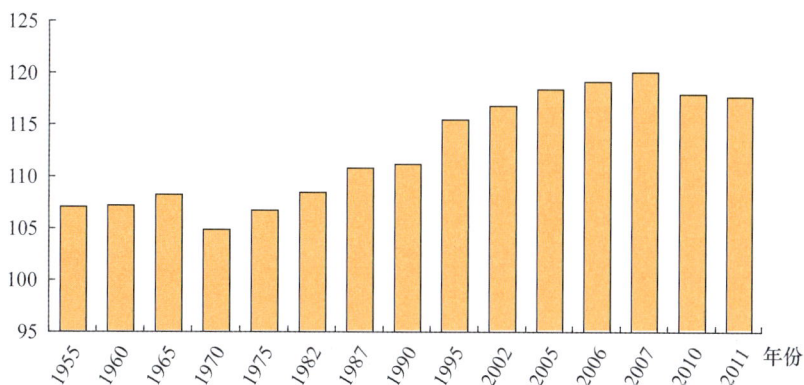

图 1-5　1955~2011 年中国出生性别比

资料来源：1955~1975 年数据来自全国 2‰生育节育抽样调查；1982 年及以后数据来自国家统计局历次人口普查、1% 人口抽样调查、人口变动情况抽样调查。

4. 城市化进程中的人口流动

中国正在经历人类历史上规模最大的人口流动和迁移。第六次全国人口普查结果显示，全国流动人口①规模为 2.21 亿人。国家人口和计划生育委员会发布的《中国流动人口发展报告 2011》称，在过去的 3 年中，流动人口以每年 1000 万的规模增长。

人口大规模的流动，已经成为影响中国经济社会发展最重要的人口现象之一。人口流动的方向是以从乡村流向城市为主，从中、西部流向东部为主。高度活跃的人口流动不仅改变着中国的人口城乡分布，同时也影响着中国人口的地区分布。特别是进入 21 世纪以来，中国的人口版图已经发生了显著变化。

第一，人口的城乡分布格局发生了历史性转变。2011 年末人口城市化水平达到了51.27%，中国已经不再是一个以乡村人口为主体的国家。在 1990~2000 年间，人口城市化水平以平均每年 1 个百分点的速度提升，而在最近的 10 年间，提高到平均每年 1.3 个百分点。在城镇人口的自然增长率已经非常低的情况下，中国人口城市化主要有三个途径：一是人口从乡村到城镇的迁移和流动；二是城市区域的扩大；三是新城镇的形成。其中，人口的乡城迁移和流动是目前人口城市化快速发展的最主要因素，因为流动人口主要来自农村地区。根据国家统计局对全国 31 个省（自治区、直辖市）的抽样调查，2010 年外出半年以上的农民工总量达 1.53 亿人（2011 年已达 1.59 亿人），占全国流动人口的 70% 左右。根据《中国流动人口发展报告 2011》的预测，2020 年中国城镇人口将超过 8 亿，未来 10 年累计

---

① 指居住地与户口登记地不一致且离开户口登记地半年以上（不包括市辖区内人户分离）的人口。

需转移农村人口 1 亿人以上；未来 30 年，将有 3 亿农村人口进入城镇。

　　第二，人口不断地向大城市聚集。特大城市和大城市对人口的吸引力和聚集能力一直是吸纳农村人口的主要因素，在过去 10 年中表现得更加明显。2010 年世界城市人口规模排名前 30 位的超级型都市中，中国有 5 个（上海排第 7、北京排 13、重庆排 23、深圳排 26、广州排 28）。2010 年，中国城镇人口超过 100 万的城市共有 87 座，其中超过 1000 万的城市有 6 座，全国 55.7% 的城镇人口居住在 100 万人以上的大城市。

　　第三，人口进一步向东部地区聚集。中国 3/4 以上的人口集中分布在不到 1/5 的国土面积上，而半数以上的国土面积上居住着不到 2% 的人口（葛美玲、封志明，2009）。2010 年东部地区占全国常住人口的 37.98%，与 2000 年相比，上升了 2.41 个百分点；中部占 26.76%，下降了 1.08 个百分点；西部占 27.04%，下降 1.11 个百分点；东北占 8.22%，下降 0.22 个百分点。在东部地区，人口增长最快的是广东、上海、北京、浙江和天津，"珠三角"、"长三角"和京津地区已经成为中国人口和大城市密度最大的区域。与之形成对比的是，中西部地区的湖北、四川、贵州、安徽、甘肃等省常住人口①处于负增长。这种变化格局，一方面显示出中国不同地区的人口增长已经不再按同一方向变化，同时也印证了人口流动对中国人口分布变化的重要影响（见图 1-6）。

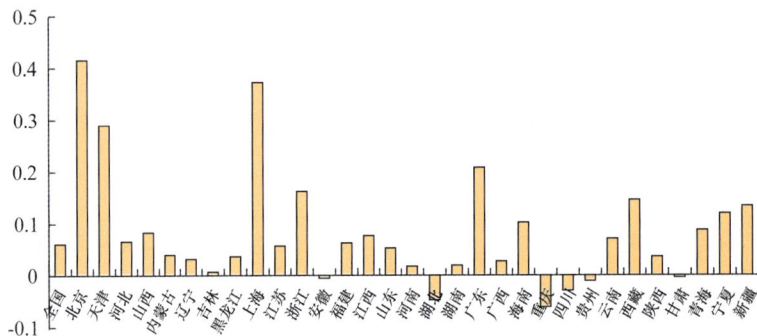

图 1-6　2000～2010 年中国各地区常住人口增长幅度
资料来源：2010 年第六次全国人口普查。

　　人口流动促进了劳动力的产业转移和经济增长，同时也推动着中国的社会变迁和制度变革。但是，大规模的人口流动与以户籍制度为基础的社会福利制度之间的矛盾也导致了一系列的社会问题，如出现数以千万计的"留守儿童"和"流动儿童"、公共服务资源分配不

---

　　①　常住人口是指经常居住在某一地区的人口。中国第六次全国人口普查定义的常住人口包括：户口在本辖区人也在本辖区居住的人、户口在本辖区之外但在本辖区居住半年以上的人、在本辖区居住户口待定的人、户口在本辖区但离开本辖区半年以下的人。

公、社会保障体系面临困境，等等。流动人口在教育、医疗和住房等方面还不能平等地享有同本地居民同样的权利。从这个意义上说，当前中国的城市化只能称为是不完全的城市化或"半城市化"。在未来一个时期，高度活跃的人口流动和快速推进的人口城市化仍将持续，将成为影响未来中国经济社会可持续发展和人口、资源、环境协调的关键因素。如何破解当前"半城市化"的困境是今后制度构建的重要任务。

5. 农村的"空心化"

自 20 世纪 90 年代以来，农村青壮年人口的大量外流在给城市提供充足劳动力的同时，也造成农村"空心化"[①] 现象。

农村空心化严重地影响到农村的生产力，造成土地资源的浪费和农村劳动力的老化。全国共有 64 万个行政村和 330 万个自然村，农村人均住房占地 182 平方米，远远超过了国家规定的农村人均建设用地上限的 150 平方米。有学者估算，通过对农村散乱、废弃、闲置的建设用地（包括宅基地）进行整治复垦，集中建设居民点，配套建设公共服务设施，全国可净增耕地 13% 左右（刘彦随等，2010）。

青壮年劳动力的大量外流，导致农村劳动力的老化和农村发展活力的锐减，这是许多国家在工业化和城市化过程中都曾出现过的现象。而在当今的中国，这一现象更为严重。此外，中西部地区女性人口的外流，加剧了当地既有的性别比失衡，男性结婚难成为这些农村地区面临的社会问题。在城市化的进程中，需要通过加大投入和体制变革，促进农业现代化，保持农村活力，实现城乡统筹发展。

专栏1.3   山东禹城的农村空心化——基于 48 个典型村的调查

山东禹城是中国典型的农区。对该地区 48 个村的宅基地调查和 401 份农户问卷调查结果显示，"一户多宅"现象十分普遍，有多于 1 处宅基地的家庭户占 41%；空闲房屋和闲置宅基地大量存在，多数村庄内部的老宅基地成片闲置。根据对其中 40 个村庄用地调查，每个村庄平均可挖掘土地潜力 250.2 亩，人均增地 0.84 亩，若整理成耕地，可使村庄人均耕地增加 35%。

[①] 农村空心化是城乡转型发展进程中乡村地域系统演化的一种不良过程，既包括农村土地空心化、人口空心化，也包括农村产业空心化和基础设施空心化，本质上是农村地域经济社会功能的整体退化（刘彦随等，2010）。

　　农村空心化给居民生产、生活、生态环境带来诸多问题，对农村发展的影响主要体现在五个方面：（1）空心村住宅面积的扩大，导致大量农用土地被侵占，造成土地浪费；（2）空心村伴随着青壮劳动力的流失，农田多为老年劳动力管理，削弱了农村的生产功能；（3）空心村的公用设施供给困难，缺乏生活垃圾和污水处理设施，生态环境脏、乱、差，急需建设，但又缺乏劳力和资金；（4）乡村文化日益衰落，原本就很松散的组织机构更加松散。

———————————

　　资料来源：陈玉福、孙虎、刘彦随：《中国典型农区空心村综合整治模式》，《地理学报》2010年第65卷第6期，第727～735页。

6. 逐渐蔓延的"民工荒"

　　劳动力过剩一直是中国政府制定社会经济发展政策时的一个重要前提，农村富余劳动力也一直被认为能够无限供给。然而，2004年春季在东南沿海地区出现了一个新现象：民工荒。在随后几年里，民工荒现象不仅在"珠三角"和"长三角"地区愈演愈烈，而且开始向中西部地区蔓延。人们必然会提出这样的问题：以劳动力为主体的流动人口已经多达到2.2亿人，在如此之大规模的劳动力流动背景下为什么会出现"民工荒"？中国农村还有多少剩余劳动力？

　　根据相关研究的估计（都阳、王美艳，2011），2009年中国总就业中67.3%是农村劳动力；城镇就业中41.3%是农民工；非农就业的51.4%是农村劳动力。尽管对农村剩余劳动力数量的估计有很大差异，但以下三个重要事实为多数研究者认同：第一，农村中可供转移的劳动力越来越少，目前尚未外出就业的劳动力中，仍然有可能外出就业的大约为3000万人，占可转移劳动力数量的40%；第二，农村青年劳动力越来越少，30岁以下的劳动力占农村劳动力的比重已不足1/4；第三，农村新生劳动力的数量越来越少。中国劳动力供求关系正在发生着历史性转折：农村剩余劳动力的无限供给正在结束。

7. 独生子女一代

　　独生子女政策催生了两个人口群体：一个是独生子女群体，另一个是独生子女父母群体。独生子女成为一代人是中国特有的人口现象，自1980年实行独生子女政策以来，独生子女数量累计达到1.2亿～1.3亿，其中70%为城市独生子女。这意味着中国的独生子女群体和独生子女父母群体的总规模达到3.6亿～3.9亿人。

作为一代特殊的人口群体，独生子女群体从产生的第一天起，就对中国社会的方方面面、对中国的今天和明天产生着影响。由于娇惯和溺爱，独生子女所产生的负面影响，一直引发着社会的普遍关注，也构成了中国教育和人口素质中不可忽视的因素。从21世纪初开始，这些被称为"小皇帝"的独生子女开始陆续进入了劳动年龄和婚龄，他们的影响也开始从家庭和教育领域向更为广泛的社会经济活动领域扩展。

独生子女群体现象意味着家庭结构、家庭关系、家庭生活方式的一系列变化，包括"四二一"结构①所反映的家庭结构、代际关系以及对家庭养老及相关老年保障的影响等问题，已经成为社会的普遍担忧。另一个特别令人关注的问题是，独生子女伤残死亡给独生子女父母带来的巨大伤害和难以弥补的心灵创伤。

上述人口领域发生的七大变化，有些直接起因于计划生育政策的影响，有些则源于户籍制度造成的城乡二元分割。这些变化构成了分析当前中国人口问题不可或缺的方面。在今后一段时期内，人口政策如何确定？需要解决的重点问题应该放在哪些领域？这些问题的解决，都需要建立在上述变化了的人口国情之上。

---

① "四二一"家庭是指由祖父母和外祖父母四人、独生子女夫妇二人和其独生子女所构成的倒金字塔形的家庭结构。

第二章

经济社会发展决定人口转变

- 关于人口与发展的争论与现实
- 人口转变的一般规律
- 中国人口转变的新阶段

人口对于经济增长和社会发展产生巨大的影响，这个认识已经深入人心。反之，经济社会发展对人口的变化也产生直接或间接的影响，这一点却常常为人们所忽视。这种忽视阻碍了人们正确地认识人口转变的规律，导致政策选择中的偏差。中国的人口转变已进入低出生率—低死亡率的阶段，人口政策也应该放在长期可持续发展的框架中做出与时俱进的选择。本章重点探讨经济社会发展对人口转变的决定性影响、人口转变的一般规律、中国人口转变的阶段，以及推动中国人口转变的经济、社会和政策因素。

一、关于人口与发展的争论与现实

1. 世界人口的增长

在漫长的人类历史中，世界人口增长一直十分缓慢。从公元前 1 万年到公元元年，全球人口规模用了 1 万年时间才从约 600 万增加到约 2.5 亿。在这一阶段，世界人口的预期寿命在 20 岁左右，人口年增长率约为万分之四。按照这一速度，人口规模每 1800 多年才翻一番。当马尔萨斯在 1798 年出版其《人口原理》小册子时，世界人口规模已扩大至 8 亿人左右。当时世界人口的年增长率不到万分之七，比公元前加快了将近 1 倍。按此速度，人口规模每千年才翻一番。

当 1968 年保罗 – 厄瑞驰的《人口炸弹》问世时，世界人口已经增长至 37 亿，预期寿命增至 40 岁以上，世界人口年增长率已达到 2% 左右，为马尔萨斯出版《人口原理》时的人口增长速度的近 30 倍。按此速度，人口规模每翻一番，仅需 40 年左右。全世界人口从 1950 年的 25 亿到 1985 年的 50 亿，仅用了 35 年时间。而世界人口每增加 10 亿人的时间，也从第三个 10 亿的 30 年缩短为第四个 10 亿的 14 年，第五个 10 亿的 13 年，以及第六个和第七个 10 亿的 12 年（Population Reference Bureau，2011）。许多人担忧，如果全世界人口照此速度无限增长下去，地球很快会变得拥挤不堪。

2. 人口增长与发展极限：悲观派和乐观派

这种对人口无限增长以至于耗尽地球资源的忧虑并非新近现象。关于人口增长和经济发展的关系，在西方学者中进行了长达两个多世纪的争论。由于研究角度、涉及的范围和理论基础各不相同，形成了人口增长与经济发展关系的"悲观学派"和"乐观学派"。

"悲观学派"中最广为人知的是马尔萨斯的人口论（见专栏 2.1）。该理论强调土地对人口增长的制约作用。在经济增长的初始阶段，人们可以自由获得土地，人口增长使得越来越多的土地被开发利用，总产出随着人口增长而增长，工资率和人均收入保持不变。但是，由于土地数量是有限的，人口增长造成土地数量变得稀缺，在边际报酬递减规律作用下，工资率和人均收入将下降，这时，总产出增长速度小于人口增长速度。人类如果不采取措施限制人口增长，那么经济增长将是一个充满绝望的悲观前景。在 18 世纪的中国，面对乾（隆）嘉（庆）时代人口的急剧增长，学者洪亮吉（1746—1809）早于马尔萨斯提出绝对人口过剩论，以及人口增长速度大大快于经济增长速度等观点，和马尔萨斯的观点颇为相似，被称为中国的马尔萨斯[①]。

专栏2.1　　　　　　　　　　"被误解的"马尔萨斯

马尔萨斯在其著名的《人口原理》中，通过一个例子推算到：假设……人口数量将会按照 1—2—4—8—16—32……的几何级数增加，而生活资料则按照 1—2—3—4—5—6—7……的算术级数增加。因此推算，在未来的两个世纪内，人口对生活资料的比率将是 256∶9。在三个世纪内，将是4096∶13；而推算到 2000 年里，计算出的差数几乎无法令人接受。马尔萨斯在 1798 年出版的《人口原理》的第一版中认为，人口增长只能通过邪恶和苦难，如饥荒、疾病和战争等加以遏制。

但是，当《人口原理》在 1803 年及此后再版的时候，马尔萨斯本人已经对这个观点进行了修正。例如，在后来各版本的序言中都包括了这样的话：限制人口的新方法是将法律、制度和人的自爱之心（或称自利之心）结合在一起……使得每个人都努力改善自己的境况。这些是人类天才的、宝贵的创造，正是这些，使得文明区别于野蛮。在探索人口法则的过程中，文明应该得出的结论是：我们绝不能丢掉这部梯子，正是靠着它，我们才达到现在的高度；而且，也没有人证明，通过同样的方式，我们不能达到更高的高度。

资料来源：马尔萨斯：《人口原理》，华夏出版社 2012 年版；D. 盖尔·约翰逊：《经济发展中的农业、农村、农民问题》，商务印书馆 2004 年版，第 201 页。

20 世纪 50 年代以来，马尔萨斯的继承者们，即新马尔萨斯主义者，认为当代发展中国家面临的最大问题是人口增长过快。在人口过快增长的压力下，发展中国家的经济增长、人

[①]　赵靖主编：《中国经济思想通史》（第 4 卷），北京大学出版社 1998 年版。

民生活水平的提高都受到严重的阻碍，出现所谓的"低水平均衡陷阱"：当人均收入提高时，人口增长率也随之上升，结果人均收入又会回到原来的水平；除非大规模的投资使人均收入水平的提高超过人口增长率的上升速度，否则人均收入的增长都要被人口增长所抵消，这种现象会在一个低水平上不断地循环往复（Nelson，1956）。

1972 年，麦多斯等人执笔发表了最激进的罗马俱乐部报告《增长的极限》。这是一部典型的马尔萨斯主义现代版本的代表作。该报告分析了影响经济增长的五个主要因素，即人口、资金、粮食、不可再生资源、环境污染，这五个因素都是按指数增长并且相互影响。这份报告的关注点从马尔萨斯式的"人口—食物"危机，扩展到"人口—资源—环境"危机。也就是说，由于人类的经济活动呈指数化的增长所造成的资源过度开发和浪费，会导致自然资源枯竭和环境恶化，形成严重的人类生存危机。为了使世界经济体系免于突然的和不能控制的崩溃，政府必须采取行动，放慢经济增长率，抑制人口和工业资本的急剧增加，保持人口和经济基本稳定，实现人口和经济的零增长。

"乐观派"强调的是人口增长对经济发展的积极影响。例如，1937 年凯恩斯发表的《人口增长缓慢的一些经济后果》，以及 1939 年汉森发表的《人口增长的下降与经济进步》，这两篇文章都指出，在发达和成熟的经济中，人口增长的下降是"有效需求"不足和投资动力下降的一个原因。他们认为，刺激"有效需求"的源泉是快速的人口增长，而不是慢速的人口增长。在此之后，汉森将凯恩斯的思想发展成了"长期停滞理论"，认为人口增长的下降是导致经济停滞的重要原因。一个增速不断下降或停滞的人口使人口结构趋于老龄化，导致对个人劳务需求的增加和对密集型投资产品需求的减少，从而会以各种方式减少投资需求，所以人口增长能刺激消费和投资（汉森，1939）。此外，也有经济学家提出"人口推动假说"，认为人口压力可以推动和促进技术进步（Boserup，1965）。

美国人口经济学家朱利安·西蒙在 1977 年出版的《人口增长的经济学》中，系统地论述了人口变化和经济发展之间关系的主要问题。西蒙认为，人口增长对经济增长所产生的正反馈效应，在发达国家和发展中国家的情形是不一样的。在发达国家，人口增长是通过知识进步和大规模经济而产生正效应；而在发展中国家，人口增长的正经济效应则是通过劳动量投入增加、社会资本（如社会基础设施）增长和对技术进步的推力与拉力。从长远看，适度的人口增长产生的经济效果，比缓慢的人口增长好得多。

1984 年，西蒙和凯恩又组织 20 多名各领域的专家撰写了《资源丰富的地球——对地球2000 年的反映》一书。该书对 1980 年美国环境质量委员会和美国国务院发表的《地球2000年——给总统的报告》一书中的各种观点逐条批驳，最后得出了完全相反的结论。他们从森林、物种、渔业、土地、气候、矿石、石油、煤炭、空气等多方面论述地球上的资源是丰富的，只要政治、制度、管理和市场等多种机制较好地发挥作用，从长期看人口的增长有利于经济发展和技术进步。

对从马尔萨斯以来的争论加以辨别，我们可以发现，那种持人口增长对经济发展有不利影响观点的人，多是从土地和可耗竭资源出发来立论的，因此大多为悲观派。那些持人口增长对经济发展有益处观点的人，多是从技术进步和刺激有效需求出发来立论的，大多是乐观派。随着这场争论的深化，越来越多的学者不再把人口增长对经济发展的影响简单地看成是单纯正的或单纯负的，而是可变的和错综复杂的，不同经济发展水平、技术条件、资源存量和人口规模基础上的人口与发展的关系是复杂的和不同的，需要具体分析。

人类发展和人口增长的事实也表明，令人恐惧的人口爆炸仅是人类历史中一个很短暂的篇章。整个20世纪，在世界人口总量增加了4倍的同时，全球经济也经历了史无前例的发展。马尔萨斯的悲观预见再一次被人类的创造性所推翻。20世纪初，全球经济消费总量约为15000亿美元。至20世纪末，按可比价格计算，约为240000亿美元，增加了16倍。20世纪后半叶，继西欧国家之后，世界几乎所有的发展中国家也都经历了生育水平的大幅度下降。1960～2006年，在世界人口增长的同时，世界人均GDP水平上升了2.4倍。与此同期，平均生育水平由1962年的5.4下降到2006年的2.5（World Bank，2008）。尽管世界人口基数在不断加大，但生育率的大幅度下降已使世界人口继续增加一个10亿的时间从不断缩短变为开始加长。由于惯性的作用，世界人口总数还在增加，人口过快增长仍是许多低收入国家的一大难题；但另一方面，人口老龄化已成为许多高收入和中等收入国家人口的一大特征。

二、人口转变的一般规律

人口转变，指的是人口再生产模式从高出生率—高死亡率向低出生率—低死亡率的转变过程。从国际的普遍经验来看，人口转变通常要经历三个阶段。第一阶段为高出生率—高死亡率，从而导致低自然增长率；第二阶段为高出生率—低死亡率，导致高自然增长率；第三阶段则是低出生率—低死亡率，导致低自然增长率。

人口转变是一系列社会经济因素作用的结果，这些因素包括经济、社会发展水平和物质丰裕程度、技术进步、社会思潮和文化传统等。这些因素直接或间接地影响人口的死亡率和出生率，使得人口再生产在不同阶段呈现出不同的出生率和死亡率组合，决定了人口转变的阶段。当然，政府的人口政策也会在一定程度上加速或延缓人口转变的进程，但从历史上看，很少有政策能够根本逆转人口转变的进程。

从人口死亡率的角度看，世界人口数量在 20 世纪的剧增，是人类社会进步所带来的不可避免的后果。世界人口剧增的根本原因不是人们生得更多了，而是活得更长了。工业革命以后，人类生活水平的提高，科学技术的发展，尤其是医疗技术进步与公共卫生的推广，导致人口死亡率大幅度下降。在短短 100 年中，世界人口的平均预期寿命翻了一番以上，由 30 岁增至 65 岁（Ronald Lee，2003）。预期寿命延长在发展中国家尤为明显，从 25 岁增加到 61 岁；而在工业化国家中，预期寿命从 45 岁增至 73 岁。[①] 这种变化对于人类来说，是史无前例的，也是 20 世纪对人类最具真实革命意义的历史进步。

经济和社会因素对人口生育率的影响机制更为复杂。通过考察各国 GDP 发展水平与总和生育率的关系可以发现，随着经济发展水平的提高，总和生育率先是呈迅速下降的态势，而后逐渐趋于平稳（见图 2-1）。从图 2-1 中还可以看到，在人均 GDP 从很低水平增加到 5000 美元左右时，是总和生育率下降最快的阶段。当人均 GDP 达到 15000 美元以后，除了沙特阿拉伯、以色列等少数国家外，绝大部分国家的总和生育率都下降到更替水平以下。

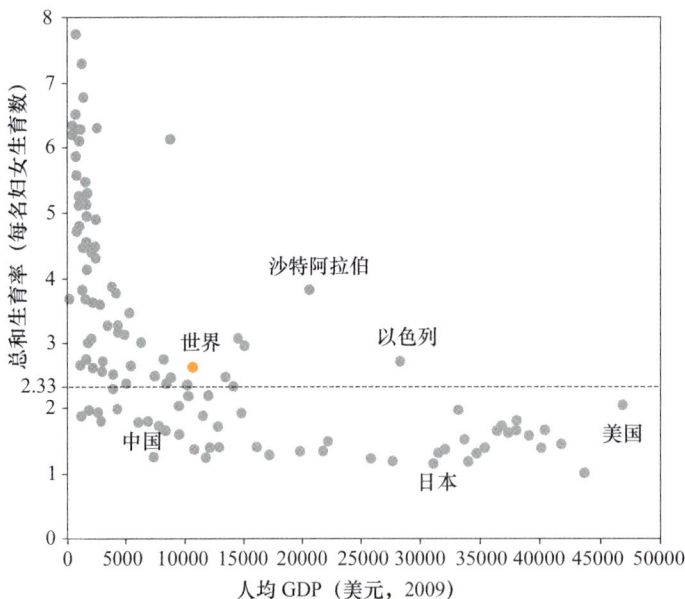

图 2-1 总和生育率与经济发展水平的关系

资料来源：CIA World Fact Book 2009，本图中只包含了人口在 500 万人以上的经济体。

[①] http：//www.newint.org/features/1999/01/01/humandevelopment/（retrieved June 24，2011）。

发展中国家和发达国家在人口转变与经济社会发展的协调上具有不同的路径。对于早期得到发展的欧美国家来说，人口转变是一个与经济社会发展同步的过程。而对于后来的发展中国家来说，人口转变受到诸多外生因素的影响，与早期的变化轨迹相比，发生了一系列的偏离。人口转变的第一个阶段是与生活质量和社会发展水平十分低下相联系的，在死亡率很高的情况下，人们只有靠高出生率才能维持自身的再生产。早期发达国家和后来的发展中国家，在这个阶段上没有什么显著的不同。第二个阶段是与生活水平初步得到提高、卫生条件改善相联系的。但是，医疗、卫生条件的改善，在早期的发展中国家是作为经济发展的一个内生结果，而在后来的发展中国家却可以是从外部输入的。在后一情形中，当输入的医疗技术和卫生条件导致死亡率显著下降后，生育率下降的反应却要滞后很多，以致人口增长率长期处于较快的状态。

尽管发达国家与发展中国家的人口转变存在上述不同，但导致人口转变发生的基本因素却是相同的，撇开延续时间的长短，人口转变从过程来说有着诸多的共同之处。下面，我们总结影响人们生育行为的几个基本因素，因为人们的生育决策和生育行为最终是这些因素相互作用的结果。

首先是经济发展水平。这个变量与生育孩子的直接成本有关。跨越经济学和社会学研究界限的贝克尔（Becker，1960），率先用经济学理论分析生育决策和生育行为。他认为，子女通常被父母看做是一种特殊的消费品，而生育行为则被看做是消费者对子女需求的反应。生育、抚养和教育子女像所有的消费行为一样，需要支出物质成本，家庭的财务预算始终会构成父母对孩子需求的硬约束。经济发展的结果是居民收入水平的提高，而居民收入水平决定的家庭预算约束，即家庭对生育孩子的负担能力，是制约人们生育决策的重要变量。

其次是社会发展水平。生育、抚养和教育子女的另一种成本是机会成本。一方面，父母把养育子女作为一种消费，其需求与孩子带来的效用大小呈正相关关系。另一方面，用于养育孩子的时间、金钱和精力、感情的支出，还有其他的用途，构成生育的机会成本。社会发展水平高低，影响人们的受教育机会和教育水平，也影响社会劳动参与率。这些因素特别是妇女的受教育水平和就业水平，既影响孩子对父母的相对效用，也影响到家庭生育孩子的机会成本，因而是制约人们生育决策的重要变量。此外，与养老相关的社会保障机制是否健全和水平的高低，决定了人们在多大程度上需要孩子作为未来养老的保障，从而决定孩子的效用大小。

第三是政策和社会规范。政府政策和社会道德规范在上述影响决策的因素之外，增加了一种导向和外加的激励。也就是说，这些因素可以通过改变家庭对孩子的抚养能力、养育孩子的直接成本和机会成本以及孩子的效用等变量，而影响生育观念和生育决策。这些因素虽然不是根本性的决定因素，有时却有足够大的强度，引导和规范人们的生育行为。人们常常用文化因素来解释一个社会的生育行为和人口结果，但是，需要认识到的是，文化作为一种社会规范或非正式的制度安排，只有通过增强或减弱其他更为根本的变量的强度，才会对生育行为产生作用。

最后是与妇女的生殖健康、儿童的健康医疗保障以及避孕技术相关的物质条件。在人口转变的第一个阶段上，正是因为孩子的存活得不到保障，才形成以高出生率来弥补高死亡率的生命损失这样的人口增长模式；而在人口转变的第二个阶段上，出生率未能随死亡率的降低而下降，也与缺乏方便、安全和低成本的避孕手段有关。可见，人们受到社会经济发展和政策引导等因素影响所形成的生育意愿，能否转化成为最终的生育决策和行为，归根结底取决于妇女、儿童的健康是否得到有效的保障，以及育龄人群能否获得方便、安全和经济的避孕手段。这个因素是从生育意愿到生育行为转变的物质条件。

三、中国人口转变的新阶段

1. 中国的人口转变已进入新阶段

中国的人口转变过程，与国际人口转变的一般规律是相印证的。中华人民共和国成立后，随着经济发展和人民生活的改善，人口转变迅速进入了第二个阶段，剔除 20 世纪 50 年代末 60 年代初的非正常波动后，主要表现为在死亡率大幅度降低的同时，出生率继续保持在高水平上，因而人口自然增长过快，直到 20 世纪 70 年代之前，总和生育率通常处在高达 6 的水平上。

进入 70 年代之后，随着计划生育政策的逐步实施，总和生育率出现了大幅度下降。从 1970 年的 5.8 下降到 1980 年的 2.3，1992 年降到 2.1 的更替水平以下，2000 年降至 1.8，2010 年已低于 1.5（见图 2-2）。在生育率下降的同时，中国人口出生预期寿命在不断地延长，2010 年已达到 74.8 岁，中国已进入"低出生率—低死亡率"的人口转变的第三阶段。

中国人口转变颇具特色，所面临的政策选择也与众不同。中国人口转变有两个重要特征：一是人口转变的速度快，二是政府对个人生育的强制性干预。与世界上众多国家相比，中国的人口转变是以高度压缩的形式完成的。人口平均预期寿命从 40 岁上升到 70 岁仅用了约 50 年时间，比欧美国家少用了一半的时间。从每对夫妇平均生育 5 个子女下降到更替水

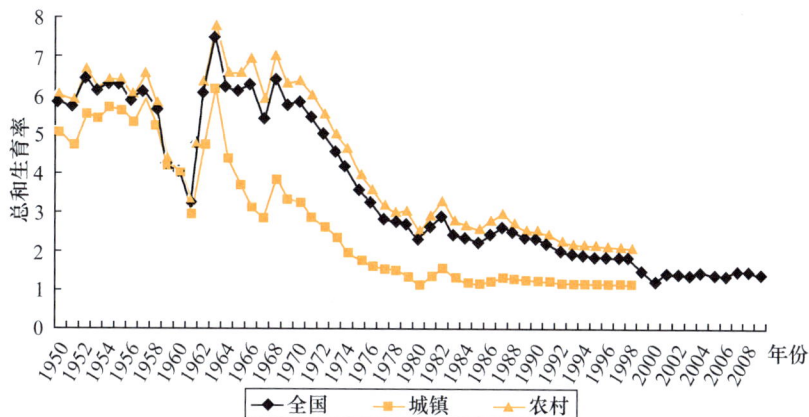

图 2 - 2　中国城乡生育率下降趋势

资料来源：1998 年以前根据中国人口信息研究中心数据库计算，1998 年以后根据历次人口抽样调查数据计算。

平的 2 个左右，中国用了不到 30 年，而英国和法国则花费了约 75 年。

2. 推动中国人口转变的经济、社会与政策因素

需要指出的是，中国生育率的迅速下降在世界上并非独一无二。例如，韩国、新加坡和泰国都没有实行过强制性的计划生育政策，但这些国家与中国大陆一样，生育率在 20 世纪 50 年代处于大致相同的高起点上，到 90 年代以后都下降到更替水平或以下（见表 2 - 1）。这个事实验证了经济学家和人口学家关于人口一般转变规律所取得的基本共识：三个主要人口转变阶段的依次更替，是经济和社会发展的结果。

表 2 - 1　　　　　　　　　　　部分亚洲国家的总和生育率变化

国　别	总和生育率				1960 ~ 2005 年变动（%）
	1960 ~ 1965 年	1970 ~ 1975 年	1985 ~ 1990 年	2000 ~ 2005 年	
印度尼西亚	5.4	5.5	3.5	2.4	- 55
马来西亚	6.7	4.7	4.0	2.9	- 101
菲律宾	—	—	4.3	3.5	—
新加坡	4.9	2.7	1.7	1.4	- 71
泰　国	6.4	5.0	2.6	1.8	- 71
越　南	6.9	6.4	4.2	2.3	- 66
中　国	5.7	4.8	2.4	1.7	- 70
日　本	2.0	2.14	1.7	1.3	- 35
韩　国	3.4	3.7	2.5	1.9	- 44

资料来源：Graeme Hugo（2007）．"Demographic change in East and Southeast Asia and the implications for the future"．presented at the 17th Meeting of the Pacific Economic Cooperation Council，Sydney.

　　中国的经济发展，为人均预期寿命的增加和生育率下降创造了良好的条件。即使在改革开放以前，中国经济也实现了 6% 的年均增长率。在 1978～2010 年间，中国经济增长保持在每年近 10% 的速度。不仅经济总量，人均收入增长也创造了奇迹。比较不同国家在类似发展阶段上人均收入翻一番所需要的时间，英国在 1780～1838 年花了 58 年，美国在 1839～1886 年花了 47 年，日本在 1885～1919 年花了 34 年，韩国在 1966～1977 年花了 11 年。而中国在 1978～1987 年间只用了 9 年的时间，随后又在 1987～1996 年和 1996～2005 年间分别用 9 年时间再次两度翻番。这就不难理解为什么中国的人口转变如此快速了。已有的研究表明，计划生育政策、人均 GDP 水平和人力资本水平对中国生育率的急剧下降都有明显作用，而随着时间的推移，在这三个变量中，政策的效果趋于减弱，而经济增长和人力资本积累的影响效果愈益增大（都阳，2005）。

　　社会领域的进步，尤其是女性经济和社会地位的提高，对于改变女性的婚育行为具有重要影响，从而导致了生育率的降低。与世界其他国家相比，中国劳动力市场的女性参与率始终居于高水平，在 20 世纪 80 年代一度高于 90%。虽然最近 20 年来女性劳动参与率逐渐下降，但到 2010 年仍保持在 68%（见表 2-2），女性在劳动力市场的参与增加了生育的机会成本，降低了女性的生育意愿。除此之外，女性教育水平的提高（见图 2-3）不仅提高了女性在劳动力市场上的竞争力和劳动回报，也增强了女性的自主意识，这也是生育率下降的重要因素。作为这一系列经济和社会因素作用的结果，中国女性的初婚年龄和生育年龄较 20 世纪 80 年代初都出现了明显的上升趋势。1982 年，中国 24 岁及以下年龄的女性未婚比例仅有 46%，到 2005 年上升到 57%。

表 2-2　　　　　　　　　　不同收入水平地区女性劳动参与率（%）

年 份	2000	2010
世 界	52.0	51.2
中 国	71.1	67.9
低收入国家	66.2	67.6
中等收入国家	50.5	48.7
高收入国家	50.9	52.2
经合组织国家	49.3	50.9

资料来源：世界银行数据库。

　　中国生育率的迅速下降明显受到政策干预的影响。从图 2-4a、b 显示的中、日、韩三国按胎次别生育概率可以看到，自 20 世纪 70 年代中期以来，中国女性生第一胎的概率高于韩国和日本女性，但是生第二胎的概率则从 20 世纪 80 年代初开始急剧下降，到 2000 年不到日、韩水平的一半，这明显归因于一胎化政策的影响（Tsuya 等，2011）。

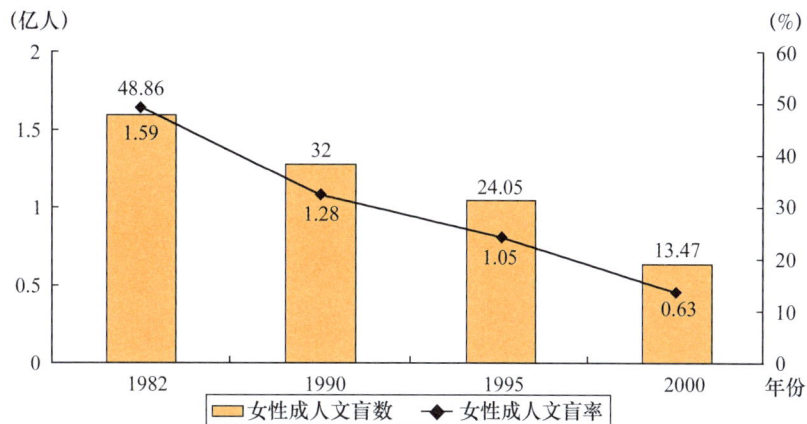

图 2－3　女性成人文盲人数和文盲率的下降趋势

资料来源：国家统计局，相关年份人口普查和1%人口抽样调查。

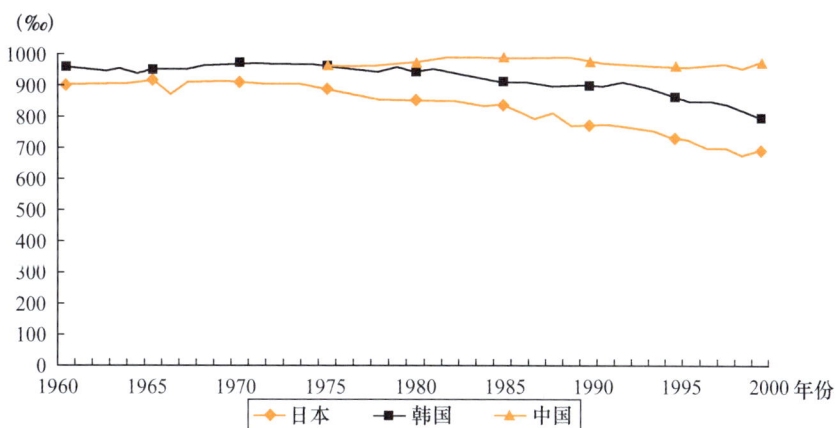

图 2－4a　中、日、韩三国女性生第一胎的概率

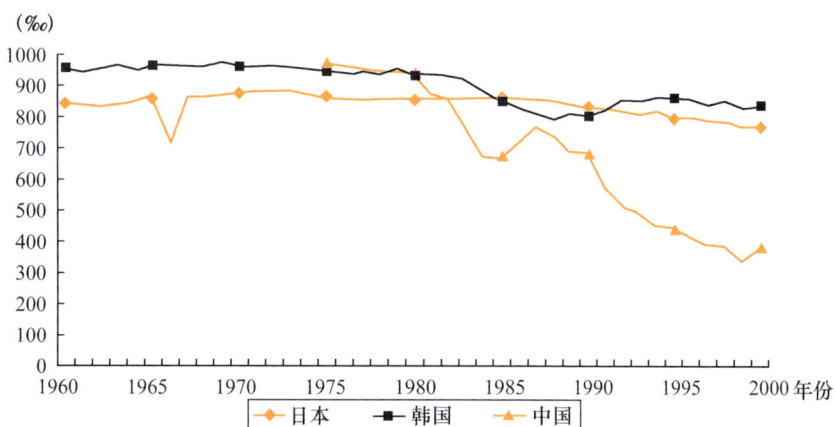

图 2－4b　中、日、韩三国女性一胎后生二胎的概率

资料来源：Tsuya, N. K. , Choe, M. K. & Wang Feng. "Below Replacement Fertility in East Asia: Patterns, Factors, and Policy Implications". Symposium on the Impact of Demographic Change in Thailand, Aprial, 2011.

综上所述，人口与经济社会的发展是双向互动、互为因果的。长期以来，经济社会发展对人口的影响没有被充分的认识，这使得人口长期的动态变化规律不能为人们所正确掌握，导致了政策选择上的局限。当前，中国的人口转变已处于低出生率—低死亡率的第三阶段，这一事实具有重要的经济和社会含义，是未来人口政策调整以及发展政策制定的逻辑起点。

第三章

人口转变对经济社会发展的影响

- 生命周期与经济社会政策
- 人口红利与经济增长
- 人口年龄结构变化带来的影响
- 应对人口结构变化的政策取向：调整生育政策，提高人口素质人口转变对经济社会发展也存在重要的影响。一方面，人口转变特定阶段所带来的人口红利是促进经济发展的重要因素。另一方面，人口转变带来的人口低增长会产生消极影响——少子化与人口老龄化问题，影响劳动力人口的数量，妨碍劳动生产率的提高，不利于经济增长，并且带来了一系列社会问题。本章讨论人口转变对经济社会发展的影响，重点关注生命周期阶段与经济社会政策选择的关系、人口红利带来的经济增长、人口转变带来的挑战以及应对这些挑战的政策取向。

一、生命周期与经济社会政策

人的消费和劳动收入模式在生命周期的不同阶段存在着明显差异。从生命周期来看，在进入劳动年龄之前属于少年儿童依赖型人口；进入劳动年龄之后，通过就业成为生产型人口；随着年龄增大退出劳动力市场之后，便成为老年依赖型人口。与此相应，人们通过就业挣取劳动收入的时间主要集中在 20～65 岁，即由于接受教育时间延长，真正就业的时间要比通常所说的劳动年龄（15 岁）延后 4～5 年。另一方面，无论一个人是否具有劳动收入，他的消费却是终身发生的。这样，就形成了个人劳动收入和消费的生命周期特点，即终身需要消费，而劳动收入从接近 20 岁才开始有，随后迅速提高并于 25～45 岁之间稳定在高水平上，以后则逐渐下降，到 65 岁左右时便消失（见图 3－1）。

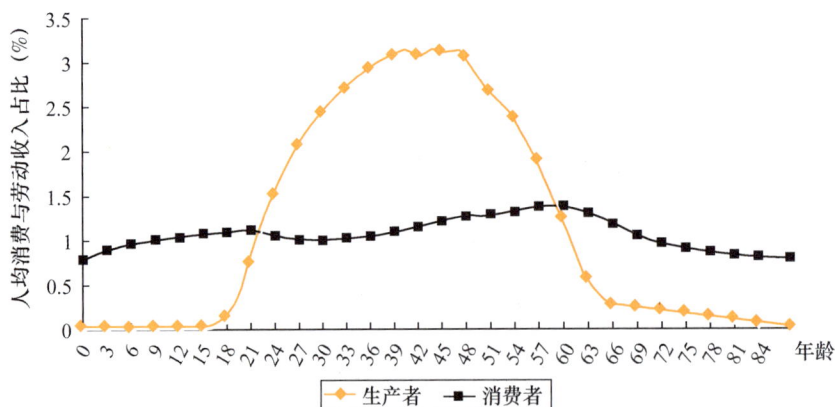

图 3－1　人口生命周期中的生产与消费

资料来源：生产和消费量根据 2000 年中国城市家庭收入和支出调查估计所得。两条曲线均经过标准化处理，每条曲线加总为 100。

在进入劳动力市场之前，是一个漫长而且含义广泛的生命周期阶段。其中涉及的问题包括：孕妇的生殖健康、出生缺陷、婴幼儿死亡率、婴幼儿哺育、儿童健康成长、包括各级教育在内的儿童期和青少年时期教育，等等。处于这个阶段上的儿童和青少年人口，具有几个特点：其一，他们主要作为消费人口，需要家庭的照料和抚养；其二，他们正在为进入劳动力市场做准备，处于培养和积累人力资本的时期，需要家庭、社会和政府的物质支持；其三，这个人口群体具有某种程度的脆弱性，有着特定的社会保护需求，并且对应着一系列公共服务项目。儿童和青少年人口尚未进入劳动力市场，还不是积极的生产者，但他们却处在人力资本形成的关键时期，是一个国家未来经济增长能力的保证。因此，从妇女的生殖健康开始到儿童青少年的各个年龄阶段，与健康、教育相关的家庭保障和公共服务，以及妇女儿童的权益保障，都影响到经济社会发展的可持续性。

在劳动年龄阶段上，除了教育与健康这类人力资本积累仍然具有重要意义之外，劳动参与、就业岗位、劳动力市场匹配等就业问题，关系到这个阶段人口作为一种重要的人力资源，能否不断提高劳动生产率，最大化地创造财富，增加劳动所得，并提高自身以及依赖型人口的生活质量，对国家的经济社会发展水平发挥积极作用。这个年龄阶段（15～64岁）跨度很大，不仅涉及劳动就业问题，还涉及教育阶段的延长和劳动参与年龄的扩大。此外，国民收入在资本、劳动等不同要素之间以及劳动者之间如何分配，也是这个生命周期阶段经济社会政策的关注点。一般来说，人口在参与劳动力市场之后，人口学关注的问题就转化为劳动力问题。宏观经济稳定、劳动力供给与需求及其导致的就业形势和工资状况、劳动者的工作条件、技能的培训和各类社会保险，都影响到这个人群的福祉。而劳动年龄人口的总量和结构、人力资本禀赋、劳动参与意愿等，又影响着经济增长。这个年龄阶段的人口占总人口的比重，决定了人口抚养比：在抚养比下降的情况下，人口特征可以转化为促进经济增长的人口红利；在抚养比上升的情况下，人口特征表现为不利于经济增长的人口负债。因此，不仅就业政策、劳动力市场制度和社会保障制度与这个阶段密切相关，人口政策的长期效果也主要体现在这个阶段。

由于年龄原因，退出劳动力市场的人口再次成为纯消费群体。伴随着人口年龄结构的变化以及人均预期寿命的延长，这个年龄阶段人口的总量和比重不断提高，与之相关的问题也越来越重要。人口老龄化是人口学等许多研究领域关注的问题。人口老龄化不仅因人口红利的消失而对经济增长潜力提出挑战，也显示出诸多社会问题。涉及养老的问题，一般被概括为物质支持、生活照料和精神慰藉，相关的经济社会政策包括养老保障制度、与老龄化相关的疾病流行模式变化及其相关的医疗保障体系，以及与老年照料、老年心理健康和老年贫困相关的公共政策。由于人口是经济社会中的一个慢变量，特定的人口结构是长期形成的，针对人口趋势的政策也需要较长的时间才产生作用。因此，解决人口老龄化相关问题的应对政策，需要在人口仍然处于生产者的阶段就未雨绸缪。

二、人口红利与经济增长

20 世纪 90 年代以来，关于人口转变与经济增长关系的研究有明显的突破。此前，这个领域的研究长期集中在观察人口规模或人口增长率与经济增长绩效之间的关系，得出的结论并不确定，即正面或负面关系的证据都存在[①]。然而，当研究的重心转移到观察人口年龄结构与经济增长绩效关系之后，人们发现，劳动年龄人口持续增长和比重不断提高这样一种生产性人口结构，可以通过保证劳动力的充足供给和储蓄率的提高，为经济增长提供一个额外的源泉，即人口红利。

专栏3.1　　　　　　　东亚经济体与新大陆经济体的人口红利

日本和亚洲"四小龙"等国家和地区（以下称东亚经济体）创造的"东亚奇迹"，是 20 世纪 60 年代以后赶超发达国家的成功事例。研究表明，这一奇迹的实现在非常显著的程度上可以归结于人口转变。东亚经济的人口转变开始于 20 世纪 40 年代和 50 年代，在 1970 年以前，当人口年龄结构处于高少儿抚养比阶段时，其经济增长受到抑制，人均收入水平很低。估计当时东亚经济的稳态人均 GDP 年均增长率为 2%。

随着人口转变的深化，年龄结构进入高劳动年龄人口比重阶段，劳动力供给和储蓄率都有利于经济增长。1970～1995 年间，东亚经济实现了年平均 6.1% 的人均 GDP 增长率，高于其稳态增长率 4.1 个百分点。根据估算，其间人口转变的因素贡献了 1.5～2.0 个百分点。因此，在整个东亚的高速增长中，人口转变因素的贡献为 1/4～1/3；而在东亚奇迹（超出稳态增长率的部分，即 4.1 个百分点）中，人口转变因素的贡献更高达 1/3～1/2。

经济史学家在考察西方经济增长历史时，同样发现了人口结构影响经济增长绩效的证据。威廉姆森通过对欧洲和北美 17 个国家在 1870～1913 年间的经济增长和人口结构数据分析，得出的结论是，把各国数据加权平均计算，新大陆的人均 GDP 增长率比旧大陆高

---

① 这方面的讨论可以参见蔡昉、张车伟等：《人口，将给中国带来什么》，广东教育出版社 2002 年版。

0.47 个百分点。这个增长率差别的绝大部分（大约为 90% ~ 100%），可以归结为新大陆在人口结构方面的优势，即主要通过具有年龄选择特点的大规模人口迁移，相对提高了新大陆人口结构的生产性。在一些更为具体的事例中，这个结论也是比较具有说服力的。如美国高于法国人均 GDP 增长的 0.3 个百分点，完全可以被年龄优势给予解释。而意大利在赶超英国的过程中，如果不是存在着人口结构上面的劣势，本可以取得比超过 0.3 个百分点更好的绩效。

————————

资料来源：David Bloom and Jeffrey Williamson, "Demographic Transitions and Economic Miracles in Emerging Asia", NBER Working Paper Series, No. 6268, 1997; Jeffrey Williamson, "Growth, Distribution and Demography: Some Lessons from History", NBER Working Paper Series, No. 6244, 1997.

在人口转变过程中，由于死亡率和出生率的下降在时间上具有相继性，从而形成年龄结构变化的三个阶段。这三个阶段分别具有少年儿童抚养比高、劳动年龄人口比重高和老年抚养比高的特征。一般来说，在死亡率下降与出生率下降之间的时滞间，人口的自然增长率上升，需要抚养的少儿人口比重较高，劳动年龄人口比重较低。再经过一个时间差，当婴儿潮一代逐渐长大成人，劳动年龄人口的比率随之上升。随着社会经济发展而生育率下降，人口增长率趋于降低，随后劳动年龄人口比重下降，人口老龄化加剧。

中国的人口转变完全演绎了这样的变化过程（见图 3-2）。在人口自然增长率从 1970 年开始迅速降低的同时，劳动年龄人口占总人口的比重相应呈现升高的趋势。根据人口预测，由于劳动年龄人口先于总人口于 2015 年前后停止增长，劳动年龄人口随后转为负增长，劳动年龄人口比重也在大约相同的时间到达其最高点。2015 年，劳动年龄人口总量的峰值是 9.96 亿，占总人口的比重为 71.5%。

不同年龄的人群具有不同的经济行为，处于不同年龄结构阶段的人口对经济增长具有不尽相同的影响。一般来说，在人口的较大比例由少年儿童或老人组成的情况下，社会负担率较高，生产性较低，对经济增长不利。在劳动年龄人口比重高的情况下，人口生产性强，社会储蓄率也高，有利于经济增长。在后一种情况下，社会追加的人口生产性为经济增长贡献一个具有促进作用的人口红利（Bloom et al., 2002）。一个国家或地区如果恰好处于人口年龄结构最富生产性的阶段上，并且能够对这种人口红利加以充分利用，经济增长就可以获得一个额外的源泉，创造经济增长奇迹。

人口红利实际上是生产与消费的差异与人口年龄结构变动相互作用而产生的经济后果

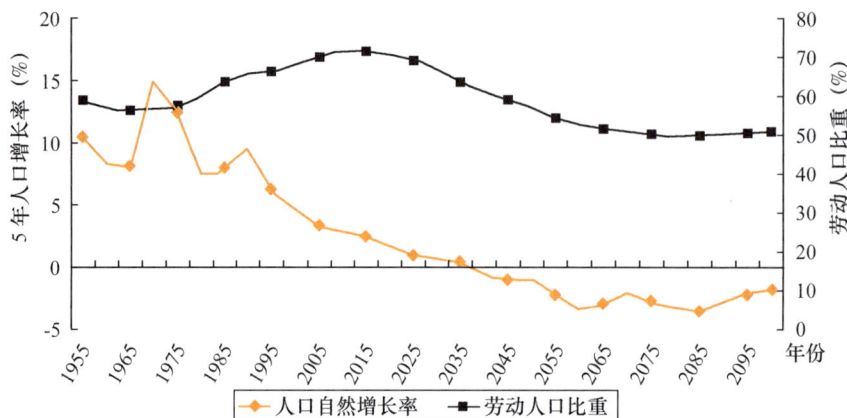

图 3-2　中国人口自然增长率与劳动年龄人口比重变化

资料来源：UN，2010。

（Bloom and Williamson 1998；Mason 2001）。在人口转变过程中，死亡率下降与滞后的生育率下降导致在一定时期内的人口快速增长。这一人口增长的特点，是在一定历史时期内一大批人口陆续走完儿童、劳动年龄、老龄的生命里程。也就是说，在人口转变过程中劳动力年龄人口的大幅度增加是有时期性的，而不是永久性的。由于人口在 40~60 岁年龄段积蓄的可能性最大，更多的人能成活到这个年龄也带来了更多积蓄的可能。同时，预期寿命的延长也从根本上改变了人们对人力资本投资的观念，造成了更多技术发明使用的机会，提高了人力资本投资的回报。一个更健康的人口也就是一个更富有生产力的人口。健康的作用远不限于增强体力，也在于智力思维的开拓与使用。

　　在中国的学术界和政策界，人口红利逐渐成为热门话题。但是，围绕这个问题，特别是中国的人口红利到底可以持续多久，可谓众说纷纭，莫衷一是。一个最新的流行观点是认为人口红利将长期存在。例如，有人反对中国人口红利即将消失的说法，认为人口红利可以在人口抚养比降到最低点之后再持续 20 年以上（周婷玉，2010）。这个观点针对的是一些学者的判断，即在 2013 年左右，中国的人口抚养比将跌至谷底，随后迅速上升，人口红利从那时便消失了（蔡昉，2010；王丰，2011）。这些争论的焦点是人口红利的延续期，即中国人口红利究竟是在 2013 年左右结束，还是在 2030 年之后才会结束。这种分歧显然是源于对人口红利概念的不同理解，前者以人口抚养比的下降来定义人口红利，后者则根据人口抚养比的绝对水平（低于 0.5）来定义人口红利。本报告认为，就其对经济增长的动态影响而言，根据人口抚养比的下降来定义人口红利更为确切。

　　通过对 1978~2009 年中国经济增长源泉进行分解（见图 3-3）可以发现，人口抚养比的下降对经济增长的贡献率达到 7%。除此之外，人口红利因素还通过提高储蓄和促进资本形成、保证劳动力供给、提高人力资本、促进劳动力向高生产率部门转移的方式间接地推动经济增长。

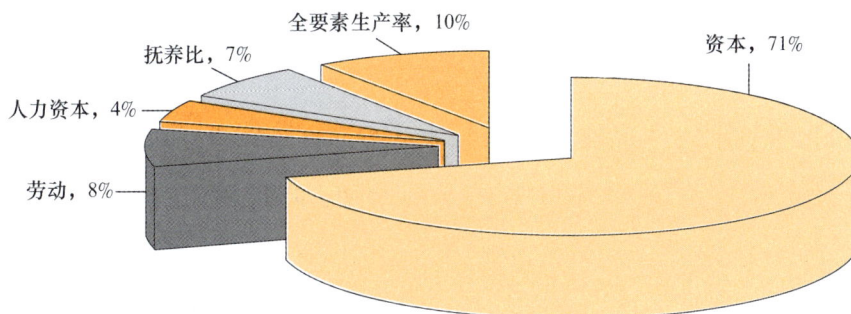

图 3 - 3　经济增长的不同源泉

资料来源：Cai，Fang and Wen Zhao（2011），When Demographic Dividend Disappears：Growth Sustainability of China，paper presented at the XVIth World Conference of the International Economic Association，Beijing，July 4th.

人口红利并非是人口年龄结构与经济增长之间的简单促进关系。人口红利的利用是有条件的，需要与其他促进其效果发挥的因素和机制相结合。中国的人口抚养比早在 20 世纪 60 年代中期就开始下降（见图 3 -4），但是，只有改革开放才创造了充分利用人口红利所必要的制度环境。

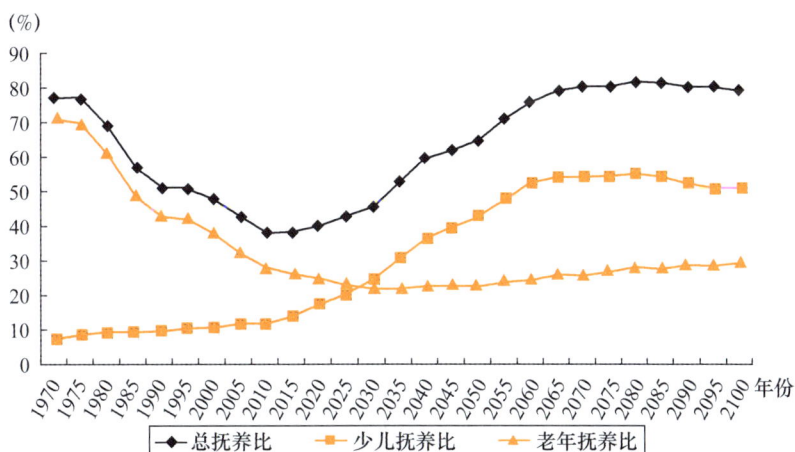

图 3 -4　中国人口抚养比变化趋势

资料来源：United Nations，2011。

随着阻碍劳动力流动的制度障碍的逐步消除，特别是城乡劳动力流动的逐步自由化，加快了就业结构的非农化进程。城镇就业体制改革和劳动力市场发育，逐步消弭了长期存在的冗员现象，人力资源在越来越大的程度上由市场配置和调节。改革开放的推进，使得丰富的劳动力资源在城乡之间、不同产业之间的配置得到了优化，最终实现了劳动力禀赋优势向人口红利的转化。

三、人口年龄结构变化带来的影响

把人口划分为少儿人口（0~14 岁）、劳动年龄人口（15~64 岁）和老年人口（65 岁及以上）三个年龄组群，我们会发现，无论在总人口缓慢增长时期，还是在不久的将来转为负增长的时期，中国的少儿人口都处于持续减少的态势，劳动年龄人口即将出现下降趋势，而老年人口则一直处于快速增长之中（见图 3-5）。中国的人口红利期已经结束。

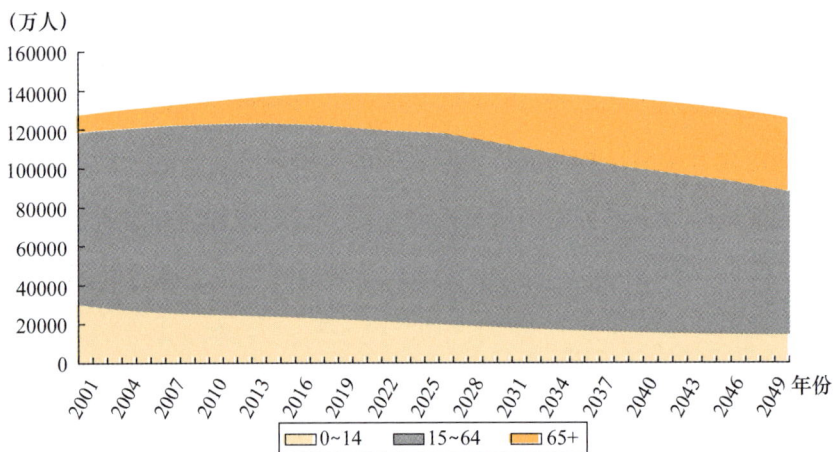

图 3-5　中国各年龄组人口变化

资料来源：United Nations，2011。

随着人口老龄化的加速和劳动年龄人口增长趋势的逆转，中国人口总抚养比在 2011 年降到谷底（0.38），随后开始缓慢上升，2020 年升至 0.4，2033 年升至 0.5 以上。如果生育水平不能出现实质性的回升，按照联合国的预测（United Nations，2011），21 世纪中叶以后中国人口抚养比上升的步伐不会停止，2070 年将达到 0.8 的超高水平，即 4 个劳动力至少需要供养 2 个老人和 1 个小孩（见图 3-4）。

这三个年龄组群人口绝对规模和相对规模的变化，都把中国人口年龄结构推向了一个不利的格局，最终将影响中国经济社会长期持续的发展。

1. 人口老龄化

健康和长寿是人类的理想和追求。中国的老龄化和全球性的老龄化浪潮一样，标志着人类在发展方面所取得的巨大进步。同时，老龄化也为人类的发展带来新的挑战。

中国是世界上人口老龄化速度最快的国家之一。2011 年末，中国大陆 65 岁及以上老年人占总人口 9.1%。自 2000 年以来，中国老龄化形势发生了两个重要变化：一是人口老龄化已经进入了快速发展阶段；二是老年人口数量和老龄化发展都比预期的增长速度更快，65 岁及以上老年人口比例，将在 2027 年和 2035 年分别突破 15% 和 20%，2050 年将超过 25%，与发达国家持平（见图 3 - 6）。

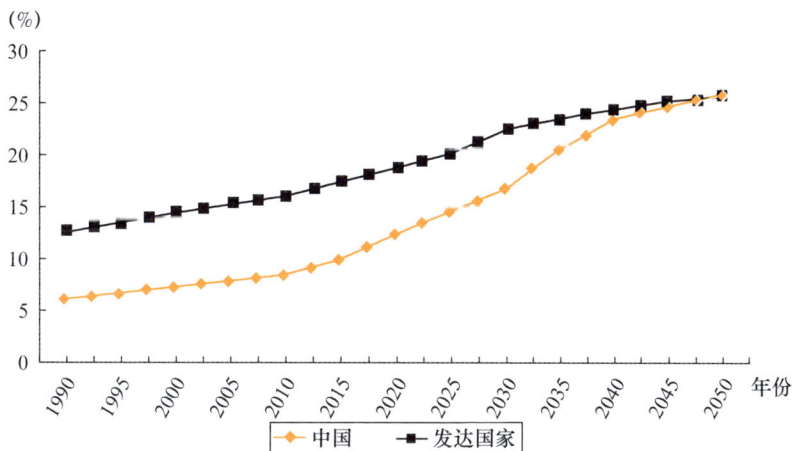

图 3 - 6　中国与发达国家老龄水平比较

资料来源：United Nations, 2011。

随着 20 世纪 50 年代和 60 年代出生的高峰人口陆续进入老年，中国老年人口迅速增长。2011 年 65 岁及以上老年人数量达到 1.23 亿，根据联合国的预测，中国老年人数量将在 2026 年和 2038 年分别突破 2 亿和 3 亿，2050 年将超过 3.3 亿，其中 80 岁及以上的高龄老人将达到 1 亿（见图 3 - 7）。

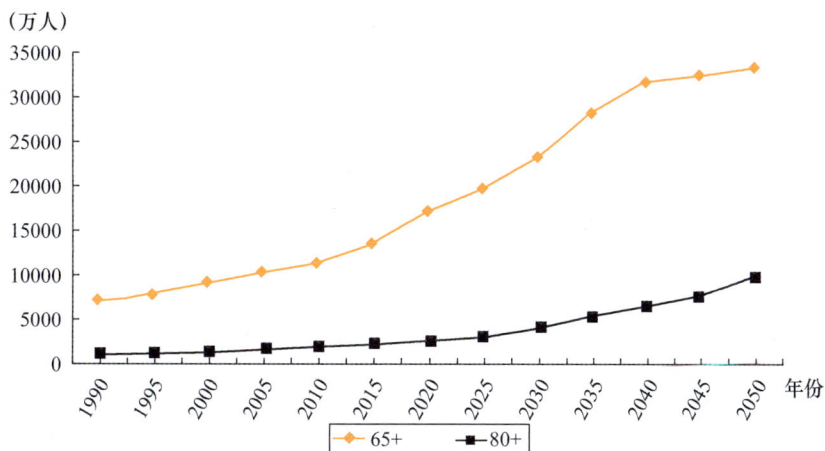

图 3 - 7　中国老年人口增长趋势

资料来源：United Nations, 2011。

日本的经验显示，即使是在收入水平高、劳动力素质高、技术先进和基础设施完备的国家，老龄化也很可能导致经济的大幅度减速。1990 年，日本的老龄化水平即 65 岁及以上人口占总人口的比重达到 11.9%，不久之后人口抚养比就迅速提高。在人口结构发生这种变化的同时，日本经济增长速度也出现急剧的逆转，从减速开始直到停滞（见图 3 - 8）。在 1990 年经过人口红利消失的转折点之后，日本资本深化对劳动生产率的贡献率攀升到 94%，而全要素生产率的贡献为 - 15%（APO，2008），这导致其经济增长长期停滞（见图 3 - 9）。

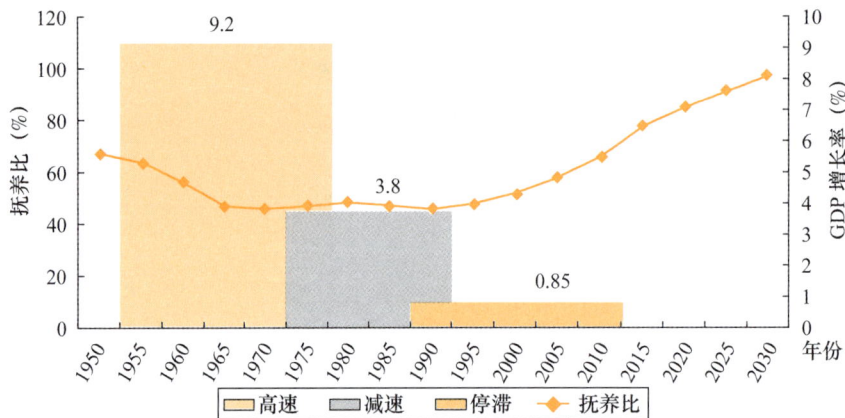

图 3 - 8　日本人口红利消失与增长减速

资料来源：人口数据来自联合国，GDP 增长率来自世界银行和 Takeo Hoshi and Anil Kashyap，Why Did Japan Stop Growing? report prepared for the National Institute for Research Advancement（NIRA）. http：//www. nira. or. jp/pdf/1002english _ report. pdf，2011.

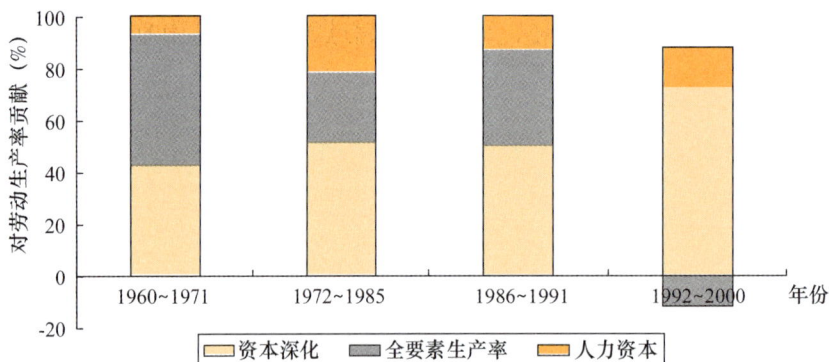

图 3 - 9　日本劳动生产率提高的源泉变化

资料来源：APO（Asian Productivity Organization）（2008），APO Productivity Databook 2008，the Asian Productivity Organization，1 - 2 - 10 Hirakawacho，Chiyoda - ku，Tokyo 102 - 0093，Japan.

2011 年，中国 65 岁及以上人口占总人口的比重为 9.1%，已经接近于日本 1990 年经济增长减速时的老龄化水平。在"十二五"时期，中国还将像日本一样，经历迅速的人口抚养比提高。比日本当时的情形更为严峻的是，中国当前还面临着"未富先老"的挑战。从经济增长的视角看，"未富先老"有一些重要的含义。一方面，劳动年龄人口增量减少与高速经济增长，共同导致普通劳动力的短缺从而工资上涨，经济发展跨越了刘易斯转折点①（Cai，2010）。这时，劳动力成本提高反映为劳动密集型产业的比较优势的相对弱化。这意味着产业结构必须要向资本和技术密集型升级。另一方面，在人均收入刚刚跨入中等偏上水平的发展阶段上，中国在物质资本丰裕程度上尚不具有明显的优势，在劳动力素质和科学技术水平上也存在着与发达国家的巨大差距，在资本和技术密集型产业上也不具有比较优势。在一定程度上，可以把中国"未富先老"的人口转变特征对经济增长的潜在不利影响理解为：第一，过早地失去赶超发达国家的后发优势；第二，失去了对仍具有人口红利的发展中国家的竞争优势；第三，尚未获得发达国家所应具有的技术创新优势。因此，无论是面对高收入国家还是低收入国家，中国原有的竞争优势都在减弱，这无疑加剧了转变经济发展方式的紧迫性。

人口老龄化的影响不仅仅局限于经济领域，其对社会发展的影响也是深远的。老年人口数量增长、老年人寿命延长、老年人口比例提高，在中国已经成为既定事实和继续发展的趋势。老年人曾经为社会做出贡献，为经济社会发展奠定了基础。确保老年人享有体面的晚年生活，是全社会的责任。同时，老龄化给家庭和社会都带来了冲击。

一方面，老龄化加重了家庭照料老年人的负担。家庭养老一直是中国养老的主要模式，绝大多数老年人都生活在家庭之中，由子女承担照料责任。随着家庭和社会的变迁，特别是独生子女的父母进入老年后，家庭照料老年人的人力资源变得非常短缺。据2010年中国城乡老年人口状况追踪调查显示，有22.7%的老年人生活不能自理或不能完全自理，依靠家庭成员照料。照料老人会显著限制子女的劳动参与，尤其对女性影响更大。通过对2005年中国老年人口健康影响因素调查发现，照料父母会减少子女每周工作时间1.4小时，与父母同住的女性照料者则平均每周减少7小时工作时间（曾毅等，2010）。据估计，需要长期照料的老年人的数量到2050年将增加到5600万人（杜鹏，2011）。

另一方面，老龄化改变了社会代际关系。在低生育率情况下，传统的家庭养老机制的自然基础已经瓦解，社会养老机制成为主导。财富和公共资源的代际转移，改变了社会代际关系。在中国独生子女家庭比例大幅上升、人口老龄化进程加速和社会转型的背景下，社会代际关系将会变得更加复杂。

---

① 刘易斯转折点即劳动力过剩转向短缺的拐点，是指在工业化过程中，随着农村剩余劳动力向非农产业的逐步转移，农村剩余劳动力逐渐减少直至最终枯竭的情况。这个概念因由诺贝尔经济学奖得主刘易斯在人口流动模型中提出而得名。

面对快速到来的老龄社会，中国尚未做好准备。

首先，制度安排滞后。中国现行的社会养老保险制度、医疗保险制度、退休制度、个人所得税制度，以及相关的社会政策和公共服务体系等，都不适应老龄社会的需求。从这个意义上讲，中国老龄化与社会发展关系的突出矛盾是"未备先老"，即社会对老龄化的到来准备不足。老龄化将成为中国社会的常态，各项民生制度的构建和改革都必须从这个基本事实出发。

其次，财力准备不足。一方面，养老保障的公共支出存在较大缺口。中国公共支出中用于社会养老保险的比例并不高，养老保险制度覆盖面也较窄，相当一部分老年人的养老金给付水平较低。2011 年企业养老金替代率仅为 42.9%，农村地区的养老金水平也只有每月 55 元。另一方面，现行的社会养老保障制度潜伏着财务危机。有近一半省份的养老金收不抵支（郑秉文，2012），且养老金投资收益率过低，年均收益率长期不足 2%，低于同期的通胀率，意味着养老金缩水。随着老年人口的迅速增长，特别是被制度覆盖的老年人口迅速增长，社会养老保险金支出将大幅增长，这必将给中国社会养老保障制度带来更大的冲击。

第三，公共服务体系薄弱。目前，我国在城市规划、基础设施建设等方面均未考虑到老年人的需求。在公共服务体系中，老年人公共服务是最为薄弱的环节。尤其在农村地区，由于年轻人的大量外流和为老年人服务设施的基本空白，老年人的生活面临着更大的困境。要实现国际社会倡导的积极老龄化和健康老龄化，中国还有很长的一段路要走，而建立公平、合理、适应老龄社会需要的公共服务体系是一个重要的起点。

2. 劳动力供给的变化

20 世纪 70 年代开始的生育率迅速下降和之后长期的低生育水平，必然在随后的时期反映在劳动力市场上，表现为劳动年龄人口供应趋于下降。未来劳动年龄人口变化趋势将呈现以下几个特点。

第一，劳动年龄人口比例和规模变化已经或即将出现拐点。2011 年末劳动年龄人口比例为 74.4%，与上一年比降低了 0.1 个百分点，虽然这只是一个微小的变化，但它昭示着劳动年龄人口比例已经从上升转为下降。这个下降趋势将一直延续，到 2050 年下降到 60% 以下，相当于 1980 年的水平。相比之下，1980 年劳动力负担的主要是少儿人口，而在 2035 年以后，负担的则主要是老年人。根据本报告预测，2011～2016 年间，15～64 岁的劳动年龄人口以平均每年 0.23% 的速度缓慢增长，2016 年达到 9.98 亿的峰值，随后开始逐年下降，2050 年将缩减至 7.45 亿，相当于 20 世纪 80 年代末的规模（见图 3-10）。

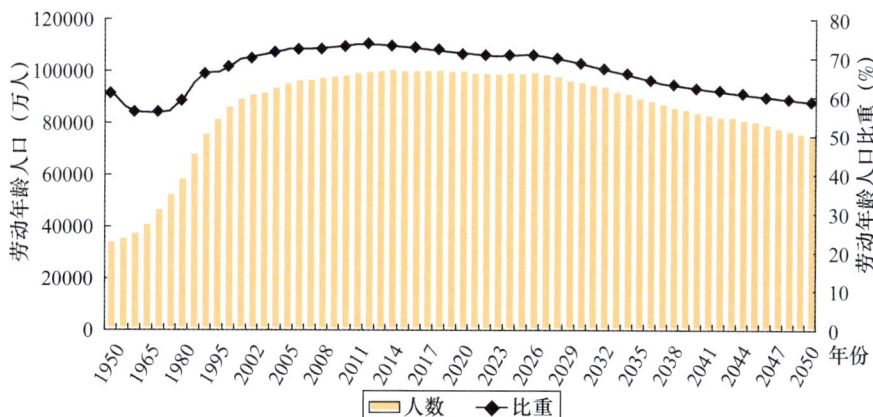

图 3-10　中国 15~64 岁劳动年龄人口规模及比例变化趋势
资料来源：胡英，2011。

　　第二，新生劳动力数量大幅度减少。由于生育率的迅速下降和长期的低生育水平，中国新生劳动力的规模已经出现了大幅度缩减。2008 年，18~22 岁人口规模为 1.24 亿，2011 年减少到 1.08 亿；未来 10 年将平均每年减少 700 万人，到 2050 年新生劳动力规模将比现在减少近一半（见图 3-11）。新生劳动力是一个国家人力资源中最具活力的生力军，其规模的变化对劳动力供给具有重要的影响。新生劳动力的大幅度缩减，势必给中国劳动力供求关系和经济发展带来重大影响。

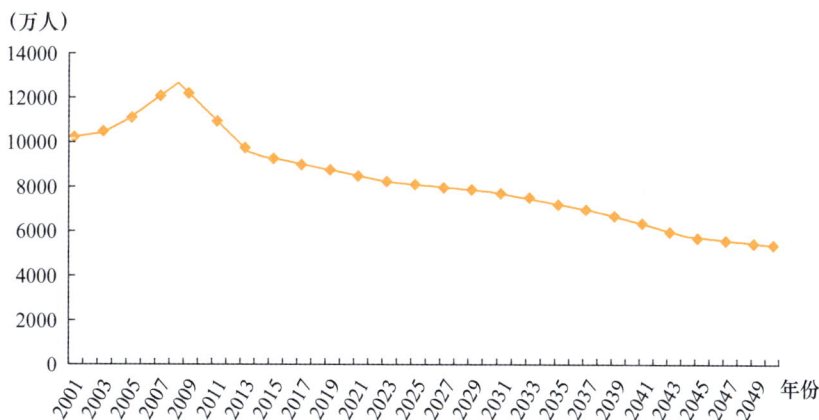

图 3-11　中国新生劳动力变化趋势
资料来源：胡英，2011。

　　第三，劳动力迅速老化。从 30 岁以下的最年轻组别和 51~64 岁最老年龄组别的对比，可以清楚地看到这一老化趋势（见图 3-12）。在未来 40 年间，最年轻组别劳动年龄人口的比例一直处于下降状态，而最老组别劳动年龄人口比例则一直呈现上升之势；2020 年最老年龄组别的人口比例将超过最年轻组别的人口，到 2050 年，最年轻组别人口将不足劳动年龄人口的 1/4，而最年老组别人口将接近劳动年龄人口的 4 成。

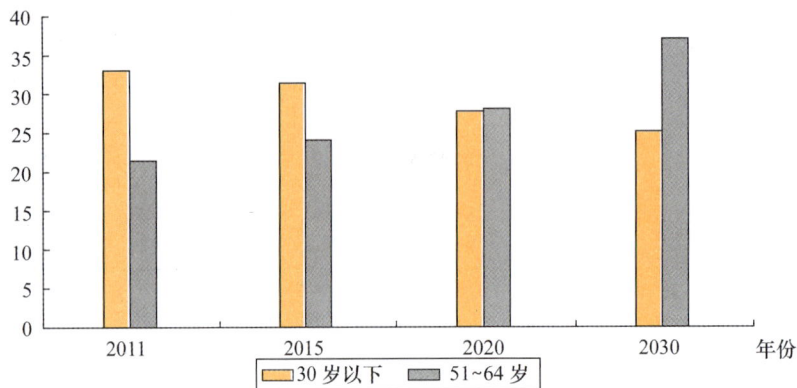

图 3－12　中国劳动力的老化趋势
资料来源：胡英，2011。

　　一直以来，各方对劳动力问题关注的焦点是总量，而对新生劳动力的大幅减少以及劳动力的迅速老化却未给予应有的重视。劳动力市场形势出现的新变化，预示着未来的劳动市场政策和制度安排将面临新的课题，充分挖掘劳动力供给潜力成为中国劳动市场制度改革的新方向。

3. 少子化

　　儿童年龄人口是未来的劳动力，儿童年龄人口的规模、结构和素质直接影响未来中国经济社会发展。老龄化背景下儿童人口的大幅度减少，可能使中国陷入"少子老龄化陷阱"，比老年人口增长造成的影响更为深远。

　　长期的低生育水平，使得中国儿童人口规模处于缩减之中。2010 年 0 ～ 14 岁人口为 2.22 亿人，比 1990 年的 3.17 亿人，减少了 30%，儿童人口占总人口的比例也由 1990 年的 27.7% 下降到 2010 年的 16.6%。

　　按照目前的人口年龄结构发展趋势，到 21 世纪中叶，中国少年儿童将缩减为 1.74 亿，而同期 60 岁以上的老年人口规模将达到 4.39 亿，超过少年儿童人口数量 1.5 倍。这意味着未来的中国社会不仅是一个老龄化的社会，还是一个少子化的社会。

　　在发达国家，人们选择不婚或婚后不育的比例越来越高，使得少子化问题日趋严重。虽然政府采取了很多鼓励生育的措施，少子化问题依然没有得到有效解决。随着经济社会发展，中国人的婚姻观念和生育意愿也在发生改变。特别是在城市地区，已出现了与发达国家趋同的局面。少子化的持续会进一步加重未来新生劳动力供给的不足，并成为解决老龄化问题的制约因素。从发达国家的经验来看，长期低生育率导致的少子化问题在短时间内难以解决，这一趋势将让人口结构较难回调。对于面临需要解决人口转变带来的诸多难题的中国而言，重视少子化问题的影响至关重要。

四、应对人口结构变化的政策取向：调整生育政策，提高人口素质

中国人口与经济社会发展的关系进入一个关键时期，人口结构矛盾与经济发展方式的转变、人口流动与社会转型、"半城市化"与统筹城乡发展交织在一起，构成中国人口国情的新特点。虽然中国的发展环境变得更为复杂，任务也比以往艰巨，但也具备了更好的发展基础。持续多年的高速经济增长积累的物质财富，深化改革可能释放的巨大活力，社会建设取得的显著进步，人的发展和人力资源的开发，都为中国解决人口结构变化带来的问题提供了更多的机会和手段。

未来20年中国老年人口规模和老龄化已成定局，但如果从现在开始取消独生子女政策，允许每对夫妇生育两个孩子，同时为儿童成长创造更好的条件，我们就可以缓解20年之后的高度老龄化局面，使总人口变化更加平稳，并再次获得人口红利。这对中国的发展，是一个长久大计。

要解决人口年龄结构变化所带来的问题，还需要提高人口素质，促进人的全面发展，为中国发展提供持久的动力。这就需要在社会经济领域进行广泛的改革。首先，大力投资健康、教育和培训，全面提升人力资本水平。其次，统筹城乡发展，推进劳动力市场的整合和制度建设，促进劳动力流动和产业间的转移，充分挖掘劳动力的供给潜力，提升劳动力资源配置效率。第三，推进性别平等，促进女性发展；构建中国特色的养老保障体系，实现健康老龄化社会；出台家庭政策，增强家庭发展能力。

中国人口红利即将消失以及"未富先老"的人口经济特征，将使经济减速的风险增加。与此同时，中国的人口转变也给社会发展带来了多重挑战。调整生育政策和提高人口素质，是中国应对这些困难的必然选择，直接关系着中国未来的可持续发展。

第四章

稳步调整生育政策

- 现已进行的局部调整

- 不同生育政策下的人口情景

- 新人口政策的原则和着力点

- 生育政策调整的步骤

- 完善生育政策的辅助措施

中国20世纪80年代以来实行的生育政策，是根据当时的国情确定的。现在人口发展态势已经发生了深刻变化，呈现出十分明显的阶段性特点，部分人口指标出现趋势性转折，未来人口发展的方向面临重大抉择。生育政策调整的时机已经成熟。本章探讨如何对生育政策进行调整，重点关注已有的局部调整，阐释不同政策情形下的人口前景，并在此基础之上提出调整人口政策的原则、具体步骤和辅助措施。

一、现已进行的局部调整

计划生育政策的实施对我国人口的发展和转变起到了积极的作用，也带来了新的人口问题。无论是从经济的长远发展来看，还是从社会的和谐和人口的均衡发展来看，调整和完善生育政策都势在必行。一些地区在过去几十年中进行的实验，以及各地最近推行的各种改革尝试，都从不同的侧面显现出逐步取消独生子女政策的时机已经成熟。

1. 现行生育政策

中国现行生育政策大致上可分为以下四类。

一孩政策。包括全国城镇居民，北京、天津、上海、江苏、四川、重庆6省（市）的农村居民。该政策覆盖地区的人口约占全国总人口的35.9%。

一孩半政策。指农村夫妇生育第一个孩子为女孩的，可以再生育一个孩子。包括河北、山西、内蒙古、辽宁、吉林、黑龙江、浙江、安徽、福建、江西、山东、河南、湖北、湖南、广东、广西、贵州、陕西、甘肃等19个省（区）的农村居民。该政策覆盖地区的人口约占全国总人口的52.9%。

二孩政策。指农村居民普遍可以生育两个孩子，包括海南、云南、青海、宁夏、新疆等5省（区）的农村居民。该政策覆盖地区的人口约占全国总人口的9.6%。

三孩政策。指部分地区少数民族农牧民可以生育三个孩子，包括青海、宁夏、新疆等地区的少数民族农牧民，海南、内蒙古等地前两个孩子均为女孩的少数民族农牧民，云南边境地区和人口稀少的少数民族农村居民，黑龙江人口稀少的少数民族居民。该政策覆盖地区的人口约占全国总人口的1.6%。

此外，西藏自治区实行特殊的生育政策。藏族城镇居民可以生育两个孩子，藏族及人口稀少的少数民族农牧民不限制生育数量。全国30个省（区、市）规定，双方均为独生子女的夫妇可以生育两个孩子；天津、辽宁、吉林、上海、江苏、福建、安徽等 7 省（市）规定，一方为独生子女的农民夫妇可以生育两个孩子。

从上述分类可以看出，由于经济社会发展很不平衡，生育政策在地区之间、城乡之间、汉族和少数民族之间都有所区别。总体上看，农村宽于城市，西部宽于东部和中部，少数民族宽于汉族。按照现行生育政策，全国总体政策生育率为 1.47 左右。全国实际执行一孩生育政策的人口大约为 60%。

在世界人口史上，中国推行的独生子女政策是史无前例的。正是由于这项政策的影响之大和影响之深，在整个政策执行的过程中，国内外的讨论从来没有停止过。近些年，随着公众参与意识的增强，网络媒体的发展，使得更多人有机会表达自己的看法。如何评价独生子女政策，在新的条件下如何做出政策调整，受到社会各界的广泛关注。

关于独生子女政策的争论，当前有三种观点：一是认为中国人口仍然过剩，应该继续坚持独生子女政策；二是认为独生子女政策的历史使命已经完成，应该立即全面取消独生子女政策；三是主张从现在起分阶段逐步取消独生子女政策，放开二胎，以避免可能出现的生育波动。从公开发表的观点看，持第一种观点的只是少数人。据 2011 年人民网舆情监测室分析，持第一种观点坚决反对放开二胎的占 15%，持第二种和第三种观点支持放开二胎政策的网友超过一半。本报告持第三种观点，主张逐步放开二胎政策。

独生子女政策是在特定的历史条件下做出的一种权宜政策选择。1980 年 9 月 25 日中共中央的《公开信》明确指出："到 30 年以后，目前特别紧张的人口增长问题就可以缓和，也就可以采取不同的人口政策了。"独生子女政策尽管在执行过程中出现过这样那样的问题，但政策的实施确实起到了预期的作用。在 30 多年后的今天，人口问题的主要矛盾已经不是人口的过快增长，以独生子女政策为核心的人口政策体系已经滞后于新的人口变动趋势，不适应统筹解决人口问题和实现现代化宏伟目标的要求，需要根据新形势、新情况进行政策调整。

2. 各地进行的初步政策调整

近些年，各地在保持现行生育政策稳定的同时，对本地生育政策进行了微调。目前，全国所有省、直辖市、自治区都先后实行允许双方为独生子女的夫妇可以生育两个孩子（俗称"双独"的政策）；天津、辽宁、吉林、上海、江苏、安徽、福建等 7 省（市）的农村居民实行了夫妇一方为独生子女的可生育两个孩子的政策（俗称"单独"的政策）；吉林、海南、上海、甘肃、新疆、湖南、浙江、内蒙、山西、湖北、广东、江西等省（区、市）取消或放宽了生育间隔规定；河北、辽宁、吉林、广东、新疆等省（区）则放宽了再婚夫妇的生育政策。总体上看，各地对生育政策的微调主要集中在农村地区，更多的是对可以生育二孩人群的过程调整，而城镇地区的生育政策基本没有变化。

与之前的一些预测不同，"双独"政策的实施并未产生显著的生育率变化。在经济发展水平进一步提高，现代生活观念逐步为大众所接受的今天，个体和家庭在生育问题上变得更加理性。在一些家庭选择多生子女的同时，选择少生子女甚至不生子女的家庭所占比例也在逐步提高。"双独"政策的放开未能对生育率产生明显影响，直接反映了中国经济社会生活和人口形势的深层次变化。

与此同时，各地推行"双独"政策的结果也显示出政策可以在保持连续性和稳定性的同时，逐步进行有效的调整。按照这一路径，一旦政策逐步演进成全面放开二胎的阶段，政策调整的覆盖面就扩大到所有人群，将会对人口均衡性产生更加有利的长期效果。

3. 800万人地区的实践提供的经验

放开二胎并不一定导致生育率的反弹，这在历史上已经有成功的实践。为缓和严格的独生子女政策带来的社会紧张关系，1984年中共中央曾下发7号文件[①]，要求各地在继续提倡一对夫妇生育一个孩子的同时，根据当地情况对生育政策做出若干修订，允许一部分夫妇可以生两个孩子，坚决杜绝三孩及以上的多孩生育，即所谓"开小口、堵大口"。甘肃酒泉、湖北恩施、山西翼城和河北承德四个地区由此实行了"一对夫妇可以生育两个孩子"的政策。这四个地区，当时总人口840万左右，均以农业为主。他们推行二孩生育政策的实践，对于认识生育政策与人口态势的关系提供了直接的参考。

二孩政策在上述四个地区实施了20多年之后，2005~2006年，研究者分别对实施情况进行了调研[②]。从调研结果看，尽管社会经济文化条件并不完全一样，所表现出的人口态势也不尽一致，但这些地区都表现出如下的共同特点。

（1）在比较宽松的政策环境下，人口保持了低增长，总和生育率保持在两个孩子以下，并且在2000年之后人口增长呈现出越来越低的趋势。在出生率、自然增长率和生育率上，

[①] 1984年4月，中共中央发布了《中共中央批转国家计划生育委员会党组＜关于计划生育工作情况的汇报＞》（中发〔1984〕7号），提出要进一步完善计划生育工作的具体政策，在继续提倡一对夫妇只生一个孩子的基础上，要适当放宽生育二胎的条件，特别是"对农村继续有控制地把口子开得稍大一些"，目的在于把计划生育政策建立在合情合理、群众拥护、干部好做工作的基础上。

[②] 调研于2005~2006年由中国人民大学、河北大学、华中师范大学等机构的研究人员负责实施，有关调研的详细情况，请参看顾宝昌、王丰主编的《八百万人的实践——来自二孩生育政策地区的调研报告》，社会科学文献出版社2009年版。

这些地区都低于或接近于与它们条件相似但实行"一孩半"的地区，并没有因政策较宽松而发生反弹①；

（2）宽松生育政策的实施，在客观上促进了出生性别比的正常化以及人口年龄结构的合理化；

（3）二孩生育政策更接近群众的生育意愿，缓和了干群矛盾，推动了计生工作向以满足群众需求为导向的优质服务转移（顾宝昌等，2009）。

专栏4.1　　　　　　　二孩生育政策地区调研结果

甘肃省酒泉市。酒泉市地处甘肃省西北，经济发展水平居省内前列，1985 年被确定为全国农村"二孩"政策试点地区。试点实行时，与当时第三次人口出生高峰期相叠加，曾导致人口出生率和自然增长率一度出现过一定幅度回升的现象。但总的来说，试点 20 多年来，酒泉的人口出生率和自然增长率低于全省和全国平均水平，并在继续下降。多年来，酒泉市总出生性别比和一孩出生性别比都基本保持在正常范围内，二孩出生性别比经历了从高水平波动到正常水平稳定的变化，2000 年时为 108.2，近年来降至 105.5。酒泉市的人口年龄结构变动比较平缓，到 2005 年老年人口比例为 5.17%。总体而言，酒泉的人口态势达到了试点初的"控制人口、保持合理的人口结构、延缓人口老龄化"的预期目标。

河北省承德市。承德市地处河北省北部山区，为欠发达地区。1983 年确定承德农村居民可以生育二孩的政策，1984~1986 年实施。目前，承德妇女总生育水平低于 1.6，农村低于 1.8，十多年来自然增长率一直低于 8‰。从承德 20 多年的实践看，较宽松的生育政策并没有引发人们所担心的较高的生育水平，想要三个或更多孩子的家庭已经"微乎其微"，人们只想要一个孩子的原因，一是提高生活质量，二是保证孩子教育，三是响应国家号召；想再生第二个孩子的原因主要是"降低养老风险"和"给孩子找伴"，特别是希望有一个男孩，这与承德山区对男劳动力的需求有关。

山西省翼城县。翼城县位于山西省临汾市东南隅，是典型的以农村人口为主的县，经济发展在省内中等。1985 年经批准推行"晚婚晚育加间隔"的二孩生育政策试点。试点20 多年来，翼城的出生率和自然增长率在起伏波动中呈现不断降低的趋势，近几年出生率

---

① 在中国实行"一孩半"政策的农村地区，超生现象还相当普遍，这也是实行二胎政策的试点地区同周边农村地区在生育水平上的差距不大的重要原因。

已经达到 7‰～8‰ 的超低水平，自然增长率到了 2‰～3‰，人口低速缓慢增长。

湖北省恩施州。恩施位于湖北省西南边陲，是以农业为主的贫困山区。1985 年实行农村"可以允许生两个孩子"的政策。试点 20 多年来，恩施的总和生育率不断下降，出生性别比基本正常。2005 年出生率为 9.14‰，自然增长率为 4.41‰，近 20 年总计增加人口 20 万人，年平均增长率 8.52‰；近几年每年增长约 1.7 万人，年平均增长率 4.5‰，出生性别比为 107。

———————————

资料来源：顾宝昌、王丰，《八百万人的实践——来自二孩生育政策地区的调研报告》，社会科学文献出版社 2009 年版。

事实上，当时曾经尝试实行二胎政策的地区有十几个，但其他地区在政策执行中出现了人口增长失控的局面而被撤销，坚持到现在的也只是有限的几个地方。这个结果说明，在当时经济社会发展水平尚低、社会保障体系覆盖面较小、多生还是多数人的选择的情况下，实施较严格的计划生育政策对于控制人口过快增长是有效的。

在另一方面，上述四个地区的实践也表明，如果具备一定条件，实施二孩政策可以达到控制人口过快增长的目标，又能受到群众拥护。首先，这四个试点地区有较好的计划生育工作基础，政策的执行力度很强。其次，比其他地方宽松的生育政策，普遍受到群众和干部的珍惜，提高了大家遵守二孩政策的自觉性。第三，对生育三胎的严格限制，起到了很好的控制效果。这些地区的实践，为新时期生育政策的调整和完善提供了极具价值的参考。

随着经济社会的发展，人们的生育观念同 20 世纪 80 年代已经大大不同。目前，越来越多的人开始选择少生或不生。新的社会环境为调整生育政策，放开二胎生育提供了更好的基础。

二、不同生育政策下的人口情景

尽管社会经济发展对人口变化产生重要影响，但在我国特殊的社会环境下，政策因素仍是影响我国未来人口变动的重要因素，重大的政策变化和调整将对我国未来人口数量和结构变化产生重大影响。人口变化的社会影响，往往经过比较长的时间才能充分显示出来，所以，人口政策的调整更需要有长远的眼光，未雨绸缪，以中长期的科学预测为依据。

　　目前，对于生育政策如何进行调整，社会上存在着四种方案。方案一，维持现行政策不变，可简称为"政策不变"方案。方案二，全国所有地区同时放开二孩政策，可简称为"同放二孩"方案。方案三，全国所有地区同时放开"单独"二孩政策，可简称为"同放单独"方案。方案四，全国分步放开"单独"二孩政策，该方案依据各省份人口占全国人口的比重和各省总和生育率指标，用人口比重对总和生育率加权后求和得到一个指数，依据指数大小按均衡的原则对各省进行分组，各组从2012年起分批逐年进入"单独"二孩政策范围，该方案可简称为"分放单独"方案。本报告提出如下第五种方案：分步放开二孩政策。第一步，在城市地区和严格执行一孩政策的农村地区即刻放开二胎；第二步，2015年，在实行"一孩半"政策的地区放开二胎，实现全国全面放开二胎的目标。第五种方案可以简称为"分放二孩"方案。

　　以2010年全国第六次人口普查的人口总量13.40亿为起点，以这次普查的人口性别、年龄结构以及总和生育率1.5为基础，我们分别对上述五种方案下的人口变化做了预测和模拟，以观察并比较不同方案下的主要人口结果及其差异，表4-1给出了结果。

表4-1　　　　　　　　　生育政策调整不同方案下的人口变化情景

政策方案	总人口（亿人）		15～59岁劳动年龄人口（亿人）		老龄化[①]水平（%）	
	人口峰值及时间	2050	2030	2050	2030	2050
（1）政策不变	13.81　2022	11.95	8.32	6.21	25.42	36.34
（2）同放二孩	15.35　2044	15.19	9.04	8.02	22.81	28.60
（3）同放"单独"	14.31　2025	13.49	8.54	7.04	24.22	32.22
（4）分放"单独"	14.11　2025	12.98	8.39	6.74	24.64	33.47
（5）分放二孩	15.14　2045	15.01	8.70	7.91	22.97	28.88

　　注：表中老龄化水平是指60岁及以上老年人口所占的比例。"同放二孩"方案下的第一个人口峰值15.15亿在2028年出现，"分放二孩"方案下的第一个人口峰值15.08亿是在2027年出现。

1. 生育水平变化情景

　　与"政策不变"方案相比，"同放二孩"方案、"同放单独"方案和"分放单独"方案都可以在一定时期内提高总和生育率，并且使得总和生育率长期稳定在更替水平之下（见图4-1）。但"同放二孩"方案会出现生育率的大幅升高，在放开后的头几年，总和生育率可能

---

　　① 讨论老龄化国际常用的指标是65岁以上人口的规模及其在总人口中所占的比例。结合中国当前的退休年龄的具体规定，60岁是讨论中国老龄问题中另一个常用的年龄标准。在本章所做的预测分析中，我们将老年人口定义为60岁及以上的人群。2010年，中国60岁及以上的老年人口为1.78亿，在总人口中所占的比例为13.26%。

会超过 4.4。"分放二孩"方案下的生育率回升幅度大大低于"同放二孩"方案，总和生育率将在 2014 年回升至 3 左右，在经过 4 年的小幅波动以后开始下降，2022 年降到更替水平以下。

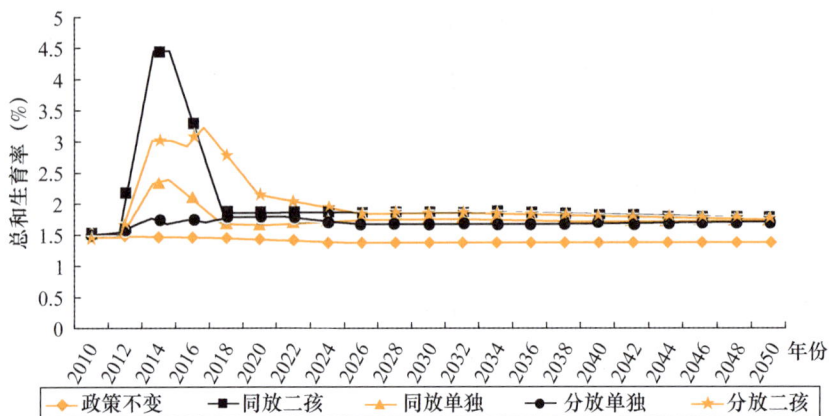

图 4-1　不同调整方案下的生育率趋势

2. 人口增长和到达峰值情景

在"政策不变"的情形下，总人口呈现先上升后下降的趋势（见图 4-2）。2010～2022 年，总人口继续增长，在 2022 年达到峰值 13.81 亿，此后人口总量不断下降，2050 年下降至 11.95 亿，比峰值人口少 1.85 亿。在"同放二孩"的情形下，出生人数大幅度增加，导致总人口快速增加。2014 年总人口突破 14 亿，2021 年总人口超过 15 亿，2027 年总人口达到第一个峰值 15.15 亿，比 2010 年增加 1.76 亿。2035 年后，总人口再次攀升，2044 年升至 15.35 亿，随后开始下降，在 2050 年降至 15.19 亿。在"同放单独"的情形下，人口总量在 2025 年达到峰值 14.31 亿，比 2010 年多出约 1 亿人，之后人口规模开始缩小，2050 年降至 13.49 亿。如果"分放单独"，人口总量在 2020 年超过 14 亿，2025 年达到峰值 14.11 亿，

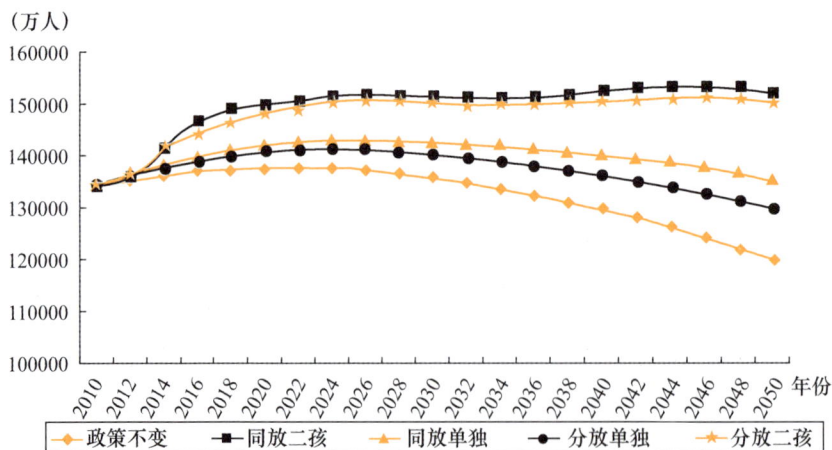

图 4-2　不同方案下的人口总量预测

比 2010 年多出约 7160 万人，之后人口规模开始下降，2050 年降至 12.98 亿。在"分放二孩"的情形下，人口总量在 2015 年达到 14 亿，2027 年达到第一个峰值 15.08 亿，在随后的 12 年中缓慢减少到 2034 年的 14.99 亿，然后再次进入缓慢增长期，2045 年达到第二个峰值 15.14 亿，2050 年减少到 15 亿。

3. 15~59 岁劳动年龄人口变化情景

在"政策不变"情形下，15~59 岁的劳动年龄人口规模将快速逐年减少，2010 年为 9.39 亿，2030 年为 8.32 亿，2050 年为 6.21 亿（见图 4-3）。在"同放二孩"情形下，劳动年龄人口的规模和比例会发生重要变化，2010~2027 年 15~59 岁劳动年龄人口规模逐年缩减，从 2010 年的 9.39 亿降至 2027 年的 8.60 亿；此后出现短暂回升，2032 年升至 9.20 亿，然后再次呈现下降的趋势，2050 年降至 8.02 亿，比维持现行政策不变方案多出 1.81 亿。在"同放单独"情形下，劳动年龄人口从 2027 年起开始高于"政策不变"情形下的规模，2028 年二者差距为 316 万，之后这种差距迅速扩大，到 2050 年相差 8280 万；劳动年龄人口在 2030 年降到 8.54 亿，2041 年降到 8 亿以下，之后仍然缓慢下降，到 2050 年降至 7.04 亿。在"分放单独"情形下，2027 年以前劳动年龄人口规模变动趋势与上述几个方案一样，之后从 2032~2050 年，劳动力规模比"政策不变"方案的劳动力规模要多出 1000 万~5000 万。在"分放单独"情形下，劳动年龄人口规模于 2030 年降到 8.39 亿，2037 年降到 8 亿以下，之后仍然缓慢下降，到 2050 年降至 6.74 亿。与上述四个方案相比，"分放二孩"情形下的劳动年龄人口变化更加平稳，劳动年龄人口将在 2028 年减少到谷底 8.56 亿，随后开始缓慢增长，2034 年增长到 8.93 亿，之后缓慢减少，2050 年减至 7.91 亿。

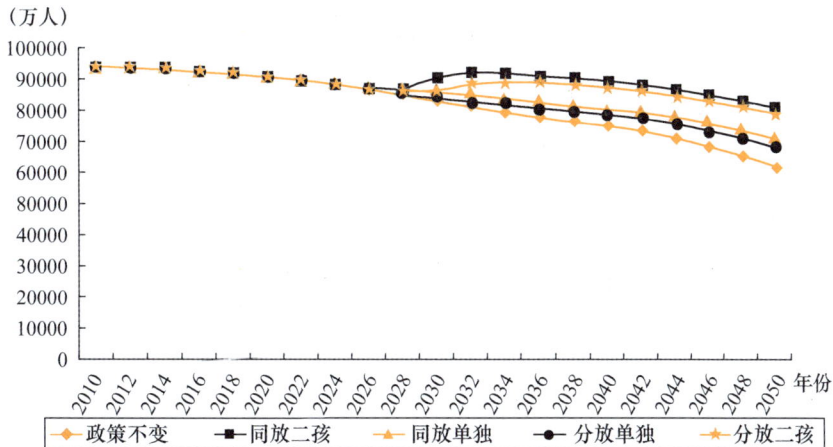

图 4-3　不同方案下劳动年龄人口变化

4. 人口老龄化变化情景

在"政策不变"情形下，60 岁及以上老年人口规模和比例逐年攀升，尤其是在 2020 年以后，由于 20 世纪 60 年代出生的大批人口开始进入老年阶段，老年人口规模迅速增加，比例攀升速度加快，2030 年老年人口比例为 25.42%，规模为 3.45 亿，2050 年分别升至 36.34% 和 4.34 亿。在"同放二孩"情形下，老龄化形势在一定程度上得到了缓解，2035 年前老龄化呈现不断加剧的趋势，老年人口从 2010 年的 13.26% 逐渐上升至 2035 年的 25.49%，但与"政策不变"方案相比，其在 2035 年的比例低了 3.47 个百分点；2035~2045 年间，老龄化水平相对稳定，基本维持在 25%~26%；2045 年以后，老年人口比重再次上升，2050 年达到 28.6%。在"同放单独"情形下，老年人口比例在 2035 年以前增长速度较快，2020 年上升到 17.04%，2030 年进一步上升到 24.22%，2040 年增长到 28.39%，之后缓慢上升，但在 2045 年以后老龄化步伐有所加快，到 2050 年，比例上升到 32.22%。与"政策不变"方案相比，该方案也在一定程度有利于老龄化程度的缓解，尤其是 2030 年以后，比政策不变下的老年人口比例低 1~4 个百分点。"分放单独"方案和"同放单独"方案的老龄化情形基本一致，老年人口比例在 2035 年以前增长速度较快，2020 年上升到 17.28%，2030 年上升到 24.64%，2035~2044 年老龄化速度有所减缓，之后步伐又较快。在"分放二孩"情形下，老龄化程度可以大大缓解，2050 年为 28.88%，要比"政策不变"方案低 7.47 个百分点，也比"分放单独"方案和"同放单独"方案策低 4.59 和 3.34 个百分点。

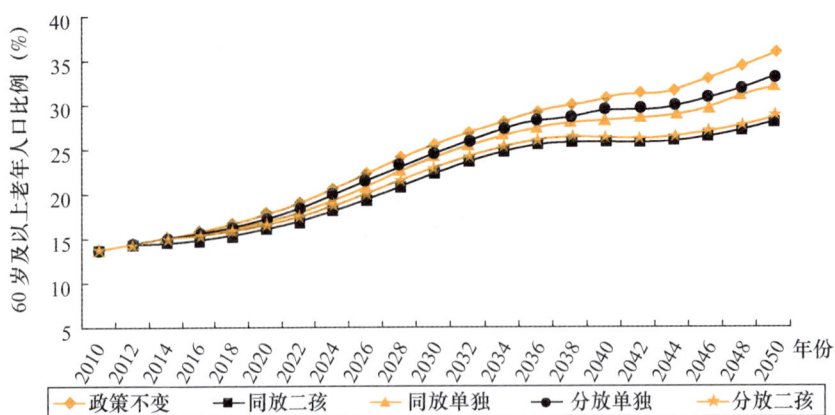

图 4-4   不同方案下人口老龄化趋势

不同政策调整预测结果表明，仍保持现行的生育政策不变不符合中国人口发展的实际和要求。而全国同时全面放开二孩将会造成短时期内生育水平以及出生人口的急剧增加，人口出现大起大落式的剧烈变动，对社会保障、教育、就业等产生冲击和不稳定的隐患，不利于经济的稳定发展，不利于社会的和谐建设。"同放单独"和"分放单独"虽然可以在一定程度上避免前两种方案的弊端，但需要花费较长时间，贻误时机，且"分放单独"还存在操作上的困难。与其他调整方案的预测结果相比，"分放二孩"方案下的生育水平在短期内比"政策不变"、"同放单独"和"分放单独"方案要高，但要比"同放二孩"方案低很多，也平稳很多。考虑到生育政策对人口和生育率变化的反应已经滞后，以及发达国家应对低生育率的经验和教训，我们认为，最为可行的方案是"分放二孩"，即分区域分步放开二胎，这样，既充分考虑了政策调整时间的紧迫性，又避免了人口短期内的剧烈变化，保证社会经济的发展与建设在稳定的人口环境下有序进行。

三、新人口政策的原则和着力点

当前，增长过快已经不再是中国人口问题的主要矛盾，取而代之的是源于结构、素质和分布上的问题。如何根据新的变化，在今后的经济社会发展战略中因势利导，再造新的人口资源比较优势，是我国未来人口政策调整中需要解决的核心问题①。

新人口政策，要贯彻落实科学发展观，遵循"生育自主、倡导节制、素质优先、全面发展"的原则。

生育自主是新人口政策的最终目标。生育权是个人的基本权利之一，人口政策调整的最终目标，应该是个人对生育进行自主选择。

倡导节制是新人口政策的重要组成部分。实现生育自主并非意味着政府对人口的发展无所作为。在今后比较长的时期内，人口数量多始终是我国的一项基本国情。在生育自主的前提下，采取多种激励政策，倡导节制生育在近期仍然是需要的。在未来，如果生育率再长期处于较低的水平上，鼓励生育或将成为政策的选择。

素质优先是新人口政策的基石。提高人口素质是人类自身发展的内在要求，在人口增长逐渐放缓的情况下，经济社会的持续发展无法再继续依托劳动力数量供给上的优势。人口素质的提高将越来越成为经济社会持续发展中最为重要的源泉。

---

① 作为一项典型的公共政策，人口政策不等于生育政策，而是涵盖人口变动全过程的一个政策体系，在范围上有广义和狭义之分。狭义的人口政策包括生育政策、优生优育和婚姻家庭政策，生育政策是其核心内容。广义的人口政策是影响和干预人口运动全过程的政策，既包括诸如婚姻家庭政策、生育政策和优生政策等影响人口自然变动过程的政策，也包括诸如人口迁移、人口劳动就业政策和民族人口政策等影响人口社会变动的政策。

促进人的全面发展是新人口政策的核心。人口政策的调整，从根本上说，就是要促进人的全面发展和家庭福祉的提高。评价人口政策成功与否，要看是否能够促进人的全面发展。

根据上述原则，人口政策的调整可以从以下六个方面入手。

一是完善生育政策，促进人口长期均衡发展。要正确把握人口自身发展规律以及人口与经济社会发展的互动关系，充分利用人口资源丰富、社会抚养比较低、人口流动迁移活跃的有利时机，在人口增长比较缓慢的阶段，兼顾当前与长远，逐步调整生育政策，实现人口零增长的"软着陆"，促进人口长期均衡发展。

二是完善人口素质政策，促进人的全面发展。在提升国民教育和健康水平的基础上，改善生殖健康状况，加大出生缺陷预防的力度，促进儿童早期发展，更加关注心理卫生和精神健康问题，加强道德素质、法制意识和诚信教育，加强职业培训和人才队伍建设，促进人口素质的全面提高。

三是完善男女平等政策，消除性别歧视。全面推动妇女儿童事业发展。制定相关经济社会政策，促进社会性别平等。加强对各地区、各类人群出生人口性别比的动态监测，综合治理出生性别比偏高问题。

四是完善人口流动迁移政策，促进人口在区域间、城乡间均衡发展。科学编制人口城镇化发展规划，积极稳妥推进城镇化。改革户籍管理制度，创新服务管理体制，促进流动人口的社会融合。积极推进基本公共服务均等化，缓解区域发展差距。研究制定人口政策的评估指标，引导人口分布与经济布局、生态保护更加协调。

五是完善积极应对人口老龄化政策，促进代际公平发展。从我国基本国情出发，借鉴发达国家经验，从经济社会发展全局应对人口老龄化问题。深化人口老龄化战略研究，构建应对人口老龄化问题的政策法规体系、经济供养体系、为老服务体系、健康支撑体系和老龄工作体系，探索中国特色的应对人口老龄化新路子。

六是完善家庭发展政策，促进社会和谐发展。加强政府对家庭的社会管理和公共服务，从解决好人民群众关心的现实问题着手，制定符合中国国情的家庭发展政策。提高家庭福利保障，稳定家庭功能，增强家庭发展和抗风险能力。加大对老年人家庭、残疾人家庭等弱势家庭的保障支持力度。

四、生育政策调整的步骤

在中国的人口政策中，生育政策始终占据着核心地位。对人口政策的调整，应以生育政策作为起点。生育政策的调整要循序渐进，既要考虑到人口发展的长期态势，也要避免人口的短期波动带来的冲击。因此，要注意政策的过渡和衔接，确保实现政策平稳过渡。

结合当前和未来的人口发展趋势，调整和完善生育政策应分为近期、中期和远期三个阶段逐步推进。在近期，逐步放开二孩生育政策；在中期，实现生育自主；在远期，适时出台鼓励生育政策。

（1）分步放开二孩生育政策（现在~2015年）。根据对放开生育政策五种方案所做的预测和现实操作的可行性，在城市地区和严格执行一孩政策的农村地区即刻放开二胎；2015年，在实行"一孩半"政策的地区放开二胎，实现全国全面放开二胎的目标。与此同时，要严格控制二胎以上的生育，原有的计划生育政策管控措施顺延至对二胎以上的管理。

（2）提倡节制生育，完善服务体系（现在~2020年）。为保证人口的平稳变化，要大力普及优生优育，完善生殖健康服务的政策体系，包括：恢复强制婚前检查制度，全面推行孕前免费检查，加强孕期指导和服务，提高住院分娩的服务水平。贯彻男女平等的原则，大力提倡生男生女都一样的生育文化。普及科学育儿的知识，在城乡全面推行促进儿童早期发展各项政策措施。

（3）生育自主（2020年前后）。经济社会的进一步发展，会使人们在生育问题上更加理性，虽然在生育上有多生、少生、不生的选择，但选择多生的人只是少数，不会影响到人口的平稳变化。在这种情况下，如果政府继续对生育进行干预，不仅会耗费大量的资源，还会带来政治和社会的矛盾。因此，也就没有必要继续对生育进行计划控制，可以完全实现生育自主。

（4）鼓励生育（2026年~）。在这个阶段，中国人口有可能已经进入负增长，并且成为高度老龄化的社会。为了实现人口的长期均衡发展，生育率水平应该保持在更替水平，当生育率长期低于这个水平时，政府就应该采取措施鼓励生育。与此相适应，辅助生育政策也需要从控制人口转向优化人口，从限制生育转向鼓励生育。

五、完善生育政策的辅助措施

在对生育政策做出调整的同时，需要考虑到政策的连续性，实施一系列的配套措施，以确保政策调整的平稳过渡。我们建议，采取以下六个方面的辅助措施。

（1）加大对现有独生子女及其家庭的扶持力度。提高原有独生子女父母的扶持金额，进一步完善计划生育家庭扶助制度。经济社会相关政策，如就业、养老、社会保障、集体收益分配等方面向计划生育家庭倾斜。

（2）设立"国家人口基金"，提供财政拨款支持，用于扶助计划生育家庭，特别是帮助"失独家庭"、独生子女父母养老照料、患有计划生育手术并发症或后遗症的个人等。

（3）进行户口整顿。取消出生人口落户的一切限制，简化落户手续，取消超生户落户费用，在全国范围内进行户口整顿。

（4）取消"社会抚养费"。社会抚养费的征收带来了很多社会矛盾（见专栏 4.2）。作为生育政策调整的一项重要辅助措施，建议二胎政策全面实施，同时取消社会抚养费的征收。

专栏4.2　　　　　　　　　社会抚养费的征收和争议

"社会抚养费"源自 2001 年颁布的《中华人民共和国人口和计划生育法》四十一条中的规定："不符合本法第十八条规定生育子女的公民，应当依法缴纳社会抚养费。"社会抚养费的前身是 20 世纪 80 年代初开始实行的"超生罚款"，1994 年改称为"计划外生育费"。2002 年，国务院制定了《社会抚养费管理办法》。各地在征收社会抚养费的具体操作上，存在着很大的差别，由此引发的问题也一直为社会关注。对征收"社会抚养费"的批评主要有四个方面：一是征收"社会抚养费"的法理依据不足；二是会使超生的中低收入家庭降低生活质量，并影响到孩子的成长；三是"社会抚养费"的用途不透明；四是有一些地区的政府和计划生育部门"放水养鱼"，形成与该部门职能相悖的利益驱动。

《社会抚养费征收管理办法》（以下简称《办法》）规定：社会抚养费的征收，由县级计生部门做出书面征收决定；县级计生部门可以委托乡（镇）人民政府或者街道办事处做出书面征收决定。

　　在具体征收标准上，由于《办法》规定了社会抚养费的具体征收标准由省、自治区、直辖市规定，各地在征收上享有高度的"自由裁量权"，规定的标准各不相同。目前，全国在对超生一个子女者征收社会抚养费方面，大致可分为四类标准：一是在征收基数确定的情况下，按固定的倍数征收，如江西3.5倍，上海、河南、湖北3倍；二是设置一定的倍数区间，如北京3～10倍、新疆1～8倍；三是固定数额区间，如黑龙江城镇居民3～6万、农村居民1～3万；四是设置下限，只规定征收额的最低倍数或金额，如河北不低于2.5倍、山西不低于7000元等。此外，即使在一个地区内部，社会抚养费的征收也存在着差别。如同在北京市，海淀区一般按照基数的7～9倍征收，而东城区一般按照基数的6～10倍来征收。

　　由于这种弹性制度的施行，导致基层工作人员在征收时具有很大的随意性，并由此产生了巨大的腐败空间。据相关媒体的调查，目前缴纳数额最高的一笔社会抚养费居然达到了109.58万元。多年来，到底缴纳了多少社会抚养费，这些社会抚养费又是如何使用的，一直成为公众关注的焦点，有关社会抚养费被挪为他用的报道也一直不绝于耳。

　　此外，为了提升社会抚养费的征收率，部分地方政府甚至实施了一些粗暴的做法，如不缴社会抚养费不能办理上述办法中规定的暂住证、营业执照和务工许可证，而且不能买房、租房，不给办理"低保"，不能办理驾驶执照，不能验车等。这些做法都恶化了干群关系，危害了社会的和谐稳定。

　　资料来源：《我国各地超生罚款尺度不一，名人富人未高倍征收》，《中国经济周刊》2012年5月15日。

　　（5）加强对人口动态的统计和监测。现有人口状况的准确把握及政策调整过程中人口变化情况的实时监控，都需要建立在完备的人口信息统计工作基础之上。在今后的工作中，需要进一步完善人口统计的相关工作。

　　（6）进一步转变人口和计划生育委员会职能。2003年，国家计划生育委员会更名为国家人口和计划生育委员会，近年来已经强化了人口规划、人口信息和人口服务职能。在新的人口形势下，要从政府提供基本公共服务的要求出发，进行相关改革，清除生育政策调整的体制障碍。为了避免政策调整决策受到部门利益的干扰，各级人口和计划生育管理部门，特别是其基层单位，需要转变职能，把履行人口管理和服务职能同与此相关的收费行为彻底脱钩。人口和计划生育委员会可以更名为人口委员会，并坚决把工作重点转移到"满足群众需求，提供优质服务"上来。从群众的实际需要出发，以提供服务为主，保障家庭权益，改善人口素质，优化人口结构，力争实现人的全面发展，促进人口与经济社会的协调可持续发展。同时，在政府机构调整和改革中，可考虑将人口和计划生育委员会的计划生育管理与服务职能并入到卫生部门。

第五章

投资于健康

●中国的健康进步

●21 世纪以来中国的医疗卫生体制改革

●人口健康面临的新问题

●医疗卫生体制改革的原则

　　健康关系到个人和家庭的幸福。健康水平的提高是社会文明与进步的重要标志，也是一个国家人力资本的重要源泉。投资于人的健康，全面提升国民的健康水平，应该成为中国社会发展的重要目标。本章探讨投资健康的具体举措，重点关注健康与人类发展之间的关系，迄今为止医疗卫生体制改革取得的成效，当前健康领域面临的挑战和医疗卫生体制改革中需要遵循的原则。

一、中国的健康进步

　　新中国成立以前，由于贫困、战乱、饥荒和瘟疫，人口死亡率处于很高的水平。根据一些调查结果，20 世纪 30 年代，中国人口死亡率在 30‰~40‰之间，男女婴儿死亡率分别高达 220‰和 264‰，平均预期寿命为 35 岁左右（陈达，1981；Seifeit，1935）。新中国成立以后，由于大力开展儿童计划免疫、传染病控制、初级卫生保健，以及人民收入、教育、营养、安全饮用水和环境卫生等方面的改善，人口死亡率大幅度下降。改革开放以来，中国的健康事业得到了进一步发展。2010 年，中国人口平均预期寿命达到了 74.83 岁，婴儿死亡率和 5 岁以下儿童死亡率分别下降到 13.1‰和 16.4‰，孕产妇死亡率为 30.0/10 万，走在了发展中国家的前列，提前实现联合国千年发展目标（卫生部，2011）。

　　健康水平的提高，推动了经济的发展和社会的进步。健康是人力资本的重要来源，健康水平提高带来的劳动生产率的改进，是推动中国经济过去 30 多年快速发展的重要因素。有学者利用中国 1982 年、1990 年和 2000 年三次人口普查以及对应时点的其他社会经济指标的省级水平数据，对中国人口健康与经济增长之间的关联进行研究，发现中国健康人力资本与经济增长之间有着显著的正向关联。在研究涉及的 20 多年中，预期寿命每延长 1 岁，GDP增长率相应提高 1.06%~1.22%（罗凯，2006）。健康改善所产生的"人口红利"，也促进了国家的经济发展（Cai and Wang，2005）。

　　人口健康状况的明显改善，对于中国从低人类发展水平国家提升为中等人类发展水平国家，做出了重要贡献。中国的人类发展指数[①]从 1980 年的 0.404 提高到 2011 年的 0.687，其中健康指数为 0.843，远远高于教育指数 0.623 和收入指数 0.618（见图 5-1）（UNDP，2011）。

---

　　① 人类发展指数是对人类发展情况的总体衡量，从健康、教育、收入三个维度衡量一国取得的发展成就。人类发展指数是健康指数、教育指数、收入指数这三项标准化指数的几何平均，每个分项指数和总指数的值大于 0，最大值为 1，指数越大表明发展程度越高。

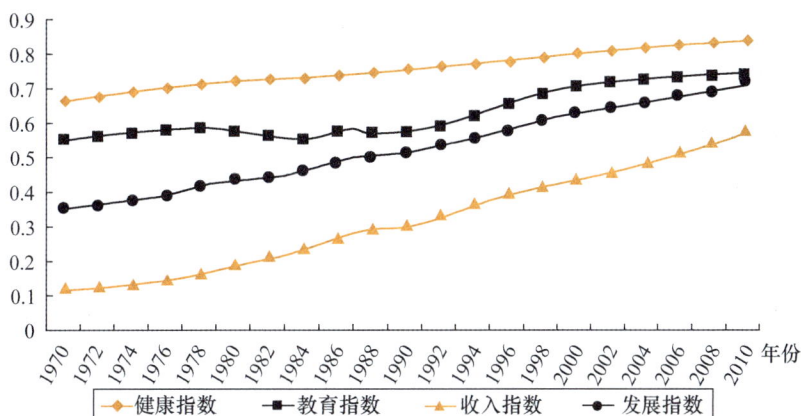

图 5-1　中国人类发展指数

资料来源：UNDP，2011。

二、21 世纪以来中国的医疗卫生体制改革

经济发展和医疗技术进步并不能自动地带来人类健康的改善，在很大程度上还要依赖合理的制度安排。在这方面，中国既有经验又有教训。进入 21 世纪以来，中国的医疗卫生体制改革重新加速，收到了积极的效果，居民健康水平明显改善（见图 5-2）。

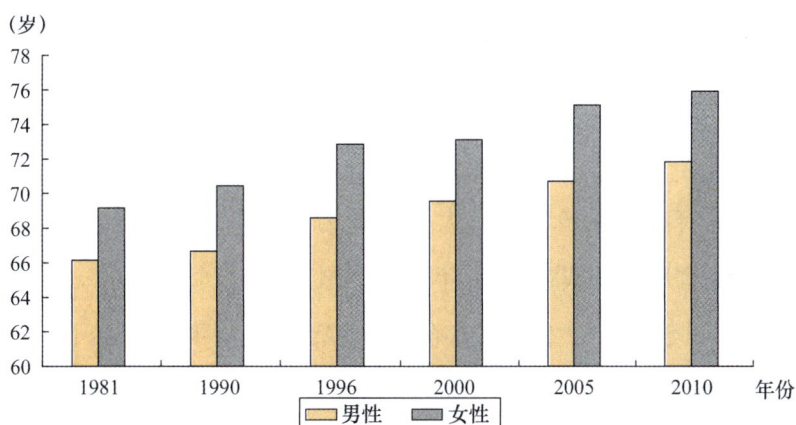

图 5-2　中国分性别出生时平均预期寿命

资料来源：国家统计局：《改革开放 30 年报告之五：城乡居民生活从贫困向全面小康迈进》；2010 年数据引自联合国开发计划署：《人类发展报告 2011》。

1. 公共卫生服务体系的发展

公共卫生服务体系是健康保障的基础。在计划经济体制下，中国政府为此做出了极大的努力。当时政府把医疗卫生工作的重点放在预防和消除传染病方面，特别是加强农村卫生工作，建立了最基本的医疗服务队伍和独具特色的合作医疗体系，使广大城乡居民尤其是农民无须支付高额费用就能享受基本卫生保健服务，创造了公共卫生保障的"中国革命"。

20 世纪 80 年代，随着经济体制改革的推进，面对医疗服务体系出现的看病难、住院难、手术难的挑战，政府相关部门出台了一系列鼓励社会力量进入医疗服务领域的政策，全国特别是城市地区初步形成多渠道、多层次筹集卫生资源，多渠道、多形式办医院的格局。多元化投资体制和医疗服务机构市场化运作机制的改革提高了医疗服务领域的供给能力。

2003 年的"非典"危机暴露出公共卫生体系和农村卫生服务体系的弊端，政府加大了对公共卫生、农村卫生事业的财政投入，扭转过去卫生服务体系主要靠市场化服务获取发展资源的倾向。国家加强了城市社区卫生服务体系建设，增加了对社区医疗机构的经费投入，降低居民进入社区医疗机构看病的费用。各地还对建立济困医院、平价药房进行了有益的探索，试图降低居民的医疗费用负担。在卫生资源总量增加、结构不断优化的同时，居民对卫生服务的利用率也在提高。

根据卫生部（2012）的统计，2011 年全国医疗卫生机构共计 95.4 万个，与 2003 年比较，医疗卫生机构增加 14.8 万个。2002～2011 年间，每千人口执业（助理）医师数由 1.47人增加到 1.82 人，每千人口注册护士数由 1.00 人增加到 1.66 人，每千人口医疗卫生机构床位数由 2.48 张增加到 3.81 张，人均卫生总费用每年平均增长 10.8%。2011 年，全国卫生总费用达 24269 亿元，卫生总费用占 GDP 的比重预计达 5.1%。

2. 医保体系的建设

2002 年，中国政府决定逐步建立以大病统筹为主的新型农村合作医疗制度，提出到 2010 年，基本覆盖农村居民。截止 2011 年底，全国有 2637 个县（区、市）开展了新型农村合作医疗，参合人口数达 8.32 亿人，参合率为 97.5%；当年补偿支出受益 13.15 亿人次，比 2010 年增加了 2.28 亿人次[①]。

城镇地区的医疗保险也获得很大发展。2007 年 7 月发布的《国务院关于开展城镇居民基本医疗保险试点的指导意见》决定，自 2007 年起开展城镇居民基本医疗保险试点，随后在全国全面推开，逐步覆盖全体城镇非从业居民。《意见》规定试点地区的参保范围为：不属于城镇职工基本医疗保险制度覆盖范围的中小学阶段的学生、少年儿童和其他非从业城镇

---

① 卫生部：《2011 年中国卫生事业发展统计公报》，2011 年 4 月 19 日。

居民，都可自愿参加城镇居民基本医疗保险。2011 年城镇职工医疗保险和城镇居民基本医疗保险参保人数为 4.73 亿人，比 2010 年增加 4000 多万人。

至 2011 年底，基本医疗保险已经实现全覆盖，城镇职工基本医疗保险、城镇居民基本医疗保险和新型农村合作医疗制度体系覆盖全国所有县，参保人数合计超过 13 亿人，比 2005 年增长 2.77 倍，其中 189 个县合并实施了城乡居民医疗保险①。

从 2004 年开始，中国政府先后在农村和城镇地区建立起医疗救助制度。2011 年城市和农村医疗救助资金共资助 6649.35 万人参加医疗保险，直接医后救助 2367.27 万人次。针对一些医疗费用高昂的大病，2012 年 8 月，中国政府颁布了《关于开展城乡居民大病保险工作的指导意见》，提出将建立补充医保报销制度，在基本医保报销的基础上，再次给予报销，要求实际报销比例不低于 50%，以减少因病致贫、因病返贫现象。

三、人口健康面临的新问题

在健康水平提高的同时，由于环境、生活方式的变化以及人口老龄化的影响，中国人口健康面临着新的风险和新的问题。

1. 老龄化与慢性病的流行

由于在传染病控制上的突出成就，中国的传染病死亡率大幅度下降（见图 5 - 3），人口的疾病流行模式发生了显著变化。目前，中国的疾病流行模式已经处于慢性病流行阶段②。根据中国卫生服务调查，2008 年人口的慢性病患病率为 18.9%（城市为 28.3%，农村为 17.1%）。城乡居民慢性病患病率最高的前 5 位依次是高血压（54.9‰）、胃肠炎（10.7‰）、糖尿病（10.7‰）、类风湿性关节炎（10.2‰）和脑血管病（9.7‰），其中城市居民的高血压、糖尿病和脑血管病患病率更高，分别为 100.8‰、27.5‰和 13.6‰（卫生部，2010）。

从中国城乡人口的死因构成来看，在过去 20 年里恶性肿瘤、脑血管病、心脏病、呼吸

---

① 中华人民共和国审计署，2012 年第 34 号公告：全国社会保障资金审计结果，2012 年 8 月 2 日。
② 人类疾病流行模式转变主要经历了四个时期：传染病大流行和饥荒期，传染病大流行衰退期，退行性和人为疾病期，慢性退行性疾病延迟期。在最后一个时期，慢性疾病为死亡的主要原因，死于慢性疾病的年龄大大推迟（宋新明，2008）。

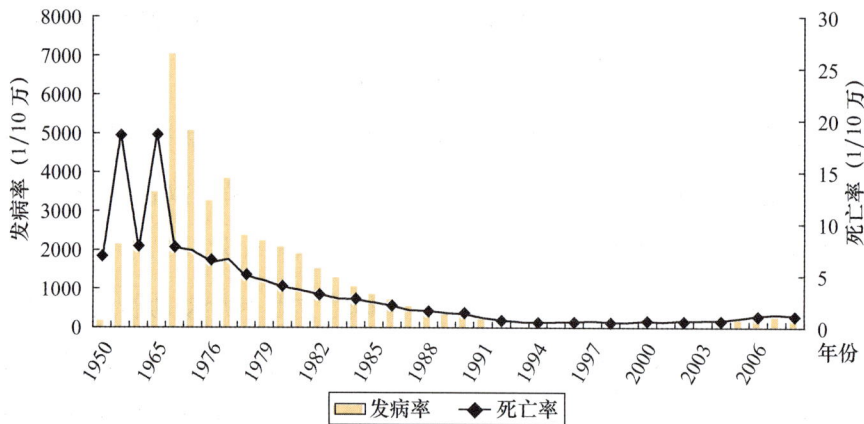

图 5 – 3　1950～2008 年中国甲乙类法定报告传染病发病率和死亡率变化趋势

资料来源：中华人民共和国卫生部：《2009 年中国卫生统计年鉴》，中国协和医科大学出版社 2009 年版。

系统疾病构成了前四大致死因素（见表 5 –1）。在所有的致死因素中，慢性病已经成为威胁中国人健康和生命的最大"杀手"，占所有死亡原因的 80% 左右，这种构成已经与发达国家相似。

表 5 –1　　　　　　　　中国城市和农村人口死因构成（%）

	死亡原因	1990 年	1995 年	2000 年	2009 年
城市	恶性肿瘤	21.88	21.85	24.38	27.01
	脑血管病	20.83	22.17	21.28	20.36
	心脏病	15.81	15.31	17.74	20.77
	呼吸系统疾病	15.76	15.73	13.29	10.54
	损伤和中毒	6.91	6.89	5.91	5.59
	消化系统疾病	4.02	3.31	3.06	2.67
	传染病和寄生虫病	3.57	1.65	1.25	1.09
	其他	11.22	13.09	13.09	11.97
农村	恶性肿瘤	24.82	26.23	23.11	24.26
	脑血管病	17.47	17.25	18.30	23.19
	心脏病	16.16	16.73	18.73	17.21
	呼吸系统疾病	10.82	9.60	11.94	14.96
	损伤和中毒	10.65	11.26	10.55	8.25
	消化系统疾病	5.01	4.67	3.88	2.22
	传染病和寄生虫病	5.66	3.02	2.11	1.13
	其他	9.41	11.24	11.38	8.78

注：表中"传染病和寄生虫病"在中国卫生统计年鉴中分为三类死因，包括传染病（不包括肺结核）、肺结核和寄生虫病。

资料来源：中华人民共和国卫生部：《2010 年中国卫生统计年鉴》，中国协和医科大学出版社 2010 年版。

中国疾病流行模式的转变，是健康危险因素变化、卫生医学进步及人口年龄结构变化共同作用的结果。归结起来，有三种效应：一是相对变化效应，即由于传染性疾病死亡率下降引起的效应，即使慢性疾病死亡率没有变化，随着传染性疾病死亡率的显著下降，慢性疾病在人口死因构成中的比例也会显著增加。二是绝对变化效应，即由于危险因素变化导致某些慢性疾病发生风险的增加，如肺癌死亡率在排除人口年龄结构的影响后仍呈现上升趋势。三是人口学效应，即由于人口年龄结构变化所带来的影响。传染病和慢性疾病导致死亡的人群不同，前者主要影响低年龄人口，后者主要影响老年人口。人口老龄化和老年人口的迅速增加，使得人口慢性疾病患病人数和死亡人数大幅增加（宋新明，2008）。

老年人是慢性病的高发人群，大约50%的慢性病发生在65岁及以上老年人口中，而且很多老人患有多种慢性病。随着人口老龄化和老年人口的快速增长，中国人口慢性疾病患病率和患病人数将快速增加。在疾病流行模式转变和人口转变的背景下，老年人的健康状况成为医疗卫生政策的焦点之一。由于慢性病具有病程长、并发症发病率高、治愈率低（有些是终生性疾病）等特点，应对日益严重的慢性非传染性疾病的挑战，不仅需要医学技术的发展和医疗卫生制度的完善，同时也需要全社会的共同努力。

老龄化正在改变着中国的医疗需求结构。根据国内外研究和中国卫生服务调查，可以看出医疗需求具有典型的"J"字形年龄模式，即在5岁以下婴幼儿期有较高的需求，随着儿童的成长，健康风险逐渐下降，进入老龄阶段则随年龄迅速上升（见图5-4）。自1993年以来，老年人的两周患病率呈现大幅上升之势（见图5-5）。

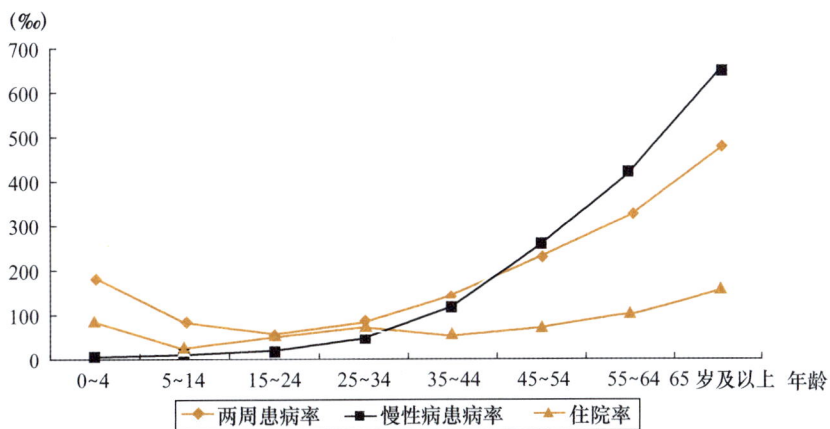

图5-4　2008年中国城乡居民年龄别两周患病率、慢性病患病率和住院率
资料来源：中华人民共和国卫生部：《2010年中国卫生统计年鉴》，中国协和医科大学出版社2010年版。

与患病率和住院率的模式相似，医疗费用也随年龄增长呈"J"字形变化。研究表明，老年人口的人均医疗费用是年轻人的3~5倍，医疗费用上涨时老年人的医疗费用增速更快。

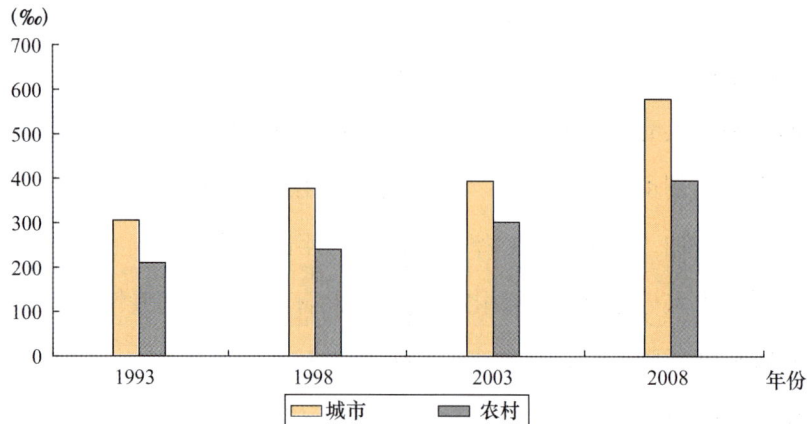

图 5 – 5　中国 65 岁及以上老年人两周患病率

资料来源：中华人民共和国卫生部：《2010 年中国卫生统计年鉴》，中国协和医科大学出版社 2010 年版。

2. 城乡之间、地区之间的健康差距

农村人口的健康水平明显落后于城镇人口。1982～2000 年间，城乡人口平均预期寿命的差距呈扩大之势，2000 年当城市人口平均预期寿命超过 75 岁的时候，农村人口的平均预期寿命还没有达到 70 岁；虽然其后的差距开始缩小，但是目前仍相差 5 岁之多（见表5 – 2）（胡英，2010）。

表5 – 2　　　　　　　　　　　中国分城乡人口平均预期寿命（岁）

年　份	城　镇			乡　村		
	总人口	男 性	女 性	总人口	男 性	女 性
1982	71.06	69.36	72.86	67.05	65.69	68.42
2000	75.21	72.95	77.30	69.55	68.00	71.40
2005	76.36	73.90	78.62	71.07	69.07	73.34
2009	77.33	74.75	79.68	72.29	69.92	74.90

资料来源：胡英，2010。

如同社会经济发展水平差异一样，地区之间的人口健康水平的差异也十分明显。上海、北京和天津的人口平均预期寿命已经达到或超过了 80 岁，而中西部地区人口的平均预期寿命还不到 70 岁。分省的人口寿命指数显示，人口的健康指数低于全国平均水平的省份主要分布在中西部地区（见图 5 – 6）。地区之间人口健康水平的差距既与社会经济发展水平有关，也与卫生资源分配状况有关。

3. 妇幼人群和贫困地区人口的健康问题

近年来，宫颈癌和乳腺癌日益成为威胁女性健康的风险因素。根据卫生部的统计，2009

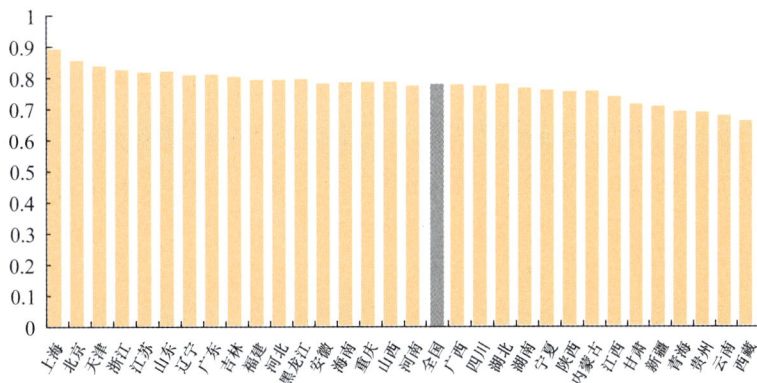

图 5-6　2008 年中国分省预期寿命指数

资料来源：联合国计划开发署（UNDP）驻华代表处（2010）：《中国人类发展报告 2009/2010》。

年全国妇女查出患妇女病的比例为 28.6%，宫颈癌患病率为 14.1/10 万，乳腺癌患病率为 10.2/10 万，大大高于 10 年前的水平。与此同时，这些疾病的发生率在不同地区存在着明显差异。其中，宁夏的乳腺癌患病率高达 77.9/10 万，青海的宫颈癌患病率达 47.7/10 万，分别居于全国之首（卫生部，2010）。这些疾病严重威胁着妇女的健康和生命。

目前，肺炎、腹泻、贫血在部分地区仍然是威胁中国儿童健康的主要问题。出生缺陷发生率呈上升趋势，由 1996 年的 87.7/10000，上升到 2010 年的 149.9/10000，增长幅度达 70.9%（卫生部，2011）①。儿童肥胖、意外伤害、心理疾病等问题日渐突出，流动儿童和留守儿童的健康问题需要予以特别关注。疾病是导致农村贫困的重要原因之一。农村的中低收入群体在经济上具有脆弱性，抵御疾病的风险能力较弱，一旦出现大额医疗费用，便会受到较大的经济冲击。在一些贫困农村，农民因病致贫、因病返贫情况突出。据调查，河南农村贫困户中因病致贫、返贫的比例为 40%，云南和陕西高达 50%，青海、甘肃等地区这一比例也很高。

农村地区，特别是贫困地区农村儿童营养问题突出。农村地区儿童低体重率和生长迟缓率约为城市地区的 3~4 倍，而贫困地区农村又为一般农村的 2 倍，2010 年贫困地区尚有 20% 的 5 岁以下儿童生长迟缓。妇女没有接受产前和产后检查的比例仍较高。有相当一部分贫困人口使用不安全饮用水，使用不卫生厕所的人口更多。

4. 残疾人群

根据 2006 年中国第二次残疾人口抽样调查统计，当年中国共有残疾人口 8296 万人。

---

① 卫生部：《中国妇幼卫生事业发展报告 2011》。

在中国的残疾人口中，农村残疾人口占75.04%，65岁及以上的老年人占45.36%。为如此庞大的残疾人群体提供支持性的社会环境，无疑是一个巨大的挑战。除了与健康人有相同的医疗需求外，残疾人因其身体功能性障碍，还有特殊的医疗和服务需求，如救助、康复训练、辅助工具等。残疾人的特殊医疗和服务需求在很大程度上还没有得到满足（见图5－7）。

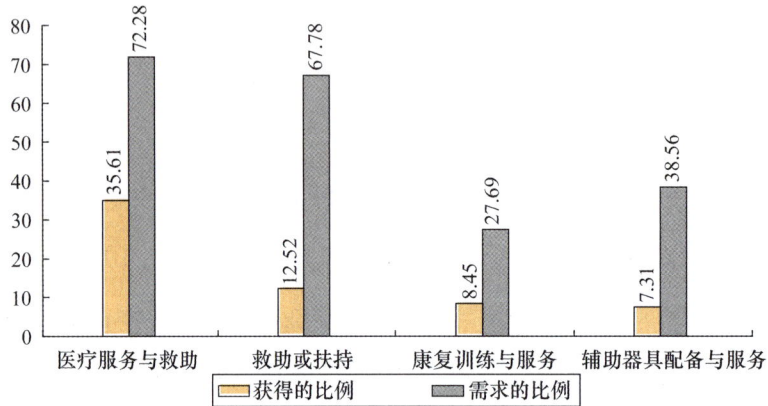

图5－7　2006年中国残疾人服务需求满足情况
资料来源：第二次全国残疾人抽样调查。

老龄化是导致残疾人口规模上升的重要因素。老年人残疾的比例大大高于其他年龄人口（见图5－8），随着老年人口数量的增长，中国残疾人口数量将会持续增长。这将是对中国社会的一个严重挑战。

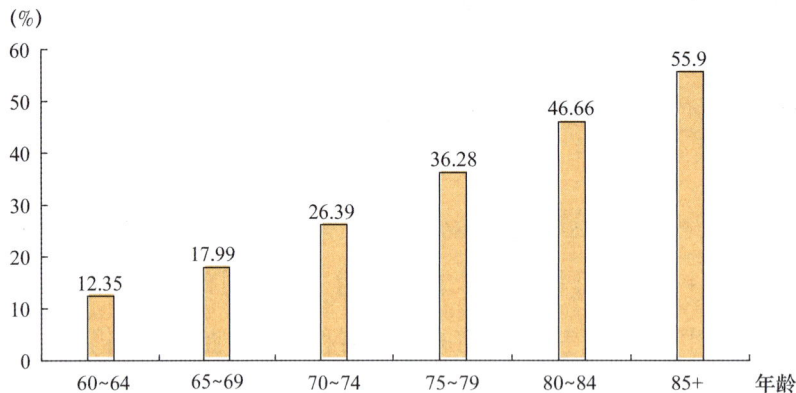

图5－8　2006年中国65岁及以上老年人残疾率
资料来源：第二次全国残疾人抽样调查数据公报。

出生缺陷是导致残疾的重要因素。出生缺陷是指婴儿出生前即已存在的身体结构或功能异常，大部分出生缺陷是遗传和环境共同作用的结果（郑晓瑛，2011）。虽然中国的出生缺陷发生率在发展中国家已处于比较低的水平，但是近十年来呈上升态势，目前出生缺陷率仍高达 14.99‰（卫生部，2011）①。据 2006 年第二次全国残疾人抽样调查结果显示，出生缺陷致残人口占残疾总人口的 10.66%（张蕾等，2011）。

5. 吸烟所造成的危害

　　和许多发展中国家一样，烟草和酒精消费等健康风险行为已成为中国慢性非传染性疾病的罪魁祸首，其中烟草消费的危害尤为突出。中国是世界烟草第一大生产国和消费国。卫生部 2012 年发布的《中国吸烟危害健康报告》指出，全国吸烟人群逾 3 亿，另有约 7.4 亿不吸烟人群遭受二手烟的危害；每年因吸烟相关疾病所致死亡的人数超过 100 万，占世界的 1/6，远远超过了交通事故、自杀以及自然灾害等导致的死亡人数，占全国死亡总人数的 12% 左右。吸烟带来了沉重的疾病负担和社会负担。2008 年，中国 35 岁以上患恶性肿瘤、心血管疾病和呼吸系统疾病的成年人中，归因于烟草的疾病经济负担就达到 2237.2 亿元（卫生部，2012）。

　　如果对吸烟不加控制，中国因吸烟死亡的人数还会大幅增长，至 2050 年将突破 300 万。吸烟带来的直接健康损失以及对医疗服务和保障体系的压力将难以承受，对经济社会可持续发展的负面影响也将十分巨大。

6. 环境风险与意外死亡

　　在中国的工业化、城市化快速推进过程中，无论是生态环境还是社会环境，都有一些不利于人类健康的变化。环境污染、食品药品安全问题、道路交通事故和工伤事故等，已经成为威胁人类健康和生命的重要因素。

　　根据卫生部 2007 年发表的《中国伤害预防报告》，中国内地每年约发生各类伤害 2 亿人次，因伤害致死人数约 70 万～75 万，占死亡总数的 9%，是继恶性肿瘤、脑血管病、呼吸系统疾病和心脏病之后的第五位死亡原因。目前，最为常见的伤害有交通运输伤害、自杀、溺水、中毒、跌落等，导致的死亡案例占全部伤害死亡的 70% 左右；每年发生各类需要就医的伤害约 6200 万人次，每年因伤害引起的直接医疗费达 650 亿元，因伤害休工而产生的经济损失达 60 多亿元。

　　中国是世界上自杀人数最多的国家，每年超过 28.7 万人死于自杀，200 万人自杀未遂，自杀率为 23/10 万，自杀已经成为 15～34 岁人群的首位死因（北京心理危机与干预中心，

---

　　①　卫生部：《中国妇幼事业发展报告 2011》。

2007）。中国的自杀率有三个特点：一是农村高于城市，二是女性高于男性，三是老年人高于其他年龄群体。高自杀率已经成为中国重大的公共卫生问题，与这种形势不相称的是心理卫生服务和心理危机干预的供给严重短缺（费立鹏，2007）。

根据国家安全生产监督管理总局的统计，2010 年全国发生各类事故 36.3 万起，死亡79552 人；2011 年为 35 万起，死亡人数为 75572，比 2002 年分别下降 67% 和 46%。根据人力资源和社会保障部的统计[①]，2010 年全年认定（视同）工伤 114.1 万人，评定伤残等级人数 41.9 万人，享受工伤保险待遇人数 147 万人，比上年增加 18 万人。2011 年末，全国参加工伤保险的人数为 17696 万人，仅占就业人口的 23.2%。尽管在减少事故死亡和扩大保险覆盖方面已取得明显成效，中国目前对工作场所的安全保护仍存在着严重欠缺，工伤保险对劳动力的覆盖面仍较窄。降低环境风险和减少意外死亡仍是一项艰巨任务。

7. 艾滋病和新型传染病的威胁

艾滋病是世界上对公共健康最大的威胁之一，特别是在低收入和中等收入国家（WHO，2011），中国的形势也不容乐观。截至 2009 年底，有 74 万成人与儿童感染艾滋病病毒，其中 4.8 万为 2009 年新增感染者，有 2.6 万人在 2009 年死于艾滋病相关原因（UNAIDS，2011）。艾滋病防治工作在中国已经到了一个关键时刻。

除了艾滋病以外，新型传染性疾病的出现也威胁着人类健康。2009 年爆发的甲型 H1N1 流感，使中国有 12.2 万人患病，其中 654 人死亡（卫生部，2010）。未来一个时期，中国人口的集聚程度将会进一步提高，人口流动仍将保持高度活跃，如何有效地控制艾滋病等非传统的传染性疾病，是一项艰巨的任务。

四、医疗卫生体制改革的原则

提高国民健康水平是增进人民福祉、提高生活质量的内在要求，也是中国政府全面建设小康社会的核心目标之一。未来医疗卫生体制改革应该重点把握好以下几个原则。

首先，贯彻预防为主方针。开展全民健康教育和爱国卫生运动，完善多层次的医疗预防网络，是中国在经济水平落后的情况下大幅度改善国民健康水平的宝贵经验。在过去 20 年

---

① 人力资源与社会保障部：《2010 年度人力资源和社会保障事业发展统计公报》。

里，中国卫生总费用增长很快。1990 年卫生总费用不过 700 多亿元①，2011 年已经增加到 24269 亿元，按可比价格计算，增长 11.4 倍（卫生部，2012）。不管是与自身历史相比，还是与其他国家相比，这个速度都是相当快的。随着国民对健康需求的不断提高，中国的卫生总费用将继续快速攀升。即使在发达经济体，卫生费用的爆发式增长也是整个医疗服务体系和公共财政所难以承受的，对中国这样"未富先老"的发展中国家更是如此。主动的预防保健措施不仅减少疾病和增进健康，也可以有效地减轻未来被动的疾病治疗的压力，是既成本低又行之有效的措施。其中，开展全民卫生与健康教育是一种回报率很高的投资，各级政府在这方面负有重大责任，学校教育也要纳入卫生与健康教育的内容。利用媒体进行卫生与健康教育也是一个好方法，在电视台开办健康保健专题节目，请各科的名医做讲座，具有成本低、覆盖面广的优点。未来，中国还需依据国情，贯彻预防为主的方针，吸取国际上一些国家"过度医疗"的教训，全面加强预防保健和持续推广爱国卫生运动，来实现国民健康的良性发展。

其次，发挥政府在健康保障中的主导作用。中国政府把"人人享有基本医疗卫生服务"作为全面建设小康社会的一项重要奋斗目标，不断增加卫生支出。在医疗卫生费用总支出中，政府预算所占的比例不断提升，已从 2002 年的 15.7% 提高到 2011 年的 30.4%，同期个人卫生支出比重从 57.7% 下降至 34.9%，卫生筹资结构趋向合理，居民负担相对减轻，筹资公平性有所改善。但是，政府在医疗卫生总支出中的占比仍只与世界中低收入国家的平均水平相当。此外，中国当前的医疗保障中存在着公费医疗、城镇职工基本医疗保险、城镇居民基本医疗保险和农村新型合作医疗等多种制度并存的情况，各种制度的保障水平存在很大差异，如何缩小不同人群中的保障差异，实现医疗公平，也是发挥政府在健康保障中主导作用时需要考虑的另外一个重要方面。

第三，坚持医疗卫生体系资金筹集的多元化方针。中国还是一个发展中国家，医疗保障必须和中国的经济发展水平相适应，在经济发展的基础上逐步提高保障水平。国家卫生财政拨款主要用于公共卫生服务体系建设，服务于"人人享有基本医疗保健"，立足"保基本"，同时要为各项医疗保险（职工基本医疗保险、居民基本医疗保险、新型农村合作医疗、大病补充医疗保险等）承担参保补贴，并承担着未参保机关事业单位人员的医疗费、特殊困难群体的医疗救助费用。在医疗保障基金筹集方面，政府、企业、个人应发挥各自的作用。要借鉴世界其他国家医疗保障制度的经验和教训，避免过度医疗保障带来的医疗机构和消费者

---

① 根据统计局公布的居民消费价格指数，核算出 2011 年价格约为 1950 亿元。

的行为扭曲，提高医疗保障体系的可持续性。

第四，加快公立医院改革。2012 年开始进行的旨在破除"以药补医"机制为重点的公立医院改革，试点改革要尽快在全国推广。要改善公立医院资源分布不均的情况；深化医院内部管理体制改革，应以为患者提供更好的服务为宗旨，进一步提升公立医院的服务水平，努力改善医患关系。广泛建立有效的社区联动机制，方便居民就近就医，协助社区机构提升医疗水平。充分利用信息化手段，建立不同医院之间的信息共享平台。引入科学的激励机制和考核机制，确保优秀医务人员最大限度地发挥出积极性。

第五，优化公共卫生支出的结构。重点改善农村卫生服务体系，加强对西部地区和贫困地区的卫生投入。打破现有的城乡分割、地区分割的格局，提高对公共卫生、城市社区卫生、乡镇卫生院及贫困地区卫生机构的投入水平，建立覆盖全民的基本医疗服务体系。加大政府对农村地区和落后地区的公共卫生和农村公共事业的投入，提高新型农村合作医疗和医疗救助保障水平。进一步健全贫困地区基层医疗卫生服务体系，改善医疗与康复服务设施条件。加强妇幼保健机构能力建设。加大重大疾病和地方病防控力度。继续实施万名医师支援农村卫生工程，组织城市医务人员在农村开展诊疗服务、临床教学、技术培训等多种形式的帮扶活动，提高县医院和乡镇卫生院的技术水平和服务能力。

第六，加强对健康问题的综合治理。在中国，第一位的疾病死亡杀手是癌症，而癌症的发生与环境污染存在着密切联系。解决健康问题需要协调影响健康的其他各项政策，如环境保护政策、水资源保护和污水处理措施，重点工程和公共政策的健康评价，保障公众的健康福利。此外，还要重点加大控烟的力度，在"十二五"期间制定明确的国家控烟规划，使中国在未来 10 年左右从世界最大的烟草生产和消费国转变为全面、主动的控烟国家。对国民健康有重要影响的烟、酒等行业的发展规划，要开展公共卫生和经济社会影响评估。

第六章

提升教育水平

● 产业升级的人力资本要求

● 老龄化背景下的教育

● 从人口大国迈向人力资源强国

　　教育的发展是人类发展的核心内容，也是促进人力资本积累的重要途径。随着人口的快速老龄化，第一次人口红利消失，通过投资教育来挖掘和创造第二次人口红利，是应对未来劳动力供给数量和素质危机、完成产业结构转型升级和提升国家竞争力的迫切要求。本章着眼于提高人力资本，探讨如何利用人口结构新特点，避免教育回报率下降导致的负激励，在各个教育阶段创造新的人力资本源泉。

一、产业升级的人力资本要求

　　从国际经验看，在刘易斯转折点到来和第一次人口红利消失之后，中国的产业结构和经济结构将面临迫切的升级需求。产业结构需要从劳动密集型为主逐步转向以资本和技术密集型为主，经济结构则要逐步从第二产业为主转向第三产业为主。产业升级的目的是提高生产率，特别是全要素生产率，所以必将形成对人力资本的巨大需求。随着劳动力市场的发育，市场在劳动力资源配置方面越来越起着主导作用。与劳动密集型产业相比，资本和技术密集的产业对人力资本的要求更高。与第二产业相比，服务业（特别是生产性服务业）对人力资本的要求更高。因此，为了适应产业结构升级的要求，必须大力提高劳动力素质，促进人力资本积累。

　　在目前的国际经济分工大格局中，中国主要从事中低端加工制造环节的生产。随着中国产业结构的升级和在国际经济分工中地位的提升，将在研发高端制造和营销环节占有越来越重要的位置。这时，由于需要投入信息、技术、品牌、管理和人才等知识密集要素，对人力资本水平的要求会不断提高。中国在人力资本积累方面，面临着大力发展教育和培训、大幅度提高劳动力素质的艰巨任务。

　　如表6-1所示，在第二产业中，资本密集型产业中的劳动力具有比劳动密集型产业劳动力更高的受教育水平。在第三产业中，技术密集型产业中的劳动力，具有比劳动密集型产业劳动力更高的受教育水平。第二产业的劳动密集型产业中的劳动力具有最低的受教育水平。第三产业的技术密集型产业中的劳动力具有最高的受教育水平。

　　经济发展方式的一系列转变，最终主要以产业结构升级和优化的方式表现出来。产品质量和服务质量的进一步提升与企业抗风险能力的进一步增强，必然对劳动者素质提出更高要求。上述产业类型劳动者素质的差异，意味着在产业结构调整过程中，如果劳动者从第二产业的劳动密集型就业转向第二产业的资本密集型就业，要求受教育水平提高1.3年；转向第三产业技术密集型就业，要求受教育水平提高4.2年；即使仅仅转向第三产业的劳动密集型就业，也要求受教育水平提高 0.5 年。在技术进步和经济发展的今天，提高受教育水平是每一个劳动者生存和发展的需要。

表 6 - 1　　　　　　　　　　　城镇分产业教育水平构成

受教育水平（%）	第二产业		第三产业	
	劳动密集型	资本密集型	劳动密集型	技术密集型
小学及以下	17.1	9.4	15.6	1.7
初　中	63.7	46.9	50.2	11.9
高　中	16.4	30.3	26.4	29.0
大专及以上	2.9	13.4	7.9	57.4
平均受教育年限	9.1	10.4	9.6	13.3

注：1. 第二产业中的劳动密集型产业，包括纺织业、纺织服装、鞋、帽制造业、皮革、毛皮、羽毛（绒）及其制品业和家具制造业；资本密集型产业包括石油加工、炼焦及核燃料加工业、化学原料及化学制品制造业、黑色金属冶炼及压延加工业、有色金属冶炼及压延加工业、金属制品业、交通运输设备制造业、电气机械及器材制造业和通信设备、计算机及其他电子设备制造业。
　　　2. 第三产业中的劳动密集型产业包括批发业、零售业、住宿业、餐饮业、居民服务业和其他服务业；技术密集型产业包括电信和其他信息传输服务业、计算机服务业、软件业、银行业、证券业、研究与实验发展、专业技术服务业和科技交流和推广服务业。
资料来源：根据 2005 年 1% 人口抽样调查微观数据 20% 样本计算得到。

二、老龄化背景下的教育

改革开放以来，中国的教育取得了长足的发展。1978～2010 年，全国小学学龄儿童入学率从 94% 提高到 99.7%；初中毛入学率从 20% 提高到 100%；高中阶段教育毛入学率从不到 10% 提高到 82.5%；高等教育毛入学率从不到 1% 提高到 26.5%；学前教育毛入园率从很低水平起步，达到 44.6%。2010 年，中国 15 岁以上人口的平均受教育年限达到 8.5 年，人力资源开发在发展中国家处于较好水平。

然而，与中国国家竞争力提升和产业结构升级的要求相比，中国的教育发展还总体滞后。根据世界经济论坛《全球竞争力报告 2009～2010》，在 133 个国家和经济体中，中国总的竞争力排名第 29 位，但教育体系的质量排名为第 52 位，中学入学率排名第 89 位，小学教育的支出排名第 123 位，公司职员的培训排名第 50 位，科学家和工程师的易获取性排名 36 位，实用专利数排名 50 位[①]。

――――――――――――――

　① 　The Global Competitiveness Report 2009 - 2010，World Economic Forum。

在人力资本日益成为经济增长可持续性的决定性因素之时，当前中国还存在诸多不利于人力资本积累的现象，如与发展阶段相关的教育回报率下降导致升学激励降低和辍学，城乡教育机会不均等及其对农村学生上高中激励的负面影响，流动儿童和留守儿童面临严重的教育不足，等等。

更重要的是，人口的快速老龄化将在很大程度上使上述的教育发展水平落后以及发展不平衡问题进一步凸显。人口的老龄化，不仅影响未来可用劳动力的数量，而且还影响劳动力的质量。在这种情况下，如何未雨绸缪地应对未来劳动力供给的数量和质量危机，对整个教育体系都是个巨大的考验。

1. 义务教育

中国义务教育虽然取得了超乎寻常的进步，但是存在的问题也不容回避。首先，存在重数量而轻质量的突出问题。其次，义务教育不论数量还是质量，城乡之间和地区之间都存在明显差距，农村落后于城市，中西部欠发达地区落后于东部发达地区。第三，义务教育的福利性水平仍然偏低，教育资源配置不合理。

根据中央教育科学研究所的义务教育检测报告，中西部地区学生的学业成绩水平明显低于东部地区，而西部和中部地区学生间的差异并不明显。从图 6 - 1 可以很清楚地看到，虽然东、中、西部在基本合格和合格这两级水平上的学生比例基本相当，但中、西部地区学业成就达到良好和优秀水平的学生所占的比例都明显低于东部地区，特别是达到优秀水平的学生比例低约 10 个百分点，而不合格学生所占的比例则高于东部地区近 15 个百分点。这表明，中、西部地区义务教育的质量明显低于东部地区[①]。

这项调查结果还显示，农村学生的学业成绩水平明显低于城市。农村学生的学业成绩达到良好和优秀水平的比例均低于城市学生近 3 个百分点，基本合格和不合格水平的学生比例则均高于城市。特别是在不合格水平上，农村学生的比例要高于城市近 4 个百分点（见图 6 -2）。

扩大义务教育范围需要提到重要的议事日程上来。2000 年，中国实现了基本普及九年制义务教育的目标，但迄今尚未将高中教育列为义务教育。

高中教育是一个重要的教育阶段，它衔接着初中教育和高等教育，直接关系到一个国家的教育水平和教育质量。世界各国和地区都十分重视高中教育。中国的高中教育普及率近年

---

① 《中国教育报》2009 年 12 月 4 日第 4 版。

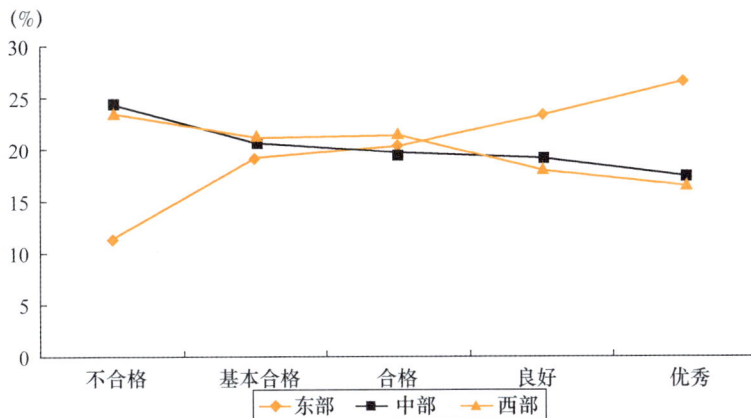

图 6 - 1 东、中、西部学生学业成绩水平的比较

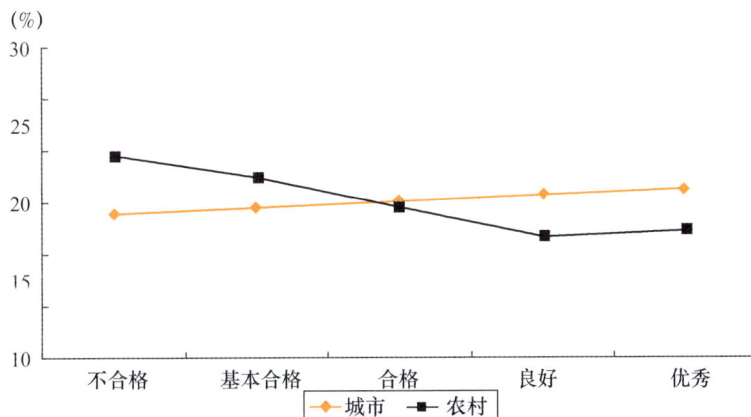

图 6 - 2 城市和农村学生学业成就水平的比较

来大幅提升，毛入学率从 2002 年的 42.8% 迅速提高到 2009 年的 79.2%。《国家中长期教育改革和发展规划纲要（2010～2020）》提出，到 2020 年，高中阶段教育毛入学率要达到 90%。

专栏6.1　　　　　　　世界各国普及高中教育的经验

　　根据国际经验，当一个国家的刘易斯转折点来临时，往往是其高中教育发展较快的时期。日本在 1960 年到达刘易斯转折点，其高中教育发展最快的时期正好是 20 世纪 60 年代的 10 年间。在这个期间，日本制定并实施了多项政策，以促进高中教育的发展。在这些政策的推动下，高中入学率迅速提高。1950 年，高中入学率为 42.5%，1974 年迅速提高至 90.8%，高中教育得到普及（见图 6 - 3）。

　　经历了高速增长的韩国经济在 1970 年迎来了刘易斯转折点。从 20 世纪 60 年代起一直

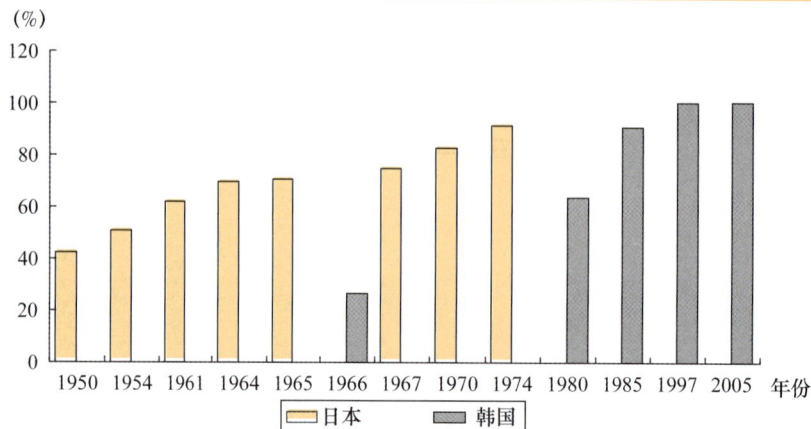

图6-3　日本和韩国的高中入学率

资料来源：李其龙、张德伟主编：《普通高中教育发展国际比较研究》，教育科学出版社2008年版。

到70年代，韩国制定了多项法规和政策，以促进高中教育的发展，高中入学率迅速提高。1966年，高中入学率仅为26.4%，1980年迅速提高至63.3%，1985年即提高至90%，高中教育得到普及。1997年，高中入学率更是提高至99.5%。

德国在20世纪初就普及了高中教育，并且在1919年通过的宪法中规定义务职业教育制度。

法国于1959年提出，将义务教育延长至高中一年级，并于1967年实现了这一目标，而且同时实现了高中教育普及。

英国于1968年实现了高中教育普及。

美国高中教育从1950年左右开始大众化，在1990年开始普及高中阶段教育，以满足劳动力市场对人才的需求。

贫困家庭，尤其是农村地区的贫困家庭，没有能力供孩子上高中。如果不能实现高中教育免费，会有很多孩子丧失接受高中教育的机会，进而失去接受高等教育的机会。

近几年，少数地区在试点推行从幼儿园直到高中的全部免费教育。例如，珠海市政府早在2007年就开始实行12年免费教育，9年义务教育阶段学费书杂费全免，高中教育阶段免学费。湖南省吉首市于2011年也宣布，将义务教育范围扩大到高中三年，高中阶段学生免收学费。陕西省吴起县在推行高中阶段免费教育方面，是一个范例（见专栏6.2）。

2. 教育回报率相对下降

随着劳动力由剩余转向短缺，劳动力市场上的供求关系也会发生变化，这会对不同的劳

专栏6.2　　　　陕西吴起推行免费教育 财政蛋糕优先分给教育

20 世纪 90 年代，陕西省吴起县的石油业开始兴起。2009 年，吴起县地区生产总值达到 81.87 亿元，财政总收入 27.6 亿元，城镇居民人均可支配收入 16361 元。但是，吴起县的农民收入仍然较低。2006 年，吴起县农民人均纯收入仅为 2298 元，分别低于全国、全市平均水平 1289 元和 127 元。

从 2007 年秋季开始，吴起县实行高中阶段免费教育。从 2010 年秋季开始，实行从幼儿园直到高中的全部免费教育。对义务教育阶段学生实行"五免一补"，即免学杂费、课本费、信息费、住宿费、取暖费和补助寄宿学生生活费。同时，对全县幼儿学前教育实行"一免三补"，即免除课本费，补助午餐费、幼儿园运转费和教师津贴。

资料来源：《陕西吴起推行免费教育 财政蛋糕优先分给教育》，《人民日报》2010 年 9 月 15 日。

动力群体产生不同的影响。由于熟练劳动者的稀缺性相对稳定，而非熟练劳动者的稀缺性显著增强，导致后者工资上涨速度更快，普通工人与高技能工人的工资差距逐步缩小，教育的相对收益下降。以农民工为例，在 2001～2010 年间，接受过高中以上教育和高中教育的农民工，相对于初中教育高出的收益率分别由 80.4% 和 25.9% 下降到 57.1% 和 16.9%（见图 6-4）（蔡昉、都阳，2011）。

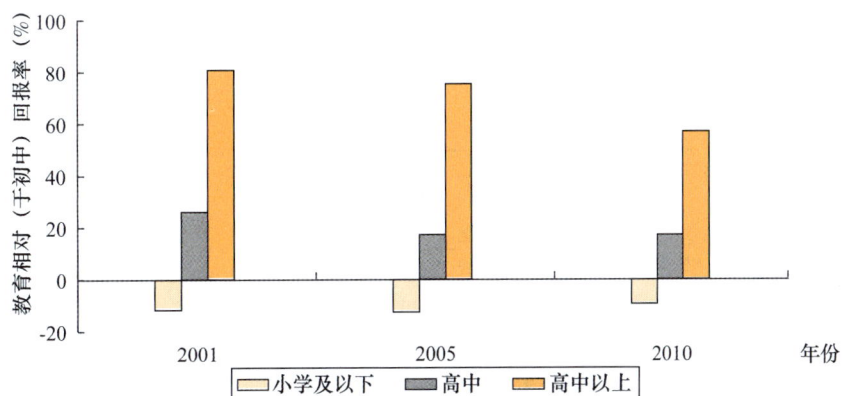

图 6-4　教育相对收益率的下降
资料来源：根据三轮中国城市劳动力调查（CULS）数据估算。

普通工人与高技能工人的工资趋同以及教育收益下降，容易产生错误信号，即负激励。在职业选择上，虽然社会地位和职业声望等因素也会被重视，但工资收入所起的作用仍具有非常重要的影响。低收入家庭特别是农村低收入家庭的子女，在结束义务教育之后继续上学的机会成本大幅度提高，加上学费等有形成本支出，受教育激励显著降低，使低收入家庭年轻劳动力辍学并提前进入劳动力市场，有时甚至出现从义务教育阶段辍学的现象。这显然会对未来的劳动者素质造成损伤，有可能面临着下一代人力资本不能适应产业结构升级需求的危险，而且这会成为生产率提高的制约因素，还会造成部分劳动者群体的就业困难。

3. 高等教育

自1999年中国高等教育扩大招生以来，全国普通高校招生数、在校生数和毕业生数都在快速增长。1998年普通高校的招生数为108.4万人，2009年增长到639.5万人，为1998年的5.9倍。1998年普通高校的在校生数为340.9万人，2009年增长到2144.7万人，为1998年的6.29倍。在高等教育扩招的同时，高等教育毛入学率呈现持续上升的趋势。1998年，中国高等教育毛入学率为9.8%，2009年达到24.2%（见图6-5）。1973年，美国学者马丁·特罗（Martin Trow）提出了高等教育大众化理论，指出高等教育毛入学率在15%以内为精英教育阶段；在15%~50%之间为高等教育大众化阶段；在50%以上为高等教育普及阶段。按照这一理论，中国已在2002年进入高等教育大众化阶段。

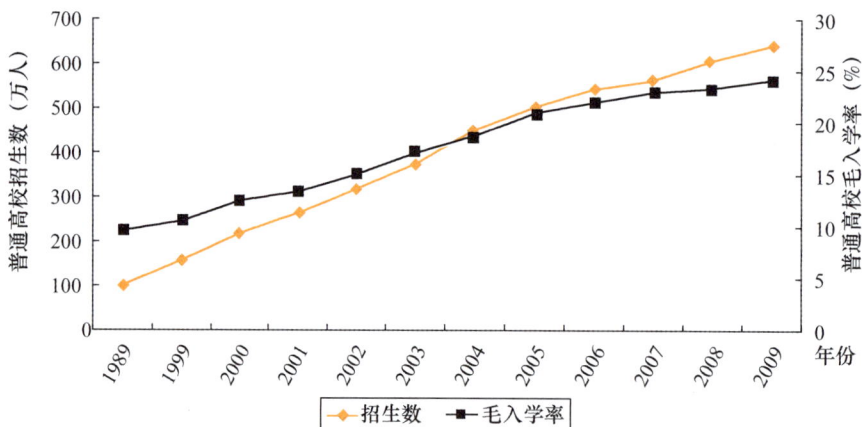

图6-5　高校招生数和入学率提高趋势

注：毛入学率是指各级教育在校学生总数与政府规定的该级教育学龄段人口总数的百分比。

资料来源：招生数来自国家统计局：《中国统计年鉴》历年，中国统计出版社；教育部：《全国教育事业发展统计公报》（历年），来自教育部网站。

无论是与发达国家相比，还是与中国对更高人力资本的需求相比，中国学生面临的高等教育机会并不算充足。发达国家从高等教育的大众化到普及化，通常用25~30年的时间（李立国、黄海军，2010）。与发达国家相比，目前中国高等教育普及化的速度并不快。从实现高等教育大众化的 2002~2005 年，高等教育毛入学率每年增长 2 个百分点。从 2006 年开始，高等教育毛入学率的年均增长速度下降 0.8 个百分点。假定以后高等教育毛入学率按照目前的速度增长，中国要到 2042 年才能实现高等教育普及化。从大众化到普及化，中国需要花费 40 年的时间，比发达国家长 10~15 年。《国家中长期教育改革和发展规划纲要（2010~2020）》提出，到 2020 年，高等教育毛入学率达到 40%。现在看来，实现这一目标需要付出艰辛的努力。

高等教育的质量和人才培养结构问题也引起了社会的普遍忧虑。由于高等教育在短期内的大幅度扩张，导致师资力量和教学基础设施严重不足，教学质量不能保证。高校办学片面"求大求全"，学科和专业设置趋同化现象严重，导致许多专业人才的供大于求和恶性竞争。此外，大学行政化严重，科研和教学体制僵化、创新不足，与培养创新型人才的要求相去甚远。这些问题一方面导致人力资源的严重浪费，同时也因为教育质量低下使得高等教育回报率下降，降低了社会对高等教育投资的激励。

21 世纪以来，尽管城镇和农村的大学生入学率都有明显提高，但一些案例研究表明，农村学生进入重点大学的比例在不断下降（岳昌君，2009）。2010 年，全国参加高考的农村户籍考生的比例为 62%[①]，但在当年清华大学的新生中，农村生源仅占 17%。在非重点的地方普通院校，以河北科技大学为例，新生中农村学生的比例从 1998 年的 54.7% 增加到 2001 年的 60.8%（杨东平，2006）。由于重点和非重点大学在高等教育回报率上的巨大差距，大学尤其是重点大学中农村生占比的下降，显然会减少父母尤其是家庭经济困难的农村父母对子女高中教育投资的激励。很多父母看到大学毕业后的就业前景并不乐观，可能干脆让子女在完成义务教育后，甚至还没有完成义务教育就辍学。面对这种情况，2012 年政府首次在全国集中连片的特殊困难地区实行了定向招生计划。72 所中央部属高校在 21 省（区）贫困地区录取了 3000 人，北京、上海、天津、江苏、浙江等东部省市 151 所省属一本高校录取 7000 人。在这约 1 万名的新生中，超过 70% 的是农村生源。同时，许多高校在自主招生过程中，加大向农村优秀学生的倾斜力度。但整体上，农村学生占比偏低问题依然未能有效扭转，还需做出进一步努力。

4. 流动儿童和留守儿童教育

与城市本地儿童相比，城市流动儿童和农村留守儿童的教育问题体现在多个方面，既有

---

① 引自 http：//cul. sohu. com/s2011/zhuanzhe/。

教育机会不足的问题，也有教育质量落后的问题。

　　城市流动儿童初中后教育机会严重不足。从农村留守儿童、城市流动儿童与城市本地儿童的在校率来看（见图6-6），在6~11岁和12~14岁接受义务教育阶段，三类儿童的在校率差距不大，但是进入高中教育阶段后，城市流动儿童的在校率大幅度下降，男孩和女孩的在校率下降分别超过40和50个百分点，而城市本地和农村留守儿童平均只下降10~15个百分点。这意味着大部分流动儿童不能获得接受更高层次教育的机会。城镇流动儿童初中后教育机会的不足既与当前高考制度的安排有关，也与其在义务教育阶段教育水平低下存在密切的关系。

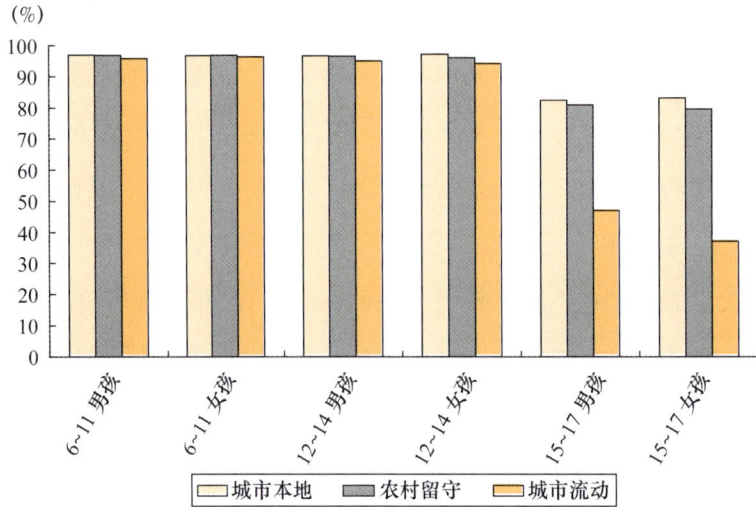

图6-6　留守儿童、流动儿童和城市本地儿童的在校率

资料来源：Gao，2009；全国妇联，2008 年。

　　在义务教育阶段，很大比例的流动人口子女实际上并未在公立学校就读，而是就读于打工子弟学校，后者在师资力量、基础设施和教学质量等方面严重落后于前者。北京的一项调查表明，61.4%的流动儿童就读于打工子弟学校，30.8%就读于公立学校，6.5%就读于私立学校（Gao，2009）。大多数打工子弟学校的质量很差，造成流动儿童和城市儿童在教育获得方面的差距。虽然按照规定，流动儿童有免费就读城市公立学校的权利，但实际上，很多流动人口为了让他们的子女进入城市公立学校就读，不得不支付额外的费用。

　　农村留守儿童的义务教育质量低下也是当前教育领域的一个突出问题。他们在农村地区接受教育，教育质量比城市地区差。城镇和乡村地区的教师质量差距，可以从一个侧面反映出城镇和乡村地区的教育质量差距。2008 年，中国城镇小学阶段专科以上学历的教师比例为87.96%，农村为62.82%；在初中阶段，城镇专科以上学历的教师比例为75.93%，农村为42.33%（中国改革发展研究院，2010）。

留守儿童和流动儿童的学前教育没有与义务教育同步。多数留守和流动人口家庭停留于传统落后的育儿经验和方法上，3～6岁婴幼儿接受正规早期教育的水平很低。很多农村留守儿童以及贫困家庭的孩子，不能得到良好的学前教育。留守儿童中的很大比例，或者根本没有接受正规的学前教育，或者是就读的幼儿园质量很差。城市中的流动儿童上的都是民办幼儿园。这些民办幼儿园由于无法享受财政投入，普遍存在收费较高、师资不足、环境差等问题，影响着流动儿童早期教育的质量和安全。此外，相当一部分流动家庭，因贫困没有能力将孩了送入幼儿园。

城市流动儿童不能在城市参加高考，很多流动人口不得不将其子女留在家乡就学。而那些将子女带在身边，在城市接受义务教育和高中教育的流动人口，则在时时考虑应该何时将其子女转回到家乡上学，以便在家乡参加高考。所有这些，都会影响流动人口子女的教育（见专栏6.3）。目前中国政府已经开始关注这一问题，2012年9月发布了《关于做好进城务工人员随迁子女接受义务教育后在当地参加升学考试工作的意见》，对"异地高考"政策提出了明确规定，并要求各地有关随迁子女升学考试的方案原则上应于2012年底前出台。

专栏6.3　　　"城中村"流动儿童的教育不容乐观

2011年，昆明约有"城中村"166个，居住人口200万。船房社区则是昆明第一大"城中村"，本地村民4300人，外来流动人口6.1万人，0～15岁的流动儿童约占社区总人口的10%。这些流动儿童中有38.15%是在昆明出生，有52%是出生后被带到城市中生活，对未来在城市的生活和发展有着很高的预期，但当前他们的成长和融合状况不容乐观。

1. 公办教育资源不足

目前，船房社区只有一所公办小学——船房小学，校舍是1999年由船房社区出资947万修建的，后由西山区教育局接管。学校现有22个班级，1026名学生，90%的学生都是外来流动儿童。由于每年名额有限，而来报名的流动儿童又很多，学校招生遵循先来先到的原则。学校现有37名教师，另有20名临时招聘的代课老师（缺编制），师生比约为1:19。

2. 民办教育质量低劣

船房社区的民办教育质量低劣，无法满足教育普及和提升国民素质的要求。学校基础设施差，校舍破旧。师资水平低，教师的受教育程度普遍在大专以下。由于教师的待遇水平低，负担重，流动性很高，影响学生学习。课程教学不完整。由于缺乏英语、体育、美术的专职教师与教学设备，民办学校的这些课程都无法有效开展，大多是由班主任全科兼任。调查发现，有82.68%在公办学校就读的流动儿童觉得学校教育质量好，而民办学校的这个比例只有24.83%。

3. 中考制度不合理

现行的中考制度剥夺了流动儿童在所在城市接受高中教育的机会。船房社区的流动儿童在完成初中教育后通常面临着四种选择：回原籍读高中；留在本地上中等职业学校；就地就业；就地混社会。以社区民办的明德学校为例，2011年初三毕业班的62个学生中，10个回了老家读高中，12个在昆明读了职高，其他40个则流落到了社会上。

4. 家庭教育不科学

船房流动儿童家长的平均受教育程度为初中以下，多数家长缺乏为孩子提供学业帮助的能力。此外，由于多数家长工作时间长，缺乏与孩子相处的时间，许多流动儿童处于无人管教的状态。

5. 社区教育空白

社区支持流动儿童的主要方式是社区教育。课题组在船房开展实验之前，船房的社区教育是空白，没有任何类似青少年中心之类的社区教育活动和平台。孩子们的校外活动主要以在街上闲逛和去黑网吧为主。

资料来源：中国发展研究基金会："关爱流动儿童促进社会融合课题"。

5. 职业培训

随着经济的发展和产业结构的变化，就业岗位对劳动力的知识和技能需求也不断变化，这就需要通过培训来提高劳动力的技能水平。

在职培训是人力资源开发的重要手段。为劳动力提供高质量、多层次化的在职培训，能够有效地提高劳动力的素质。对于以初中教育为主的农民工、人力资本与劳动力市场匹配难度大的大学毕业生，以及年龄偏大、受教育程度较低的城镇就业困难人群而言，需要政府承担起责任，促进职业培训的迅速发展。

专栏6.4　　　　　　　发达国家利用立法和政策鼓励职业教育和培训

美国政府积极倡导社区学院与当地企业"合作教育",制定了一系列法规,推动学校和企业合作。美国的社区大学与普通的四年制本科大学不同,社区学院主要提供的课程有两类:一类是过渡性的文理课程,相当于四年制大学的前两年,学生毕业后,学校会颁发副学士学位给学生。如果学生想继续深造进修,可以转读四年制大学,直接申请报读大三的课程,继续后两年的大学课程,取得学士学位。另一类是终止性职业技术课程,毕业生可直接就业。社区大学具有费用低廉、容易申请和入学灵活的优势。1982 年美国制定了《职业训练合作法》,强调职业教育的"有效性"与"合作关系";1988 年颁布了《美国经济竞争力强化教育、训练法》,进一步突出职业教育训练的现代性质;1990 年《珀金斯职业教育法》规定了各州的职业教育训练实施的具体标准和评价方法。社区学院在一系列法规推动下,与当地企业都有了协作关系,实行"合作教育"。

德国、英国、日本同样重视推进这种合作关系。德国中等职业教育以"双元制"著称。德国"双元制"模式,是在 20 世纪 20～50 年代后期逐步形成的,是一种青少年既在企业里接受职业技能培训,又有部分时间在职业学校里接受专业理论和普通文化知识的教育形式。它将企业与学校、理论知识和实践技能教育紧密结合起来,是一种主要以专业技术工人为培养目标的职业教育制度。60 年代联邦政府又将"双元制"建立在坚实的法律基础之上,《职业教育法》、《职业促进法》、《实践训练师资格条例》、《青年劳动法》等法规明确规定企业应承担实践教学部分,并配备合格的实践训练师等,使校企合作成为德国的传统。日本和英国设有专门的组织机构,负责将企业界对人才的需求反映给学校。如日本的产学恳谈会、英国的职业资格委员会和商业与技术教育委员会等。1988 年,英国政府颁布了《面向 90 年代的就业》白皮书,提出要在中央一级的国家职教管理机构中让工商界领袖占到 2/3 的比例,在地方一级建立的 100 多个"培训与企业委员会"中,让地方企业家的代表占到 2/3,用以加强企业界对当地职教的参与。

————————

资料来源:《西方发达国家高等职业教育理念的启示》,山东英才学院网站(http://www.cettic.cn/zxzx/content/2010 -10/21/content_ 245512. htm)。

在"十一五"期间,中国政府加强了对农民工的职业培训,增加资金投入,把进城务工的农村劳动者纳入政府职业培训补贴范围,初步建立了农民工的职业培训体系。

一是建立了以人力资源社会保障、农业等部门为主，相关部门和单位共同参与的农民工培训工作格局。实施了"农村劳动力技能就业计划"、"星火计划"、"阳光工程"、"雨露计划"、"建筑业农民工技能培训示范工程"等。

二是建立了以政府财政投入为主体，用人单位和农民工个人分担的农民工教育培训经费投入机制，中央和地方财政都增加了对农民工培训的资金投入。

三是形成了以技校、职业院校为主体，民办教育机构和其他培训机构为补充的培训体系。逐步形成了以输出带培训，以培训促输出，就业、培训与维权有机结合的培训模式。

实施农民工培训项目，使得接受专业技能培训的农民工比重，由 2005 年的 34% 增加到 2009 年的 40%。2006～2009 年，全国共有 3700 多万农村劳动者参加培训，大量农村转移劳动者实现技能就业。

但是，农民工培训中仍存在一些突出的问题，主要包括：农民工技能培训资源整合不够，培训与市场需求脱节，企业对农民工技能培训的动力不足，农民工技能鉴定服务跟不上，等等。目前，仍有一半以上的农民工没有接受过任何形式的技能培训，农民工中接受过中等以上职业教育的人数仅占 1/10。因此，必须把人力资本开发放在更加突出的位置，加大技能培训力度，加强农村职业教育，加快建立市场导向、产学结合的农民工培训体系，全面提升农民工素质，大力培养新型产业工人。

到 2020 年，中国劳动力市场上最高年龄组别（51～64 岁）的人口比重将超过最年轻组别人口（30 岁以下），这对劳动生产率的提高形成了制约。如果通过职业培训，扩展和提升高年龄组劳动力职业技能，对于提高劳动生产率十分必要且潜力巨大。一些欧美国家的企业针对劳动力老龄化问题，通过改造生产流程以及在岗的职业培训，显著提高了劳动力的生产率，其经验值得借鉴（见专栏 6.5）。

专栏6.5　　　　　　　　　　**宝马打败老龄化危机**

宝马公司是德国著名的汽车公司，但随着其下属工厂员工平均年龄的不断增加，开始出现了生产力危机。2007 年，宝马在巴伐利亚州的工厂有 2500 名员工。他们估计到 2017 年时，其员工的平均年龄将从 39 岁增加到 47 岁。由于年纪增大，这些员工请病假的时间将会增多，同时他们必须更加卖力才能维持原来的产出。如果任由这种人口结构变动产生的冲击延续下去，公司的生产力将会大幅下降，失去竞争力。

面对这种挑战，这家工厂没有采取传统的遣散年龄大的员工，或是强迫他们提早退休的做法，而是决定重新设计工厂的工作空间和生产流程，具体做法是重新安排了一条生产线，生产线上工人的平均年龄达到 47 岁。公司让生产线工人自己提出问题和解决方案，先后采取了"铺设木地板"减轻关节的压力和静电刺激、"安装特殊坐椅"从而可以坐着工作、"安装可调高度工作台"减轻背部压力、"引入工序轮换"平衡人的身体负荷以及"做身体伸展运动"放松和保持身体健康等措施，取得了显著的效果。在一年的时间里，该生产线的生产力提升了 7%，和较年轻工人生产线的生产力相当。

　　在巴伐利亚厂取得上述成绩后，宝马公司将其在下属的各工厂推广，取得了很好的生产绩效，也成功地解决了未来所面临的老龄化挑战。

────────────

　　资料来源：《哈佛商业评论》，2010 年第 43 期。

　　中国虽然已经建立起职业技术教育和培训体系，但还存在不少问题。这些问题主要包括：与劳动力市场的关联性较弱；工作过于零散，各类项目碎片化；缺乏经验，管理较差；用于职业技术教育和培训的财力不够充足，财力资源配置存在低效和不公平现象（亚洲开发银行，2009）。其中，在职培训与劳动力市场的关联性较弱，值得特别关注。

6. 教育经费投入

　　根据全国人大教科文卫委员会调研组的调查，"十一五"前四年（2006～2009 年）全国教育经费总投入 52937 亿元，其中财政性教育经费总投入 37285 亿元，占经费总投入的 70.43%。2009 年，全国教育经费达 16502 亿元（2005 年为 8419 亿元），财政性教育经费达 12231 亿元（2005 年为 5161 亿元），财政性教育经费占国内生产总值的比例从 2005 年的 2.82% 提高到 3.59%。教育经费的较快增长，为教育发展提供了有力支持。

　　调查同时指出，相对于教育事业发展的实际需求，教育投入仍然不足。一是教育经费投入和国际相比处于较低水平。2008 年中国人均教育经费为 160 美元，不到 2006 年世界人均教育经费 400 美元的一半，不到经济合作组织国家人均 1800 美元的 1/10。财政性教育经费占国内生产总值的比例在 2004 年世界平均为 4.7%，中国 2009 年仅为 3.59%。社会资金投入教育的水平偏低，2008 年中国非财政性教育经费占教育总经费的 27.9%，其中学杂费等收入为 23.2%，社会捐赠仅占 0.7%，民办教育投入只占 0.5%。社会投入教育的水平偏低，和政策鼓励不够有直接的关系（人大教科文卫委员会调研组，2011）。

三、从人口大国迈向人力资源强国

提升教育水平是中国实现从人口大国迈向人力资源强国的根本途径。从中国的国情出发，在保证公平、可及性、可持续的前提下，未来提升教育水平需要重点推进以下几个方面的工作。

首先，优先儿童教育。一个人在儿童时期受到的不同养育和教育方式是其后来职业选择、收入水平和社会地位的重要决定因素。2000 年，联合国教科文组织等通过《全民教育达喀尔行动纲领》，选择六个主要目标作为 2015 年全民教育（Education for All，EFA）评估的后续工作方向，其中之一是扩大早期儿童养育和教育。中国对儿童教育的重视程度不断提高，未来需要继续提升对儿童教育的关注，特别是要保证留守儿童和流动儿童能够平等接受学前教育和高中教育，避免贫困代际转移。

其次，扩展义务教育的范围。鉴于产业结构升级和发展方式转变的迫切要求，在现有九年义务教育的基础上，应将高中阶段教育逐步纳入义务教育，同时将义务教育阶段向前延伸至学前教育。义务教育阶段的延伸可借鉴九年制义务教育的发展经验，优先在中、西部农村开展试点，然后推广至全国农村和城镇地区。与此同时，鼓励经济发达、地方财力许可的城镇地区先行先试。

第三，提高高等教育的质量。要进一步放宽社会和私人部门在高等教育领域的准入限制，扩大高等教育服务的供给。要深化高等教育体制改革，扩大高校在人才培养和科研方面的自主权，完善高校绩效评价体系，根据社会需求优化高等教育人才培养的结构，提高高等教育的质量。

第四，增加公共教育经费投入。要采取政府和社会共同投入的方式来提高教育经费投入。在增加教育全社会投入的同时，重点增加政府的教育财政投入，提高义务教育的福利性。

第五，改善城乡教育资源配置。在巩固、完善城市义务教育的同时，加大对农村义务教育的投入，缩小城乡之间的差距，应该成为未来教育发展的目标之一。农村义务教育发展的重点是，边远落后的农村地区要争取在尽短时间内改变其教育质量不高的状态。

第六，加强职业技术教育。随着产业结构转型升级对中高等技术人才需求的增加，未来需要加大对城镇失业人群和外出务工的农村劳动力的培训力度。使职业教育与普通教育之间实现制度衔接，使中等和高等职业教育的学生和同等阶段普通教育的学生在身份上能够自由转换。建立终身学习体系，使不同年龄段的人员能够在进入职场乃至退休后，都能有机会通过继续教育提高自身的人力资本水平和技能更新。

第七，扩大科技人才培养规模。贯彻"科教兴国"战略和建成"创新型国家"，除了需要大幅提高科研投入，创造技术创新的良好环境外，还需要培养大批的科技人才和应用型人才，建立一支具有国际竞争力的人才队伍。

第七章

农村儿童发展

- 投资于儿童
- 儿童早期发展
- 农村学生营养
- 促进农村儿童发展的措施

　　中国0～14岁的儿童有2.2亿，农村儿童占57.4%[①]，他们在健康和教育方面同城市儿童存在巨大差距。儿童的发展直接关系到未来中国经济社会的发展。本章探讨对儿童发展进行人力资本投资的意义，重点关注农村儿童早期发展和学生营养改善，中国农村儿童发展面临的挑战，以及开展的试点探索和解决措施。

一、投资于儿童

　　儿童阶段健康和教育机会的缺失，意味着人的基本能力发展机会的剥夺，导致持久贫困的出现。21世纪以来，神经学、医学和社会科学的研究充分证明，儿童时期是人类发展的关键窗口期。大脑在生命早期阶段发育最快，最具可塑性。良好的早期环境将为大脑的发育提供有利的外界刺激，而疾病、贫困等消极环境因素将使儿童在早期阶段出现生长迟缓、营养不良，甚至产生不良行为倾向。如果不及时对这些弱势儿童采取有效的干预措施，其一生的健康、技能和心理行为都将受到负面影响。

　　实施以营养、健康和教育为主的儿童发展政策或项目，将带来社会生产力的提高和社会福利的增强，是回报率最高的人力资本投资。相关的国外研究表明，早期综合干预措施对降低成年期犯罪率、提高税收以及减少社会福利成本均有效果。根据测算，每年投入30亿美元，可使全球1亿儿童免于遭受生长迟缓或营养不良，发展中国家的儿童营养不良将减少36%[②]。

　　中国政府高度重视儿童发展，通过立法和政策手段，保护儿童发展权利。国务院成立了妇女儿童工作委员会，协调中央政府职能部门和社会团体，定期制定和实施《中国儿童发展纲要》。以《中华人民共和国宪法》为核心，制定了《义务教育法》、《未成年人保护法》、《母婴保健法》等一系列有关儿童生存、保护和发展的法律。2001年以来，中国实施了一系列儿童健康、教育和福利项目，并积极参与了全球性和区域性的交流活动。经过十多年努力，中国提前实现《联合国千年发展目标》有关2015年降低5岁以下儿童低体重率（目标1）和死亡率（目标4）的目标。

　　中国城乡儿童的营养状况在过去十多年中迅速提高，城市儿童的平均生长发育水平已经

---

① 　数据来源于中国2010年第六次人口普查统计结果。

② 　参见http：//www.copenhagenconsensus.com/Projects/CC12.aspx（2012/7/31）。

达到其甚至超过世界卫生组织推荐的儿童生长标准，接近西方发达国家同龄儿童的平均水平。与世界各国比较，中国5岁以下儿童的低体重率和生长迟缓率低于大多数发展中国家。在金砖国家中，中国儿童的低体重率和生长迟缓率处于中等水平，与美国等发达国家在儿童营养不良率方面的差距逐渐缩小（见表7-1）。

表7-1　　　　　　　　　部分国家5岁以下儿童营养不良状况

国　家		低体重率（%）	生长迟缓率（%）
金砖国家	中　国	4	10
	巴　西	2	7
	印　度	43	48
	俄罗斯	—	—
	南　非	9	24
其他国家	美　国	1	3
	土耳其	2	12
	墨西哥	3	16
	泰　国	7	16
	越　南	20	31

资料来源：联合国儿童基金会：《2012年世界儿童状况报告》；中国卫生部：《中国0～6岁儿童营养发展报告（2012）》。

2010年，农村地区儿童低体重率和生长迟缓率约为城市地区的3～4倍，而贫困农村地区是一般农村地区的2倍，贫困地区尚有20%的5岁以下儿童生长迟缓（卫生部，2012）。在中国西部贫困县，2～5岁幼儿的语言、认知发展与同龄城市儿童相差40%～60%[1]。需要对农村儿童及时采取健康和教育的综合干预措施，缩小城乡儿童发展差距，避免未来劳动力素质和社会生产力的下降对国家竞争力造成负面影响。

二、儿童早期发展

1. 儿童早期发展的机遇窗口

儿童早期一般是指从出生到入学（一般为6岁）之前的生命阶段。儿童早期发展主要包括感觉－动作、认知、社会－情感等相互依存领域的能力发展。研究表明，社交技巧、情感控制、语言等受大脑支配的功能发育的敏感时期均在4岁以前（见图7-1）。

---

[1]　2009年中国发展研究基金会与北京大学心理学系合作，在青海省乐都县开展幼儿早期发展抽样调查。

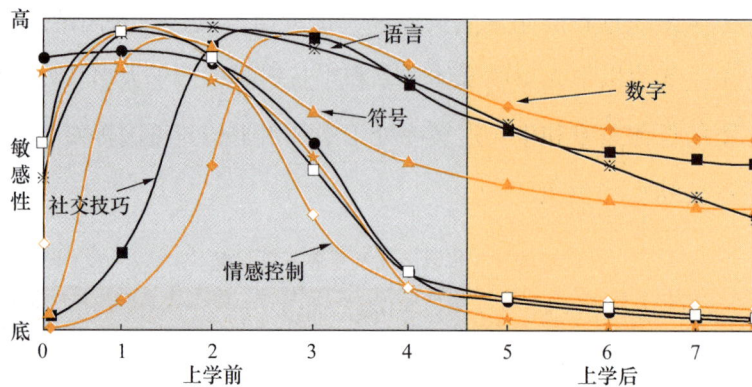

图 7 − 1　大脑发育的敏感期

资料来源：The World Bank（2010）. Investing in Young Children：An Early Childhood Development Guide for Policy Dialogue and Project Preparation.

　　早期营养和教育对上述能力的发展十分关键。从母亲怀孕开始直至婴幼儿满 2 岁的 1000 天是营养干预的黄金期。在这一时期，对母婴提供微量营养素补充，正确进行婴幼儿辅食添加和合理膳食喂养，并对营养不良的婴幼儿及时治疗，将有效降低儿童营养不良比率。对婴幼儿的营养干预还直接影响他们的智力发育，并关系到其入学以后的表现，以及成年后的收入能力①。同时，婴幼儿通过与父母或主要看护人在家庭开展互动，有益于刺激儿童的语言、动作、社会 − 情感等方面的发展。

　　世界各国已充分认识到儿童早期发展的重要性，并相继制订了国家政策或开展相关项目。OECD 国家平均 90% 的儿童在 5 岁以前接受了儿童早期教育和看护服务。美国联邦政府自 1965 年开始实施"开端计划"，对 3 ~ 5 岁儿童，尤其是对处境不利的儿童提供健康和教育服务。近年来，"开端计划"的服务对象延伸到孕期至 3 岁（称为"早期开端计划"），并充分动员父母、家庭和社区力量共同参与。从 20 世纪 70 年代开始，智利、巴西、墨西哥、古巴等拉美国家和地中海国家实施了营养健康和早期教育相结合的综合性儿童早期发展项目。印度政府自 1974 年以来实施的"综合儿童发展服务"（ICDS）计划，成为目前由政府支持、规模最大的儿童早期发展项目。蒙古、印度尼西亚、津巴布韦等亚非国家近年来也加入了全球开展儿童早期发展行动的行列。

　　2010 年以来，中国政府颁布了关于农村幼儿学前教育、早期营养方面的新政策，并加大了财政投入。《国家中长期教育改革和发展规划纲要（2010 ~ 2020）》制定了学前教育改革和发展规划，提出"到 2020 年，普及学前一年教育，基本普及学前两年教育，有条件的

---

　　①　详情参见 http：//www. thousanddays. org/（2012/7/31）。

地区普及学前三年教育"的目标。2010 年 11 月,《国务院关于当前发展学前教育的若干意见》明确提出,"保障适龄儿童接受基本的、有质量的学前教育,必须坚持政府主导,社会参与,公办民办并举"的原则。2012 年 6 月,贫困地区 6 ~ 24 个月儿童营养干预被正式批准列入卫生部"十二五"国家重大妇幼公共卫生项目,中央财政拨付 1 亿元专项补助资金,在中西部 10 个省的集中连片特困地区贫困县进行试点。

2. 农村儿童早期发展存在的问题

（1）营养不良。

中国农村贫困儿童早期营养不良现象突出。在贫困农村地区,婴幼儿日常膳食中蛋白质、热量、微量营养素明显摄入不足,营养不良状况相当严重。以缺铁性贫血为例,2010 年中国农村 6 ~ 12 月婴幼儿贫血率为 28.2%,13 ~ 24 月为 20.5%。对西北、西南贫困县的抽样调查结果显示,西部贫困农村 6 ~ 24 月婴幼儿的贫血率高达 60% 以上,比全国平均水平高出 1 倍多[①]。2012 年 4 月,中国发展研究基金会（以下简称"基金会"）与中国疾病预防控制中心对贵州省松桃县贫困地区的 3 ~ 6 岁儿童开展营养状况抽样调查,结果表明,该地区 3 ~ 4 岁和 4 ~ 5 岁儿童的贫血率分别为 29% 和 19.7%,是城市同龄儿童的 2 ~ 3 倍。贫血直接影响智力发育,贫困农村儿童高贫血患病率将对他们的入学、学习成绩和升学造成严重不利后果。

农村留守儿童中的营养状况问题尤其突出。留守婴幼儿以祖辈看护为主,由于祖父母忙于操持家务农活,文化程度低,缺乏科学喂养和营养的相关知识,加之外出打工父母未提供子女抚养费的比例较高,留守婴幼儿的营养不良问题更为严重。根据基金会 2011 年在青海省开展的抽样调查,0 ~ 3 岁婴幼儿的父母以外看护人有七成以上仅为小学以下文化程度,一半以上为文盲或半文盲。53% 的婴幼儿父母没有给看护人支付任何抚养费。父母双方均外出打工的留守婴幼儿患贫血的比例比由在家父母看护的婴幼儿高出 4 个百分点。

中国政府对贫困地区儿童的营养状况高度关注,将其列为国家重大公共卫生问题。2000 年以来,卫生部在贫困地区实施了一系列儿童营养改善和健康教育项目（见专栏 7.1）,对降低儿童死亡率,提高贫困地区儿童营养和保健水平,发挥了积极作用。据中国疾病预防控制中心监测统计,2010 年中国 5 岁以下儿童死于营养不良的比例从 2000 年的 22% 降低到 13%[②]。2012 年 6 月,卫生部启动贫困地区儿童营养干预试点项目,针对集中连片特困地区

---

① 资料来源于中国发展研究基金会与中国疾病预防控制中心于 2009 ~ 2010 年合作开展的贫困地区 2 岁以下婴幼儿营养状况抽样调查。

② 卫生部:《中国 0 ~ 6 岁儿童营养发展报告（2012）》。

的6～24月婴幼儿免费发放"营养包"。

专栏7.1　　　　　　　中国开展的儿童早期营养与母婴健康项目

1. 母婴生存健康

卫生部自2000年以来开展了"降低孕产妇死亡率和消除新生儿破伤风"项目，这是新中国成立以来国家对妇幼保健方面单项投入最大的项目，国家财政转移支付专项资金达到4.4亿元，覆盖人口约3亿。

2. 婴幼儿营养补充

2008～2011年，卫生部实施"中国西部四省儿童微量营养素补充项目"，对广西、青海、内蒙古和贵州的13个县36万名6～36月婴幼儿免费提供含有多种矿物质和维生素的营养素撒剂补充。2010～2011年，卫生部疾病预防控制局与联合国儿童基金会等机构合作，对遭受"5·12汶川大地震"的8个县36000余名6～24月婴幼儿免费提供辅食营养补充品（"营养包"）。2010年，卫生部妇幼保健与社区发展司与世界卫生组织合作，在12个省的48个县启动"婴幼儿喂养与营养改善"项目，为1200个贫困家庭0～24月婴幼儿免费发放"营养包"。2011年，全国妇联和卫生部共同启动"消除婴儿贫血行动"，以发放"爱心营养包"的形式帮助农村贫困地区6～36个月婴幼儿改善营养状况，项目先期在西部11省（区、市）部分国家扶贫开发工作重点县实施。

3. 健康教育和传播

全国妇联2004年在中东部农村地区开展"婴幼儿营养健康知识传播"公益项目，面向0～6岁幼儿家长，传播卫生保健和科学育儿知识，提供咨询热线帮助，使57万人次直接受益①。卫生部从2006年开始在西部12个省、46个县实施"母子保健系统"项目（2006～2009年），通过开发母子保健服务包，对从妇女妊娠开始到儿童5岁这一时期提供规范、连续、系统的妇幼保健服务。该项目从2009年开始转入"健康促进与健康传播"新周期（2009～2013年），在西部7个省的35个项目县实施，主要通过健康教育和培训手段，普及和传播健康知识，提高妇幼卫生服务的可及性、公平性和可持续性。

资料来源：中国发展研究基金会："贫困地区儿童早期发展项目"项目组整理。

---

① 全国妇联儿童工作部部长邓丽2011年11月在中国发展研究基金会举办的"优先儿童发展，保证社会公平：2011儿童早期发展国际研讨会"的发言。

（2）学前教育普及程度低且质量差。

在农村贫困地区，有限的学前教育投入主要用于县城，乡镇以下基本没有投入，在村小学设有一年制学前班，贫困地区3~5岁幼儿基本没有接受早期教育的机会。教育部2009年的统计数据显示，全国幼儿园教职工数143.42万，其中农村幼儿园教职工数31.54万，仅占22%。从学生－教师比例来看，贫困农村的乡镇中心幼儿园生师比达到24，民办幼儿园这一比率更高[1]。贫困地区幼儿园的服务质量差，幼儿园设施简陋，活动、休息场地拥挤不堪，有些还存在安全隐患。

此外，农村留守幼儿由于长期与父母分离，在日常生活中无法感受到父母的关怀，遇到困难时无法寻求父母的帮助，情绪也无法得到宣泄，容易出现焦虑自闭、缺乏自信、感情脆弱等心理障碍。这些留守幼儿更需要政府和社会提供帮助，为他们提供基本的早期教育服务，弥补家庭教育的缺失。学前教育作为终身教育的开端，是国民教育体系的基石，是体现教育起点公平的最重要方面。2007年，胡锦涛总书记在党的十七大报告中明确提出"重视学前教育"。2008年，中共十七届二中全会进一步提出"发展农村学前教育"。"十二五"期间，中央财政将安排500亿元，重点支持中西部地区和东部困难地区发展学前教育。2010年，国家投入资金5亿元，在10个省启动农村学前教育推进工程试点，规划建设幼儿园416所。2011年，试点资金增加至15亿元，试点范围扩大到中西部25个省，规划建设幼儿园8912所。2012年，国家又投入156亿元专项资金，用于发展学前教育。随着一系列措施的实施，中国学前教育普及程度在逐步提高。2005~2010年间，全国适龄幼儿（3~6岁）在园率从37%提高到52%，幼儿园总数增加了20%，入园人数和在园人数分别增加了25%和37%（见表7－2、表7－3）。

表7－2　　　　　　　　　　　中国学前教育事业发展主要目标

指　标	2009年	2015年	2020年
幼儿在园人数（万人）	2658	3400	4000
学前一年毛入园率（%）	74.0	85.0	95.0
学前两年毛入园率（%）	65.0	70.0	80.0
学前三年毛入园率（%）	50.0	60.0	70.0

资料来源：中华人民共和国中央人民政府：《国家中长期教育改革和发展规划纲要（2010~2020）》。

---

[1]　资料来源于中国发展研究基金会2009年对广西、云南等省贫困地区幼儿园的实地调研。

表 7 - 3　　　　　　　　中国城乡幼儿园及入园、在园幼儿人数分布

	2005 年	2010 年
幼儿园（所）	124402	150420
其中：城市	33299	35845
县镇	30882	42987
乡村	60221	71588
入园人数（万人）	1356	1700
其中：城市	262	315
县镇	343	559
乡村	751	826
在园人数（万人）	2179	2977
其中：城市	569	753
县镇	593	1010
乡村	1017	1214

资料来源：中华人民共和国教育部，2005 年和 2010 年教育统计数据。

尽管学前教育投入在增加，但在教育经费总支出中所占比例仍然偏低。2010 年，学前教育支出占教育经费总支出的 1.52%，达到了近十年来的最高水平。目前中国政府学前教育支出占 GDP 的比例不到 0.1%，大大低于墨西哥的 0.5% 以上的水平。

3. 贫困地区儿童早期发展的实践探索

中国儿童发展政策的重点是解决中、西部农村儿童早期营养不良和学前教育缺乏的问题。农村儿童早期发展政策必须考虑成本、可及性、效率和质量等因素，保证政策或项目的可持续性。

（1）成本合理。

基金会从 2009 年开始在青海、云南开展"贫困地区儿童早期发展"项目试点（见专栏 7.2），其中，营养干预试点使用的"营养包"是以黄豆粉为基础，包含 11 种微量营养素的婴幼儿辅食补充品。每包"营养包"成本（含生产、运输和执行成本）约为 1 元。试点结果显示，这些地区婴幼儿的营养状况得到了明显改善。通过这种低成本高效益的方式，可以有效解决中国贫困地区儿童早期营养不良问题。

在农村偏远山区和牧区，由于人居分散，乡镇中心幼儿园的服务很难辐射到偏远山村。在这些地区大规模兴建正规幼儿园的单位成本很高。青海、云南试点地区设立的 200 余所"山村幼儿园"，大部分是利用撤点并校后村级小学的闲置教室，配备基本教学设备和教具，吸纳附近家庭的 3～6 岁幼儿接受免费学前教育。根据基金会测算，每个"山村幼儿园"按

照 20 名幼儿、1 名教师的标准设置，每年运行经费约为 25000 元，其中基础设施成本不到 20%，儿童课间点心的补助占大约 20%，教师补贴和培训经费占 50% 以上。目前，山村幼儿园已在贵州、四川、湖南、山西和新疆的 7 个县推广。

专栏7.2　　　　中国发展研究基金会"贫困地区儿童早期发展"项目

自 2009 年 9 月起，中国发展研究基金会先后在青海省乐都县和云南省寻甸县启动"贫困地区儿童早期发展项目"试点。项目包含"9～24 个月营养干预"和"3～6 岁学前教育"两项内容，旨在实现贫困地区新生儿出生健康，婴幼儿营养正常，幼儿学前教育基本覆盖。项目向孕妇免费发放营养素片，为 6～24 个月婴儿免费提供"营养包"，并开展"妈妈学校"培训；利用村级小学的闲置校舍设立"山村幼儿园"，为偏远山村幼儿就近提供免费学前教育。

基金会与中国疾病预防控制中心、华东师范大学、北京大学、世界银行等机构合作，开展包括基线调查、跟踪监测等内容的影响评估。营养干预试点的评估结果（见图 7-2）显示，与基线相比，试点地区 6～24 个月婴儿生长迟缓率降低 13%～35%；与非试点组相比，试点地区 1 岁以上婴儿生长迟缓率明显降低；试点地区 1 岁半到 2 岁（即 18～24 月龄）婴儿生长迟缓率已低于全国农村平均水平。

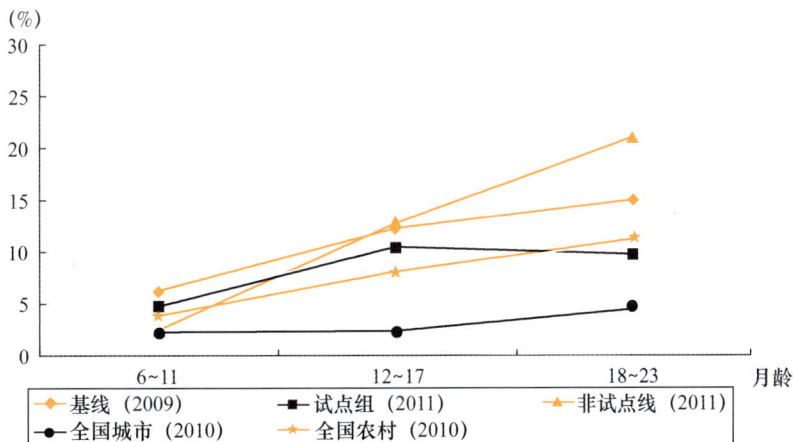

图 7-2　青海试点地区干预 20 个月后 6～24 月龄儿童生长迟缓率
资料来源：中国发展研究基金会：《贫困地区儿童早期发展项目青海试点中期评估报告》。

对学前教育试点的评估结果表明（见图 7-3），青海、云南试点地区 3～4 岁幼儿语言、动作、认知、记忆发展均高于非试点农村地区（贵州农村）幼儿。与非试点农村地区幼儿相比，试点地区幼儿与城市（西宁市）幼儿的发展差距大大缩小。

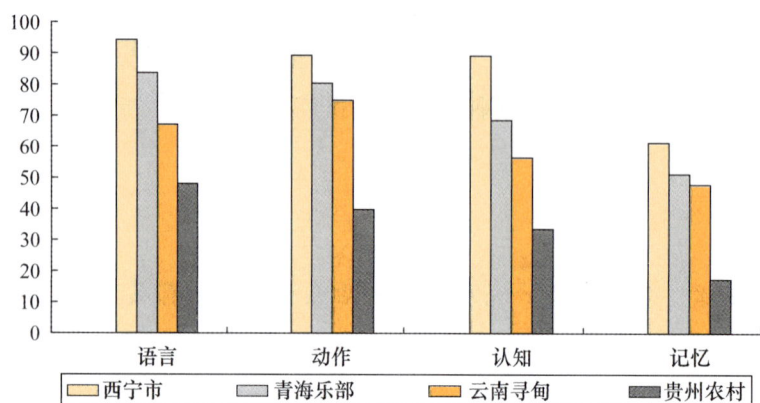

图7-3　试点地区与非试点地区3~4岁幼儿心理发展状况比较

资料来源：中国发展研究基金会：2011~2012年"贫困地区儿童早期发展项目"影响评估。

（2）服务可及。

目前中国西部贫困农村的乡镇以下地区约有70%的适龄幼儿无法接受学前教育，政府必须及时采取有效可行的措施，为这些幼儿提供基本学前教育，以避免在他们步入学龄阶段后，由于缺乏学前教育而与其他儿童之间产生无法弥补的发展差距。根据《国家中长期教育改革和发展规划纲要（2010~2020)》，2020年中国学前三年教育的普及率目标为70%。即使这一目标能够顺利实现，仍有相当一部分偏远贫困农村地区的儿童无法得到学前教育。如何覆盖这部分儿童，成为提高中国学前教育普及程度的主要挑战。

基金会在青海、云南、贵州开展的"山村幼儿园"试点，成功地探索了一套"走教"模式，即从当地招募具有幼师教育背景或相关工作经验的幼教志愿者，在不同的山村幼儿园之间定期巡回施教。2011年青海乐都县"山村幼儿园"接纳3~6岁儿童3128名，加上县城和乡镇幼儿园在园儿童3144名，全县学前三年入园率已达83%，率先实现了学前三年教育的基本普及①。

早期营养干预对象是婴幼儿，对这一特殊幼小群体，必须依托基层社区，面向家庭实施干预。"营养包"试点充分利用县、乡、村三级妇幼保健体系，由村医将"营养包"发放到婴幼儿家庭，并依托乡镇卫生院组织开展"妈妈学校"培训，指导家长正确使用"营养包"。青海试点地区"营养包"发放率达到87%，有效服用率达到80%以上。

（3）质量保证。

---

① 中国发展研究基金会："贫困地区儿童早期发展项目"调研报告"关于在西部农村普及学前教育的建议"，原载于2011年9月22日《国务院发展研究中心调查研究报告择要》。

中国农村地区开展儿童早期营养干预和学前教育的瓶颈，在于专业人员的数量和质量均难以保证。在"山村幼儿园"试点中，通过招募职业学校学生，提供志愿服务的方式，在一定程度上解决了幼儿教师编制不足、师资严重缺乏的问题。农村地区县一级中等职业学校或教育学院一般都设有幼儿教育专业，可以将幼师专业学生实习与山村幼儿园教学相结合，从而基本保证山村幼儿园的师资供应。"山村幼儿园"试点逐步建立和完善了一套幼教志愿者培训制度，依托县级幼儿园的教师骨干力量，对志愿者每月开展培训，并组织全国优秀的早期教育专家和幼儿园园长，提供视频培训或现场教学示范。

近年来，一些国家的儿童早期发展政策出现了新趋势，开始强调针对父母和幼儿看护人，开展家访指导，强化家庭的儿童保健和早期教育功能，以提高学前教育质量①。家访指导可以提高父母的育儿技能，防止家庭暴力、虐待或忽视儿童现象发生，并对儿童的认知和情感发展产生良好效果，缩小处于逆境的儿童与正常儿童之间的发展差距。这种方法值得中国借鉴。

在青海、云南开展的6～24个月婴幼儿营养干预试点中，也注重对家长进行相关知识培训。基金会组织妇幼保健和儿科专家，设计开发了一套适合贫困农村地区的"妈妈学校"培训教材，指导婴幼儿家长进行正确的营养辅食添加和喂养，保证营养干预的效果。随着项目试点进一步推进，基金会着手对乡村妇幼保健人员和幼教志愿者进行培训，并在试点内容中增加家访指导的环节，以提高父母或主要看护人的育儿水平。

"贫困地区儿童早期发展项目"试点启动以来，采用影响评估方法②，实施基线调查和跟踪监测，对项目实施效果开展系统评估。评估结果表明，试点地区婴幼儿营养不良状况明显改善，青海试点地区的新生儿出生低体重率在干预一年后降低了50%，6～24个月婴幼儿生长迟缓率已低于全国农村平均水平，贫血率在干预3个月后就降低了1/3。在云南试点地区，营养干预实施两年后，6～24个月婴幼儿贫血率降低了近50%。青海试点地区3～6岁幼儿的语言、动作、认知、记忆发展水平显著提高，与西宁市省政府机关幼儿园的同龄幼儿仅相差15%左右。基金会试点的经验表明，通过积极努力，农村儿童，包括偏远和贫困地区农村儿童，与城市儿童的发展差距可以明显缩小。

---

① 全球有13个国家实施了针对学前儿童父母的家庭指导项目或政策（Home Instruction for Parents of Preschool Youngsters，HIPPY）。详情参见 http：//www. hippy. org. il/html/aboutus. html（2012/7/31）。
② 影响评估（Impact Evaluation）是指在项目措施与项目成果之间建立因果联系。通过影响评估，可以回答是否由于项目措施，而带来了项目对象的相关受益或变化。影响评估是世界银行开展政策或项目评估的主要工具方法。

三、农村学生营养

21 世纪以来，农村乡镇以下地区人口减少，各地纷纷调整教育布局，中小学生逐步集中到乡镇中心学校上学，原有的村级小学或校点逐渐被撤掉或合并。在集中办学趋势推动下，农村寄宿制学校大量增加。由于寄宿学生的一日三餐全部在学校解决，而农村寄宿制学校供餐机制尚未建立，一些贫困农村地区学校甚至没有食堂，学生中出现了吃不饱饭、营养不良问题，导致了生长发育迟缓，学习成绩下降。学校营养健康项目对促进教育公平，提高学习成绩产生十分重要的作用，是保证教育效果最简单、最经济的手段。

1. 改善农村学生营养

中国农村和城市学龄儿童的营养状况存在显著差别。2002 年，西南贫困县 5～12 岁男生和女生的生长迟缓率分别为 38.0% 和 38.2%，13～17 岁分别达到 40.0% 和 36.5%。2008年，温家宝总理在基金会开展"贫困地区寄宿制学校学生营养改善"项目（见专栏7.3）提交的研究报告上批示："要增加政府对寄宿制学校贫困学生的补助力度，改善学生的营养状况。这件事关系国家的未来，也是扶贫事业的重要组成部分。"（王梦奎，2009）

> **专栏7.3　　　　农村学生营养改善项目试点与政策评估**
>
> 2007 年，中国发展研究基金会率先在广西、河北实施"贫困地区寄宿制学校学生营养改善"试点项目。基金会出资对试点学校的食堂进行改造、翻修，配置厨房设备用具，并招聘食堂炊事人员。在学生自带主食的前提下，项目按照不同学校每人每天 5 元或 2.5元的不同补助标准进行试验，为学生提供营养餐。中国疾病预防与控制中心终期评估结果显示，经过两年多试验，试点学校学生的身高增长比对照组多 1.4 厘米，在血红蛋白、肺活量等主要体质指标以及多项体能指标方面，都比对照组学生有更大幅度的提高，表明营养干预取得了明显效果。项目试点还取得了良好的社会效果，学校管理水平和质量均得到提高，实施营养餐扩大了地方农产品市场需求，为当地农民增加收入创造了新途径。
>
> 为评估国家提高学生生活补贴标准后的政策执行和实施效果，2010 年 5～11 月，基金会在青海乐都、云南寻甸、广西都安和宁夏西吉四地开展抽样调查，对 12 所小学、1458 名

4～6 年级学生进行访谈调查和体格测试。调查发现，补助资金使用效率普遍较低，学生营养不良以及热量摄入不足情况仍然存在，学生一日三餐热量摄入低于推荐量的 66%，微量营养素摄入严重不足。根据调查结果，基金会提交评估报告《建立学校供餐机制，改善农村学生营养》，呈送温家宝总理、李克强副总理和主管教育的国务委员刘延东等中央领导，农村学生营养问题再度引起国家重视。2011 年 4 月，刘延东对基金会提交的《关于西部农村学校供餐实行普惠制的建议》做出批示："为西部农村义务教育学生提供营养保障势在必行，要精心筹划，周密部署，认真推行。"

资料来源：中国发展研究基金会.《2011 农村学校供餐与学生营养改善评估报告》。

从 2008 年春季学期起，农村寄宿学生生活补助提高到中学生每人每天 3 元，全年 750 元；小学生每人每天 2 元，全年 500 元。《国家中长期教育改革和发展规划纲要（2010～2020）》提出，"改善学生营养状况，提高贫困地区农村学生营养水平"。2010 年秋季学期起，寄宿学生生活补贴提高到小学生每人每天 3 元，初中生 4 元，补助人数由 2005 年近 600 万人增加到 2010 年 1590 万人。

2. 建立学校供餐机制

由于中央政府对农村学生营养改善高度重视，从 2010 年开始，在对农村学生提供生活补贴的基础上，中央财政专门划拨资金，用于农村学生营养改善。2010 年 7 月，国家首先在部分省份的民族县和贫困县开展农村免费午餐的试点工作。2011 年 10 月，国务院正式启动实施"农村义务教育学生营养改善计划"，在集中连片特殊困难地区开展试点，中央财政按照每生每天 3 元的标准，为试点地区农村义务教育阶段学生提供营养膳食补助，这标志着中国学校供餐机制的初步建立。2012 年，"营养改善计划"全面铺开，中央政府全年计划投入 160 亿元。根据教育部 2012 年 6 月数据显示，截至今年 5 月，全国 699 个国家试点县级单位（含新疆生产建设兵团 19 个团场）中，已有 656 个县开始实施。受益学生达到 2131.25 万人，其中：农村中学生 643.45 万人，农村小学生 1487.80 万人。

为切实保障农村学龄儿童的营养改善，需要进一步完善学校供餐机制：

（1）完善立法。中国实施学生营养改善计划以来，进展较快，但缺乏相应的法律法规保障，需要通过立法，明确政府在保障学生营养，尤其是贫困学生营养方面的责任。

（2）注重课间加餐的营养效益。在学校供餐模式上，各地因地制宜，主要通过学校自有食堂供餐、企业配送、农户（家庭）托餐、课间加餐四种模式实施计划。其中，课间加餐的简单方式所占比例最高。调查发现，小学生课间加餐选用的食品多属于保质期长、包装成本高的非新鲜食品（如盒装牛奶、袋装面包、火腿肠等）。在进一步实施学生营养改善计划过程中，应重点考虑课间加餐食品营养因素。

（3）采用强化食品干预。采用经过微量营养素强化的面粉、谷物，用于学生营养改善的做法，效果比较明显。在制定实施学生营养改善计划时，可以根据实际需求，经过专家论证，采用强化食品的儿童营养改善模式。

（4）完善部门联席工作机制。学校供餐不仅与教育、财政部门有关，也涉及农副产品供应、食品安全、合理膳食安排等一系列问题，需要农业、卫生、监管部门的配合。因此，应建立部门联席工作机制，明确各部门在学校供餐机制中的职责，通过多部门的协作配合，保证学校供餐计划有效率地执行。

（5）及时开展绩效评估。地方政府在执行学生营养改善计划过程中，在人力与财力投入、管理模式、执行效果等方面存在差异，公众也希望了解政策执行的动态信息。及时开展针对包括营养效益、资金使用模式和效率在内的绩效评估工作，将有力保障学生营养改善计划的实施效果。

四、促进农村儿童发展的措施

中国农村儿童数量庞大，贫困发生率高，降低农村儿童早期营养不良率，为农村幼儿提供基本学前教育，建立完善学校供餐机制，保证农村义务教育阶段学生营养改善，应该成为中国儿童发展政策制定中的优先考虑，政府财力和教育资源需要向农村地区进一步倾斜。为了确保此类政策项目的落实，需要加强绩效评估，将儿童营养改善、学前教育普及等工作列入政府考核目标。

在目前已开展的试点工作基础上，应尽快在农村地区全面推广试点经验，保证资金投入，协调农业、教育、卫生等多部门合作，鼓励企业和民间组织多方参与，并组织专家技术力量，开展监测评估。建议制订以下目标和具体措施，促进农村儿童发展：

一是农村婴幼儿营养不良基本控制。到2015年，免费营养干预在中国农村贫困地区6～24个月婴幼儿中全面落实，贫血患病率比目前下降1/3。按照营养干预成本每人每年500元、每年260万适龄婴幼儿的粗略估算，政府每年的相应投入约为13亿元。

　　二是农村学前教育普及率明显提高。为了有效提高农村偏远山区和牧区的学前教育普及率，在政府投资兴建乡镇中心幼儿园的同时，在村一级设立"山村幼儿园"作为辅助。目前，中国中西部19省农村地区约有1800万3～5岁幼儿。在具体实施层面，政府可以在每个省挑选1～2个贫困县先行试点，两年以后在全省所有贫困县全面推广"山村幼儿园"模式。按照每名幼儿每年1000元的成本测算，对1800万幼儿免费提供学前教育的总投入为180亿元。通过如上努力，在农村地区基本普及学前三年教育，提前实现2020年中国学前教育普及率70%的中长期目标。

　　三是农村义务教育阶段学生营养全面改善。目前，中西部地区有1225万名学生受益于生活补贴政策，而"农村义务教育学生营养改善计划"实施对象为2600万名学生，远多于生活补贴的覆盖人数。进一步扩大农村学生生活补贴范围，将生活补贴资金与"学生营养改善计划"资金共同纳入学校供餐专项资金，进行专项管理，使农村学校供餐机制得到完善，实现农村义务教育学生营养保障的全面覆盖。

　　在政策执行方面，中国具备制度和组织上的优势。如能将农村儿童发展措施列入政府相关绩效考核体系中，儿童营养不良和学前教育缺失的情况将得到根本改观，中国未来的人力资本水平将得到整体提高。

第八章

统筹城乡发展中的人口流动

- 人口流动与"半城市化"
- 建立新型人口管理与服务模式
- 深化户籍制度改革
- 挖掘劳动力供给潜力与城乡统筹发展

从 2017 年开始，中国劳动力的供给将逐渐减少，提升劳动力的供给潜力日益重要。在未来的制度构建中，如何统筹城乡发展，使人口流动更为顺畅，使其作为劳动力发挥更大的作用，需要引起特别关注。本章重点探讨人口流动中存在的主要问题，针对流动人口管理和服务模式所需做出的调整，以及在城乡统筹发展中挖掘劳动力供给潜力的措施。

一、人口流动与"半城市化"

发端于 2008 年底的世界经济危机，促使各国在积极探索经济发展新模式的同时，再次引发了对劳动力市场改革的重视。目前，降低福利开支和进一步提升劳动力水平已经成为欧洲国家推行劳动力市场改革的两个重要支柱。而作为拥有最大劳动力数量的中国，也面临着劳动力市场的进一步改革。

改革开放以来，大量农村剩余劳动力进城打工，初步完成了劳动力的城市化（见专栏8.1）。但是由于以户籍制度为基础的城乡分割，这些农民工虽然已经离开乡村到城市就业与生活，但在劳动报酬、子女教育、社会保障、住房等许多方面并不能与城市居民享有同等待遇，在城市没有选举权和被选举权等政治权利，不能真正融入城市社会，处于"半城市化"状态。

专栏8.1   新一代农民工群体崛起对人口管理提出更高要求

新一代农民工成长于 20 世纪 80～90 年代，根据国家统计局住户调查资料的推算，2009 年已经达到 8487 万人，占外出农民工总量的 58.4%。相比于老一代农民工，新一代农民工是在社会更自由、经济更开放的环境中成长起来的，因而价值观念、乡土观念、利益诉求都发生了巨大改变。上一代农民工从农村和农业生产中走出来，与农村血脉相承，多数只是将城镇作为临时落脚点，归宿还是在农村。而新一代农民工生长在城市或者受城市文化的熏陶，未从事过农业生产活动，对农村的认同也大为降低，他们已经不愿再重返农业，所具有的知识结构和居住意愿都定位在城市。但是，我们的社会管理制度却未做出相应的调整：一是新一代农民工即便有着和城里人平等的学历，但仍难获得平等的就业机会，例如招工时将本地工人和外地农民工区别对待。二是劳动报酬获取无法充分保障，某些地方对劳动力成本认识仍然存在偏差，担心提高工资标准增加企业负担，影响投资环境，从而漠视农民工的合法权益。三是社会保障缺失，农民工的参保率普遍不高，只有少数人享受非完全意义上的社会保障，有些地方虽出台相应政策，但执行力度不够，政策形同虚设。四是融入社会难，户籍制度壁垒森严，农民工很难享受城镇公共服务和社会福利，加上认同目标与实现可能之间的矛盾，大量农民工仍然处于非城非乡、进退失据的尴尬状态。新一代农民工渴望市民身份认同、待遇平等及社会融入，但城里人依然表现出身份优越感与职业歧视，农民工短期内很难彻底消除与城市居民的心理鸿沟。

资料来源：张车伟. 我国流动人口动态研究. 研究报告，2010。

　　处于半城市化中的人口流动，影响了劳动力供给的可持续性，阻碍了劳动力整体素质的提高，削弱了中国经济发展的可持续性。正常获得劳动报酬和享有福利保障，是劳动者建立长期生活预期的基本前提。在这种情况下，劳动者的收入除支付个人和家庭的正常消费外，还可以用于个人健康水平的提高和新技能的学习。在过去的30多年中，低工资和福利的缺失，使得农民工的工作技能无法得到正常提升，从事简单体力劳动成为这个群体中大多数人的唯一选择。在体力无法继续支撑沉重的劳动时，他们只能选择回到农村。而他们的子女无论是在农村作为留守儿童还是在城市中作为流动儿童，教育质量都难以保证，他们中的多数未来还只能成为低技能的简单体力劳动者。对于劳动力供给日趋紧张的中国而言，这种模式无法继续维持。

表 8-1　　　　　　　　　　农村劳动力流动的阶段性特征与政策变迁

主要阶段	宏观背景	政策取向	流动特征与数量	主要政策
1979~1983年	国民经济处于恢复发展和整顿时期，保障农产品供给压力较大，城市就业政策着力解决城镇劳动力安置	限制流动	农村剩余劳动力，主要通过发展多种经营和兴办社队企业，就地转移，离土不离乡；农村内部流动，以走村串户为主，规模在200万人左右	严格控制从农村招工、认真清理企事业单位使用的农村劳动力、加强户口和粮食管理等措施，加大城市用工单位对农村劳动力使用的管理
1984~1988年	城市改革开始启动；乡镇企业异军突起	开始允许流动	农村劳动力开始向城市和跨区迁移，外出数量逐年扩大。到80年代末，农村劳动力外出数量达到3000多万人	开始放开小城镇落户，鼓励扩大城乡经济交往，开始允许招收农村工人；鼓励贫困地区的劳动力通过劳动力流动脱贫

续表

主要阶段	宏观背景	政策取向	流动特征与数量	主要政策
1989～1991年	控制通货膨胀、对宏观经济治理整顿	控制流动	强调"离土不离乡"，但乡镇企业就业数量净减少；滞留于城市的流动人口减幅较大，各大城市中最大的回落幅度达到1/3左右	严格控制农民工盲目外出，强调就地消化和转移；重点清退来自农村的计划外用工，使他们尽早返回农村劳动；严格控制"农转非"
1992～2002年	经济快速增长；城乡差距地区差距扩大	引导有序流动	跨地区的劳动力流动开始大规模地出现，形成"民工潮"。农村劳动力流动开始成为日益明显的社会经济现象	开始利用劳动力市场机制引导农民工流动；提出规范农村劳动力有序流动的各种措施；探索集镇和小城市户籍改革的突破
2003～	经济的全球化程度大幅度提高，经济快速增长	公平对待流动	劳动力市场开始出现转折，农民工短缺日益严重；农民工工资开始迅速上涨；就业条件逐步改善；对农民工流动的态度和政策开始有明显的转变	逐步取消对农民工流动、就业的歧视性政策；加强公共就业管理服务；开始建立和完善针对农民工的社会保护制度

资料来源：本报告背景报告，王萍萍，转引自蔡昉（2010）。

经过30多年时间，农民工已经跨了两代人，农民工队伍出现了明显的新特点、新趋势。举家外迁和常住户外出人数逐年增加（见图8-1），"打短工"已经不再是农民工的主要就业形态。跨地区就业的农民工正由"亦工亦农"向"全职非农"转变，由"双向流动"向"融入城市"转变，由"补充收入"向"终身职业"转变。越来越多的农民工不愿意、不能

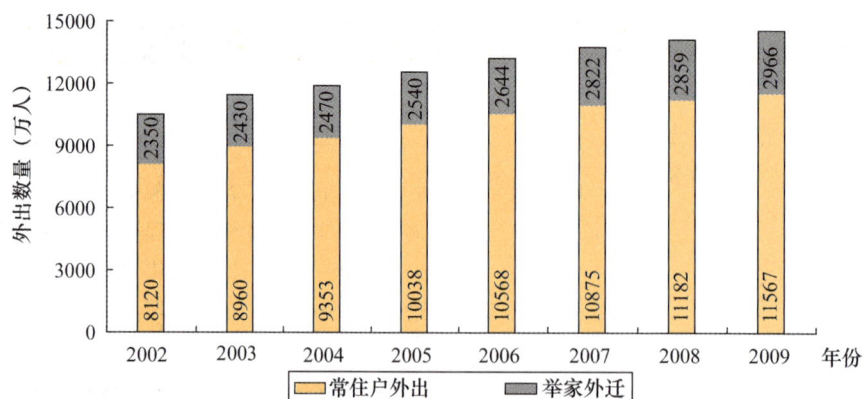

图8-1　农村外出劳动力的规模和构成

注：举家外迁的劳动力总量由2002年的2350万人，增加到2009年的2966万人，增加的幅度为26.2%；同期，农村常住户外出人数由8120万人，增加到11567万人，增加的幅度为42.5%。

资料来源：根据国家统计局农村司报告整理。

够，也回不到农村去了。

但是，在人口流动政策上，由于对农民工市民化的政策没有松动，形成鼓励农民进城就业与限制农民工在城市落户两个相互矛盾的政策，造就了今天这支庞大的农民工群体以及由此带来的诸多问题。

二、建立新型人口管理与服务模式

改革开放后，长期积累的农村剩余劳动力在短期内得以释放，使中国成为世界上人口城市化速度最快的国家之一。2011 年，中国有史以来城镇人口首次超过农村人口。按照目前人口城市化的速度，"十二五"时期，城镇人口将超过 7 亿。

大量人口的迅速城市化，对社会各个领域的制度安排提出新的挑战和要求，人口管理模式创新是题中应有之义。建立新型人口服务和管理模式，需要从经济社会可持续发展的角度，考虑如下几个方面的制度需求。

第一，在城乡统筹的前提下挖掘劳动力供给的制度潜力。鉴于劳动年龄人口的增长即将停止，劳动力供给发生根本性转折，而经济增长对劳动力需求仍然强劲，通过改革挖掘劳动力供给的制度潜力具有现实紧迫性，也是延长人口红利的重要举措。现在，由于不能获得均等的基本公共服务，农民工无法融入城市，对城市没有认同感，在城市的工作和居住表现出明显的过度流动性（见表 8－2），不利于劳动力的稳定供给。促进劳动力向城市的自由流动，并非意味着可以忽略农业发展对劳动力的需要，放任农村"空洞化"现象的蔓延。在探讨如何为城市地区经济发展提供劳动力供给的同时，也要考虑如何为中国农村和农业现代化提供充足人力保障。挖掘劳动力的供给潜力，需要在城乡统筹发展的前提下进行。

表 8－2　　　　　　　　　农民工外出年限与就业流动性的关系

	有效调查人数（个）	占全部百分比（%）	年均变动工作次数	年均变动城市数
1 年以下	362	11	4.00	3.89
1～3 年	658	20	0.87	0.76
3～5 年	454	14	0.50	0.42
5～8 年	475	15	0.34	0.27
8 年以上	1268	39	0.18	0.14
全　部	3217	100	0.82	0.75

资料来源：张秀兰等：《农民工养老保险调研报告》，人力资源和社会保障部农民工养老保险研讨会，2009 年 9 月。

第二，以服务为中心依法管理人口流动。在过去 30 余年经济社会发展中，劳动力流动和人口迁移既是一个重要的促进因素，也是其成果的一个突出表现。未来要促进人口更加充分流动。现行的人口管理模式，难以应对 2 亿多人口流动的局面，还存在着部门分割和权责不清的问题，管制有余而服务不到位，在发生突发情况时往往无法有效应对。流动人口管理应该寓管理于服务之中，依法管理、科学管理、人性化管理，实现管理与服务的有机统一。

第三，创造城乡居民发展的均等机会。在经济和社会生活中，劳动力市场歧视和基本公共服务机会不均等的现象普遍存在。农民工在工资水平、就业稳定性和社会保障等方面，与城市居民相比仍然处于不平等和脆弱的地位。直到 2010 年，农民工加入基本社会保险的比例仍然十分低，基本养老保险为 9.5%，工伤保险为 24.1%，医疗保险为 14.3%，失业保险为 4.9%，生育保险只有 2.9%。解决这些问题，需要尽快在农民工和雇主之间建立有效的工资协商机制，清除基于户籍的就业障碍，继续扩充各项社会保险对农民工的覆盖范围，进一步提升农民工的社会保障水平。

第四，积极培育自律、自治和合理表达诉求的社会组织，及时准确地把握流动人口的诉求。在社会转型加速的时期，新问题新矛盾不断涌现，需要建立有效的表达机制，及时反映社会中各类群体的期待和诉求。自律性强、健康运行的社会组织是群众表达诉求的最佳方式。现行的城乡社区自治组织尚不能覆盖全体居民，尤其是缺少对城市外来流动人口的有效关注。为及时准确把握流动人口中存在的诉求，建立有效的沟通机制，促进流动人口在流入城市的社会融入，需要采取针对性的措施，积极培育相应的社会组织的形成。

三、深化户籍制度改革

在从计划经济向市场经济转轨的过程中，阻碍劳动力流动的制度障碍不断被清除，推动了农村劳动力流动就业，使中国实现了人力资源重新配置效率和经济的高速增长。然而，在劳动力无限供给、公共服务资源短缺的条件下，进城农民工与城市居民存在着就业机会和社会福利供给上的不平等和竞争关系，导致户籍制度改革不能完成，城市化进行的不彻底。

从公共服务的均等性来讲，被统计为城市常住人口的农民工及其家属，并没有享受到与城市户籍人口相同的社会保障和社会保护的覆盖，在诸如义务教育、保障性住房等公共服务方面，他们没有获得均等的权利，长期处于"半城市化"状态。这妨碍了城市功能的发挥，抑制了城市化对经济增长和社会发展的促进作用。这种城市化模式导致了城市化进程的不稳定性，没有获得正式市民身份的农民工及其家属，仍然把农村老家作为自己的归宿。由于城乡消费模式的差异，没有归属感的农民工及其家属，仍然按照农村的模式进行消费和储蓄，不能充分发挥城市化促进服务业发展和消费需求扩大的功能。

当可从农村转移到城镇的剩余劳动力日趋减少时，单纯依靠廉价劳动力和高储蓄率的人口红利逐渐消失，迫切需要创造新的经济增长源泉。中央和地方政府看到了城市化作为新的经济增长引擎的潜在贡献，因而形成了进一步深化户籍制度改革推动农民工市民化的意愿，户籍制度改革在更广的范围内和更深的层次上展开。经历了 2008 ~ 2009 年全球金融危机之后，许多省市加大了户籍制度改革的力度。

2011 年 1 月 26 日国务院办公厅发布《关于积极稳妥推进户籍管理制度改革的通知》（以下简称"通知"），尽管一年之后才被公众所知晓（2012 年 2 月 23 日新华社和政府网发布了消息），仍然引起了社会和媒体的广泛关注。与以往在一些地区进行的户籍制度改革相比，这个文件标志着中国的户籍制度改革迈出了实质性的一步。其新意主要体现在三个方面：一是首次对全国范围内中小城市和建制镇的落户条件做出了统一的、明确的、具体的规定。二是开始把户籍与一些福利制度相剥离，提出"今后出台有关就业、义务教育、技能培训等政策措施，不要与户口性质挂钩"的要求。三是落户条件的规定体现了在社会公平方面的进步。《通知》规定的落户条件为"在县级市市区、县人民政府驻地镇和其他建制镇有合法稳定职业并有合法稳定住所（含租赁）"，或者"在设区的市（不含直辖市、副省级市和其他大城市）有合法稳定职业满三年并有合法稳定住所（含租赁）同时按照国家规定参加社会保险达到一定年限"。与 1998 年由国务院批转的公安部《关于解决当前户口管理工作中几个突出问题意见的通知》[①] 相比，2011 年《通知》关注到了普通劳动者，特别是中低收入家庭的利益。

2011 年《通知》的意义体现在四个方面：第一，在一定程度上回应了户籍"平权"的社会诉求。第二，敞开了中小城市和建制镇的大门，在制度上拓宽了人口城市化的渠道，可能给中国人口城市化的发展格局带来显著影响。第三，为把流动人口转变为当地市民提供了必要的制度环境，将会改善流动人口的民生质量，并将在一定程度上影响中国人口流动的格局。第四，为中小城市的发展提供了契机，带动经济资源、社会资源和人力资源向中小城市的转移，进而为经济增长注入新的活力。

---

① 1998 年由国务院批转的公安部《关于解决当前户口管理工作中几个突出问题意见的通知》规定"在城市投资、兴办实业、购买商品房的公民及直系亲属，凡在城市有合法固定的住所、合法稳定的职业或者生活来源，已居住一定年限并符合当地政府有关规定的，可允许在该城市落户"。

但应该指出的是，2011年《通知》对户籍制度的改革并不彻底，没有把聚集了全国绝大部分优质公共资源的直辖市、省会城市和其他大城市包含在内。长期以来，中国户籍制度的改革思路一直是"控大放小"，在政策取向上一直是防止"大城市病"，这次户籍改革的一个明显目的是把流动人口引向中小城市。但在公共服务均等化尚未实现，不同规模的城市之间的就业机会还存在巨大差距的情况下，上述政策目标很难实现。实际上，第六次全国人口普查结果显示，在以往的10年间，常住人口增幅最大的区域是特大城市、大城市最为密集的京津地区、长三角地区和珠三角地区。尽管这些地区制定了非常严格的户籍制度，仍然阻挡不住外来人口的涌入。在城市化过程中，人口自由流动和向大城市集中是一个必然的过程，但大量人口的涌入对城市的环境经济和福利承载力都造成巨大的压力和挑战。当前，北京和上海的常住人口均已经突破2000万，人口众多带来的交通、资源和环境等方面的压力业已经成为这些城市非常棘手的问题。对于流动人口而言，大城市具有公共服务水平较高，经济机会相对丰富的优点，但也存在生活成本高昂、生存压力较大的缺点。中国的人口流动要达到均衡，还需要一段时间。在这个进程中，有许多两难的选择，还需要继续进行探索。

户籍制度在中国并不是一个单纯的人口登记制度，在它身上附着实际利益关系。1958年《中华人民共和国户口登记条例》确立这项制度之初，它就开始扮演起分配公共资源的角色，在计划经济时代，也曾有力地支持了中国的资本积累和工业化。但是，这种制度设计在社会公平上是失败的。它不仅把中国社会分割成城乡分隔的二元社会，而且还分割成区域分隔的多级社会。它的另一个严重弊端是把每一个人都锁定在特定的福利层级，并且代际传承。这种城乡分割、地区隔离的户籍制度，最终导致了社会利益结构的严重失衡。世界各国工业化和城市化中普遍出现的人口和劳动力的乡城迁移，在中国则演变成为大规模的人口流动，并由此引发了诸如"留守儿童"、"流动儿童"等一系列社会问题、社会矛盾甚至社会冲突。

户籍制度改革和推动农民工市民化可以有两条路径。一条是目前正在走的"控大放小"、逐步改革的路径。从现实情况看，在这条路径上我们还看不到改革的终点。目前，一些特大城市仿照西方国家的国际移民政策，制定了"按积分"落户的办法。这种政策的确可以使这些大城市有选择地获得所需要的人力资源，同时也可以控制住"福利外溢"。另一条路径是把户籍与福利相剥离，或者更准确地说，破除户籍"福利圈"。这是一条更艰难的道路，涉及教育、就业、住房、医疗、社会保障、公共服务等民生各个领域，同时也涉及财政体制、社会管理体制等方面。中国发展研究基金会的《中国发展报告2010：促进人的发展的中国新型城市化战略》，讨论了上述两条路径的利弊。我们认为，从可操作性来讲，第一种方式更为可行，可以采取"保留户籍、总量控制、放宽条件、逐步推进"的办法。具体操作为：中西部地区的中小城市和小城镇，可以很快放开户籍限制，农民工享受城市居民的所有待遇；东部地区的中小城市和小城镇，原则上也可完全放开户籍限制；大城市和特大城市，要根据本地综合承载能力，采取积极步骤逐步放宽落户条件，将既有的流入人口不断吸纳成为本地的城市居民。

户籍制度改革势必成为中国社会发展和民生领域的整体性、系统性的改革，根本举措是在全国范围内实现公共资源分配的公平化和公共服务的均等化。这样的改革不可能朝夕之间实现，但应该从现在开始就确立这样的改革思路和价值取向，至少应该做到以下几件事情：首先，不再出台与户籍制度挂钩的公共政策。其次，逐步取消与户籍制度挂钩的公共政策。《中国发展报告 2010：促进人的发展的中国新型城市化战略》提出，考虑到与现行政策的接轨，可以采取"人地挂钩"和"人钱挂钩"的办法。前者是指，根据各城市吸纳农民工人口定居的数量，每年增加一部分用地指标用于解决农民工市民化后的用地问题，用地指标根据吸纳人口的规模决定；后者是指，中央财政和省级财政建立农民工市民化转移支付，根据各城市吸纳农民工定居的规模，每年定向给予财政补助。第三，加大对中小城市和农村地区的公共投入和社会基础设施建设，缩小城乡之间和地区之间的差别。第四，建立全国统一的社会保障与社会福利制度，消除公共资源分配不公平。

四、挖掘劳动力供给潜力与城乡统筹发展

由于人口结构的持续变化，在未来的 10～20 年时间内，劳动年龄人口逐步减少将成为事实。劳动年龄人口的总量在"十二五"末期达到峰值，随后停止增长，而劳动年龄人口占总人口比例的下降趋势已经呈现。迅速的人口结构转变和老龄化趋势，将使中国面临日益趋紧的劳动力供给约束。

自 20 世纪 90 年代以来，中国的劳动参与率出现持续的大幅度下降。中国劳动参与率由 1990 年的 83.1% 下降到 2007 年的 72.6%；年轻组别人口的劳动参与率的下降更为显著：在 1990～2005 年期间，30～34 岁这个年龄组中劳动参与率从 92.7% 降为 80.8%。在劳动参与率大幅度下降和新增劳动年龄人口大幅度减少的双重作用下，中国劳动力市场供给形势的转折要比预期来得更早（见图 8-2、图 8-3）。近年来，劳动力市场形势出现的新变化，预示着未来的劳动力市场政策和制度安排将面临新的问题，挖掘劳动力供给的潜力必须提上日程。

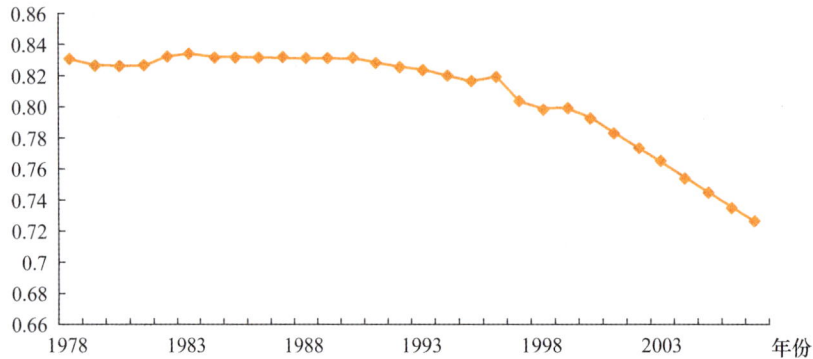

图 8-2   中国劳动参与率变化趋势

资料来源：2008 年中国统计年鉴；2008 年中国劳动统计年鉴。

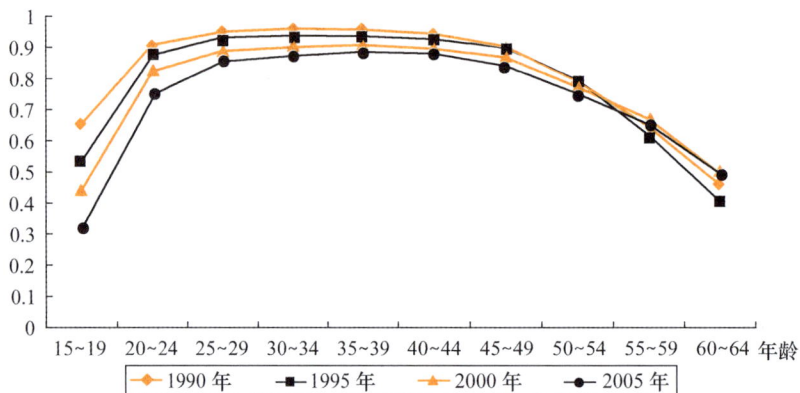

图 8-3   中国分年龄劳动参与率的变化

资料来源：2008 年中国统计年鉴；2008 年中国劳动统计年鉴。

人口流动是目前影响中国劳动力供给的重要因素。2010 年 1.53 亿离开本乡镇 6 个月及以上的农民工中，跨省流动的大部分是从中西部地区流向东部地区，从经济落后地区流向经济发达地区。按照常住人口的定义，这些人通常被统计为劳动力流入地的常住人口。由于外出农民工中 95.3% 年龄在 50 岁以下，这种人口的机械变动提高了东部地区的劳动年龄人口比例，降低了中西部地区的该比例。

随着交通状况等基础设施的逐渐完备，制造业正在向中西部转移，同时伴随着大量就业机会的产生。部分回流的农民工，以及年龄偏大，难以克服跨省流动障碍的农村劳动力，将成为未来中西部地区产业承接的劳动力供给基础。

表面上看，"民工荒"现象的出现，以及非熟练工人工资的迅速上涨，似乎预示着劳动密集型产业比较优势在中国的终结。其实，这个结论并不成立，直到农业与非农产业劳动的边际生产力达到相等之前，农业劳动力都有向外转移的余地，因而可以继续产生资源重新配置效率，推动经济增长。通过政策调整，包括推动产业区域转移和进一步消除不利于劳动力流动的制度障碍，劳动密集型产业在中西部地区落户，将对农村年龄偏大的劳动力产生更大的吸引力。以往的分析表明，农业中虽然仍有进一步向外转移劳动力的潜力，但是，由于构成农业劳动力主体的是40岁以上的人群，而这些人跨省、跨地区转移比较困难。一旦他们可以在本地获得就业岗位，就会大幅度增加劳动力供给。

1. 市场制度改革

安全有效的劳动力市场制度是挖掘劳动力潜力的关键。各个国家的劳动力市场制度表现出形形色色的差异，很难找到一种理想的目标模式。完善的劳动力市场制度必须在给予劳动者完善的社会保障的同时，最大限度地激发劳动者参与劳动力市场的积极性。中国的劳动力市场制度建设在过去的十年里取得长足的发展，尤其是在社会保障方面取得很大的进步，但要保持劳动力市场的竞争性和灵活性，保护和激发劳动者的工作热情，还有很多的工作要做。

首先，清除劳动力流动的藩篱仍然任重道远。伴随着劳动力市场的发育，劳动力流动的障碍不断缩小，劳动力的城乡流动规模越来越大，农民工和城市职工的工资趋同也已经体现出来。然而，以户籍制度为基础的制度体系仍然制约着劳动力的自由流动。近年来一些部门垄断的程度越来越高，和竞争性部门的收入差距不断扩大，其雇佣决策也越来越偏离劳动力市场的一般准则，使劳动力在部门间流动的障碍呈重新扩大的趋势。这些劳动力市场的非竞争性因素，都有可能重新产生"沮丧工人"效应①，并抑制劳动供给。

其次，劳动力市场的歧视增加了劳动者参与劳动力市场的难度。数据显示，女性的劳动参与明显低于男性。在很大程度上，这是由于劳动力市场对女性尚存在较为严重的歧视所致。除了性别歧视以外，其他不同类型的歧视，也都会降低劳动力市场的竞争性，并抑制劳动供给。虽然近年颁布的《就业促进法》，已经就"反劳动力市场歧视"做出了明确的规定，但由于歧视方式多样、对歧视行为的衡量和监督难度很大，反歧视的实际效果并未显现。这就要求主管劳动就业的职能部门加大执法的力度，杜绝各种形式的劳动力市场歧视，同时，也要倡导就业权利平等的观念，形成公平的社会风气。

第三，在劳动力市场上，价格的形成及工资的决定，并不完全取决于劳动力市场供求关系，还有劳动力市场制度的作用。这样的制度包括最低工资制度和工资集体协商制度等。中国目前出现的劳资冲突，是具有规律性的现象，也是必然发生的，应该被看作一种"成长中

---

① "沮丧工人效应"是指就业需求不足时，劳动者因就业可能性小而放弃就业的行为。在歧视或劳动力市场分割严重的情况下，尽管就业需求存在，劳动者也可能因为难以获得就业机会而退出劳动力市场。

的烦恼"，不应回避也不可能回避。国际经验和教训表明，通过工会代表工人利益，企业家联合会代表雇主利益，政府进行引导、协调、协商的机制，是建立和谐劳动关系的必由之路，也是保持劳动报酬增长与劳动生产率提高同步的有效机制，舍此别无他途。

2. 城乡劳动力的合理配置

在对劳动力市场制度进行改革，促进劳动力由农村向城市流动的同时，如何为农业现代化确保充足的劳动力供给，防止农村"空洞化"现象的蔓延，是一个不可忽视的问题。

进城打工已经成为当前中国农村一个普遍的现象。随着青壮年劳动力的集体外流，农村地区的生产和社会生活受到巨大的冲击。在一些人口外流集中的地区，由于留守在家的人员主要是妇女、儿童和老人，农业生产活动无法正常进行，农地也出现了搁置的现象。相对于外流人员，留守人员的教育水平更为低下，在实现农业现代化上存在着更大困难。此外，家庭青壮年成员的缺失，削弱了在养老和育儿等方面的功能，农村地区的社会建设面临着更大的挑战。

人口从农村向城市流动，是实现现代化历史进程中的必经阶段。对于中国来说，农业的基础地位不能动摇。随着工业化和城市化的进展，农村人口大量转移，部分村落的衰落成为必然。要使这个进程成为良性的，就必须保证农村地区在今后的发展中有充足的劳动力，避免出现东亚一些国家在发展中遇到的村落凋敝①问题。虽然人口外流近期可能会加剧农村发展的困难，但通过农业现代化可以进一步挖掘农村现有劳动力的潜力，促进新农村和新型城乡关系的建设。

农业现代化的实现，除资金和技术上的投入外，还有赖于以下两方面的进展。首先，要加大对农村现有劳动力尤其是留守人员的培训，使他们掌握发展现代农业的新技能、新技术和新的经营管理模式。其次，要进一步推进土地流转，扩大经营规模，发展高效农业。上述两个方面均可以带来农业劳动生产率的提高和剩余劳动力的出现，从而有利于农村劳动力潜力的进一步挖掘。与此同时，农业现代化带来的农民收入增加，城乡间收入差距缩小，也将使更多的农民可以选择长久地留在农村，这可以确保农村发展中劳动力的获得。

总的来说，挖掘劳动力供给潜力要从城乡统筹发展的高度出发，既要采取措施促进劳动力的进一步自由流动和农民工的完全市民化，又要未雨绸缪，提早采取措施防止农村空洞化现象的蔓延，确保农业现代化和农村建设的顺利展开。

---

① 在东亚一些国家，村落凋敝通常表现为由于人口的持续外流，留在村落中的老年人比例越来越高，最终导致村落的经济发展和社会生活无法正常进行，村落整体的生存达到极限。通常情况下，村落凋敝的结果一般是村落逐渐走向消亡。

第九章

促进社会性别平等

● 社会性别平等与妇女发展

● 性别平衡与出生性别比失调

● 性别平等与妇女保护

● 促进社会性别平等的措施

消除性别歧视、促进性别平等是全球面临的共同挑战之一，被列入联合国千年发展目标。当女性在发展中享有平等的权利和机会，与男性平等、自由、和谐地生活在社会和家庭之中的时候，社会将会更加稳定和谐，经济会更具有活力，国家也会更加繁荣昌盛。长期以来，中国政府致力于实现男女平等，取得了明显的进步，但女性在就业和健康等领域依然面临着严峻的挑战。本章重点探讨社会性别平等与妇女发展之间的关系，实现性别平等面临的挑战，以及促进社会性别平等的具体举措。

一、社会性别平等与妇女发展

"性别平等"和"妇女发展"是描述发展过程中女性人口状况的两个主要概念。性别平等是指男女两性不受性别偏见和社会成见的限制和歧视，在政治、经济、文化、社会及家庭生活各个方面，女性享有与男性平等的权利和机会，共同参与社会和家庭生活，共同承担社会和家庭责任。妇女发展是指伴随着经济发展和社会进步，妇女在政治、经济、教育、文化及家庭生活各方面的状况得到不断改善。

性别平等与妇女发展是互为条件、互相促进的。我们所倡导的妇女发展是以追求性别平等为目的的发展，即在不断改善妇女生存发展状况的同时，逐步缩小男女在发展资源占有和发展利益分配上的差距；我们所倡导的性别平等是男女两性共同发展基础上的平等。这种倡导与构建社会主义和谐社会的目标是高度一致的。

妇女发展和性别平等对于人口、经济与社会协调发展至关重要。首先，占人口半数的女性与男性一样是社会经济发展的直接参与者，是人类物质文明和精神文明的创造者；其次，妇女是生育行为的载体，妇女的意愿、态度和素质在很大程度上决定着人口变化和人口素质；再次，政治、经济、社会、文化及家庭生活中普遍存在性别不平等的状况，导致女性贫困化和贫困女性化，通过改变性别不平等能够有效实现反贫困的目的。历史经验表明，处于生命周期不同阶段的女性——女婴、女童、少女、青年妇女、中年妇女和老年妇女，是否享有与男性平等的权利和机会，参与国家的发展过程，分享发展带来的成果，是衡量社会发展和进步的重要尺度。

中国政府一贯重视性别平等和妇女发展，早在1954年颁布的第一部宪法中，就对男女平等做出了明确规定。1954年《宪法》第三章第九十六条规定："中华人民共和国妇女在政治的、经济的、文化的、社会的和家庭的生活各方面享有同男子平等的权利。"中国政府坚持实行男女平等，制定并不断完善维护妇女权益、促进妇女发展的法律法规，通过司法、行政、宣传、教育和经济、社会等多种手段保障妇女发展机会和权利。在妇女教育、就业、医疗、科技等多个领域取得了巨大的发展和进步。

20世纪90年代以来，在提高妇女地位的国家机制建设上，中国取得了三个重大进展：一是颁布实施了全面保障妇女权益的《妇女权益保障法》，二是建立了协调性别平等与妇女发展事务的国家机构"国务院妇女儿童工作委员会"，三是连续颁布实施了全面推进性别平等与妇女发展的国家行动计划《中国妇女发展纲要》（1995、2001、2011）。这些政策安排为促进性别平等与妇女发展创造了良好的制度环境，有利于女性在教育、就业和健康等方面的改善及发展。

专栏9.1　　　　国际通用的三个性别指数及2008年中国在世界的排名

1. **妇女发展指数（GDI）**

由女性平均预期寿命、女性识字率和综合毛入学率及人均国内生产总值构成。中国排名第75位。

2. **性别权利指数（GEM）**

由男女议员比例、决策机构中的男女比例及专业技术岗位的男女比例构成。中国排名第72位。

3. **性别不平等指数（GII）**

由孕产妇死亡率、未成年人生育率、男女议员比例、男女接受中等以上教育的比例及男女劳动力市场参与率构成。中国排名第38位。

资料来源：UNDP（2010）. Human Development Report 2010。

教育是影响社会经济发展和个人发展的重要因素。近十几年来，随着九年义务教育的普及和高等教育的发展，妇女受教育程度显著提高，男女受教育水平差距明显缩小。2008年，女性平均受教育年限达到7.8年，比1990年增加2.3年，与男性相差不到1年（见表9-1）。男女儿童在义务教育阶段的入学机会趋于平等，男女童入学率基本持平，分别为99.50%和99.58%。在高等教育阶段，在校生的女生占比大幅度上升（见表9-2）。女性已经逐渐成为与男性教育素质相当的重要人力资源，未来这个趋势将更加明显。

表 9 – 1   中国男女两性的平均受教育年限

年 份	男 性	女 性	男女差异
1990	7.4	5.5	1.9
1995	7.8	6.1	1.7
2000	8.4	7.1	1.3
2003	8.4	7.4	1
2008	8.7	7.8	0.9

资料来源：1. 国务院妇女儿童工作委员会，国家统计局：《中国妇女儿童发展状况监测统计资料》，2005。
　　　　　2. 国家统计局社会和科技统计司编：《中国妇女儿童发展状况监测统计资料》，2010 。

表 9 – 2   中国各级各类学校在校生的女性比例（%）

年 份	1990	2000	2005	2006
女生比例	44.9	47.1	47.1	46.9
高 校	33.7	41	46.9	47.8
中 专	45.4	56.6	54	52.8
普通中学	41.9	46.2	47	47.3
职业中学	45.3	47.2	48.1	42.5
小 学	46.2	47.6	46.8	46.7

资料来源：莫文秀主编：《中国妇女教育发展报告》（1978～2008），社会科学文献出版社 2008 版。

中国妇女的就业和社会保障得到不断改善。中国女性的经济参与率较高，无论城乡，多数妇女都参与有酬的社会劳动。2005 年全国城乡就业总人口中女性占 44.8%，2009 年上升至 46%。2009 年，全国专业技术人员中，女性已经达到 1303.3 万，占专业技术人员总数的45.1%。女性参加社会保险的人数和比例不断增加，2009 年女性参加城镇基本养老保险、城镇职工基本医疗保险、失业保险、工伤保险及生育保险的人数分别比 2005 年增加了 26%、74%、19%、95% 和 101%。

中国妇女的健康状况进一步改善。2010 年，女性平均预期寿命已经达到 77.37 岁，比男性高出近 5 岁[1]。近年来，政府在贫困县实施"降低孕产妇死亡率和消除新生儿破伤风"、"中西部地区孕产妇住院分娩补助"等项目，并对中西部地区 2297 个县市住院分娩的孕产妇实行定额补偿，建立及时有效的转诊急救"绿色通道"，孕产妇死亡率大幅下降。2009 年，全国监测地区的孕产妇死亡率由 2000 年的 53/10 万降至 31.9/10 万，其中农村从 69.6/10 万降至 34/10 万。这一变化反映了中国为实现千年发展目标所取得的积极成果。

---

[1]　2010 年，中国男性平均预期寿命为 72.38 岁。

二、性别平衡与出生性别比失调

性别平衡，是指一个国家或地区的人口中男性与女性之间的数量平衡，还可以细分为各个年龄组人口中男性与女性之间的数量平衡，一般用性别比来表示（女性为100）。在正常的社会环境中，性别比主要是由生物学原因决定的，由于男性的存活概率低于女性，随着年龄的提高各个年龄组人口性别比一般是由高向低变化，因此，出生人口性别比具有基础性意义。

性别平衡并不一定意味着性别平等，但是性别不平等在很多情况下会导致性别失衡。中国目前正面临着这样的局面。出生性别比自20世纪80年代开始偏离正常范围，1982年、1990年、2000年和2005年四次人口普查或抽样调查结果分别为108.5、111.3、116.9和122.0，呈现持续上升的趋势。2005年1%人口抽样调查时，全国（不包括香港、澳门特别行政区和台湾地区）31个省、自治区和直辖市，除西藏外，其他地区出生婴儿性别比都高出正常范围，处于107～110之间和110～120之间的省区市分别为3个和16个，其余11个省区市均高于120。不仅农村（122.9）的出生性别比远高于正常值，镇（119.9）和城市（115.2）也明显超出正常范围。2010年和2011年出生性别比分别为118.1和117.8，虽然与2005年相比明显下降，但仍大幅偏高于正常范围。

出生人口性别比偏高是具有男孩偏好的国家和地区在生育率下降过程中的普遍现象，如印度、越南、韩国、巴基斯坦、阿塞拜疆、亚美尼亚等国家和中国台湾地区。中国的特殊性在于，除传统的男孩偏好外，计划生育政策消除了通过自然生育获得理想孩子性别结构的路径，现代避孕、胎儿性别鉴定、人工流产等技术的进步与普及，又为人们满足既要少生，又要获得理想的子女性别结构提供了技术手段，促成了中国出生人口性别比的持续升高。出生人口性别比长期偏高同样具有惯性规律，扭转其发展方向需要长期不懈的努力。

女性肩负人类繁衍生息和延续发展的重任，女性减少必然导致出生率水平下降，进一步减少人口总量和适龄劳动人口规模，加速人口老龄化进程。而男性没有配偶和子嗣会增加社会养老的复杂性和艰巨性。

造成出生性别比失调的直接原因，是胎儿性别鉴定和性别选择性流产。在中国，目前最为普遍的胎儿性别鉴定手段是B超机，一般B超机在妊娠四个月以后可以比较准确地分辨胎儿性别（值得注意的是，B超机在孕产检查中具有判断胎儿发育是否正常的重要功能，也是筛查出生缺陷的手段之一）。中国政府在发现出生性别比偏高的问题之后，首先采取的应对措施是，规定严禁利用技术手段进行非医学需要的胎儿性别鉴定和性别选择性人工流产。最近几年更是加强了对非医学需要的胎儿性别鉴定和非医学需要的人工终止妊娠行为的打击。性别鉴定具有隐蔽性，而且监督管理非常困难，这些治理措施虽然使情况有所改善，但并没有收到预期的成效。

专栏9.2　　　　　　　中国农村妇女对B超技术的认知

楚军红（2001）利用"亲属网络法"对中国中部某县820名20～44岁的已婚妇女开展问卷调查，并对当地农民、乡（村）干部、计生工作者和医务人员进行了深入访谈。结果表明：

（1）被调查妇女对B超胎儿性别鉴定的认知度很高。83.8%的妇女听说过这种现代技术并知道何时进行胎儿性别鉴定，以及从何处可以得到这种服务。

（2）胎儿性别鉴定的施行率较高，48.4%的妇女通过B超进行胎儿性别鉴定。其中，第一个孩子是男孩的，第二胎做B超的不足40%；但是如果第一胎是女孩的，第二胎做B超的比例达到了70%。

（3）存在一定比例的性别选择性流产，29.4%的妇女有过流产经历，11.1%的被调查妇女有过女胎选择性人工流产，占流产经历妇女总数的37.8%。这是一项小范围的调查，未必能代表中国总体的情况，但是其结果仍然值得关注。

资料来源：南开大学课题组：《中国治理出生性别比失调的问题和治理政策研究——社会性别视角的回顾与分析》，2009年。

为什么胎儿性别鉴定和性别选择性流产在中国如此盛行？根本原因在于，性别不平等导致的男孩偏好，而中国严格的生育政策恰恰强化了男孩偏好，激化了出生性别比的严重失衡。

对孩子的性别偏好有两种性质完全不同的情况：一是情感性的偏好，这在很大程度上取决于父母的自然心理和情感需求，这种需求也会受到社会经济环境的影响；二是功利性的偏好，这主要取决于父母对不同性别的孩子给家庭带来的收益预期。任何观念或偏好的产生与强化都有其特定的社会根源，如果某种观念变成普遍的社会行为，那么，这种观念一定是根源于某种利益关系。在特定的社会、经济和文化环境中，不同性别的孩子给父母和家庭带来的效用可能是不同的，甚至差异很大。中国虽然已经处于现代化的过程之中，但是传统的家庭制度、婚姻制度、财产制度、继承制度并没有发生根本性的改变，植根其中的男孩优势利益也没有根本改变。

问题是，中国的现代化大潮即使没有彻底涤荡歧视女性的传统文化，至少也不会使这种文化的影响加深，这可以从妇女教育、就业、收入、健康等各个方面的进步得到印证。中国虽然在客观上存在着对女性的歧视，但至少不会比过去更糟。那么，为什么人们对男孩的偏好没有减弱，反而增强了呢？这正是中国严格的生育政策使然。诸多研究表明，中国的出生性别比失调的上升与执行严格生育政策是同步的（见表9－3）。

表9－3　　　　　　　　城市、镇和乡村婴幼儿及青少年人口性别比的比较

出生年份	年龄（岁）	城市	镇	乡村	出生年份	年龄（岁）	城市	镇	乡村
2000	0	113.02	117.13	119.30	1992	8	112.27	116.17	114.88
1999	1	114.95	121.42	125.49	1991	9	111.52	115.44	113.58
1998	2	115.52	121.29	124.09	1990	10	110.64	113.61	111.18
1997	3	114.48	119.92	122.20	1989	11	108.98	111.64	108.58
1996	4	114.09	118.76	119.66	1988	12	108.36	110.49	107.96
1995	5	113.92	118.36	118.64	1987	13	107.34	109.15	107.33
1994	6	113.02	117.05	117.45	1986	14	105.96	109.28	107.81
1993	7	112.39	115.99	115.76	1985	15	101.01	110.63	109.23

资料来源：《中国2000年人口普查资料（上册）》，第573、576、579页。转引自《国家人口发展战略研究报告（中）》，第1962页。

地市级数据分析也显示中国的出生性别比失衡与生育政策之间密切相关。2000年和2005年的人口数据显示，生育政策为"一孩半"[①]的地区不仅出生性别比最高，而且在5年间的增长幅度最大。在"一孩"生育政策地区（所有直辖市、大部分城市和四川、江苏农村）存在一孩出生性别比偏高的现象，其他地区则在正常范围之内；同时，"一孩半"地区的女婴死亡率偏高现象也最严重（张二力，2005）。虽然有人认为，存在这种现象不能排除"一孩半"生育政策地区共有的社会经济特征，不过有研究者应用2005年1%人口抽样调查微观数据与地市级生育政策数据匹配后，发现即使在控制了妇女年龄、居住地、民族、职业、收入和生育孩次的条件下，"一孩半"地区的出生性别比仍显著高于其他政策地区（杨菊华等，2009）。

---

①　即原则上每对夫妻一个孩子，如果第一个孩子是女孩，可以申请生育二孩。对该政策覆盖具体地区的解释，请参看第十章第一节中的有关内容。

出生性别比是人口性别结构的自然基础，影响着人口及相关社会结构。持续了 20 多年的出生人口性别比偏高现象，已经导致了人口性别结构的失衡，随着在此期间出生的人口进入婚龄，非自愿的独身男性的数量将会猛增，导致社会进入性别失衡的高危时期。出生性别长期失衡带来的后果已经成为社会的普遍担忧。性别结构失衡给中国提出了两个现实的挑战：一是如何使出生性别比正常化；二是如何应对出生性别长期失衡带来的社会问题。前者或许可以在比较短的时期内解决，后者则可能伴随着高出生性别比人口群体的整个生命过程。

中国政府已经采取了许多措施治理出生性别比失调问题，但是，这些措施主要还是停留在项目和活动的层面上，并没有在对决定和影响社会性别利益关系的制度安排上做出改革，也没有考虑通过生育政策调整来解决这一问题。

专栏9.3　　　　　　　　　　出生性别比问题治理

中国政府已针对出生性别比失衡问题颁布了一系列政策和法规，并采取了战略行动，社会也为此做出了努力。

政府治理行动包括如下三点。

（1）直接反对产前性别鉴定和性别选择性人工流产的法律法规，包括母婴保健法（1994 年）、计划生育技术服务管理条例（2001 年）、计划生育法（2002 年）、关于禁止非医学需要的胎儿性别鉴定和选择性别的人工终止妊娠的规定（2003 年、2006 年），以及关于全面加强人口和计划生育工作，统筹解决人口问题的决定（2006 年）。

（2）促进性别平等的法律法规包括女职工劳动保护规定（1988 年）、妇女权益保障法（2005 年修订），宪法、义务教育法、继承法和婚姻法中也都有促进性别平等的内容。

（3）从 2000 年开始试点、2005 年在全国推广的"关爱女孩行动"。

社会在治理出生性别失衡问题上发挥了重要作用，国内主要研究机构积极参与了出生性别比治理的项目和研究，国际机构和民间组织也积极参与或支持了治理项目的开展。中国出生性别比失衡问题引起了大众传媒的关注，并对国家的一系列相关治理进行了报道。

不过，对于治理效果的研究发现，虽然在一些"关爱女孩行动"项目地区观察到出生性别比的下降，但失衡水平仍远远高于正常范围。从全国宏观数据看，这个问题并未缓解，在治理效果方面存在理想和现实的巨大差距。研究者认为，中国的法律法规在具体内容和可操作方面缺乏对社会性别的敏感性，无法起到真正保障性别平等的作用，而针对产前性别鉴定和性别选择性人工流产的法律法规则因为取证困难而难以落实。此外，在政府的专项治理行动中，存在部门间和区域间的协作不力的问题，而且出生性别比治理政策系统内部和系统外部也存在不协调问题，例如治理政策与国家的农村土地政策之间、与当地的经济环境和文化环境之间都不协调。

有研究者以个体行为的形成及改变机制为理论框架，研究了治理出生性别比偏高的公共政策体系，认为出生性别比失衡治理效果不理想的根源，在于政策的出发点是集体理性，而在一定程度上忽视了个体理性，政策的失效集中反映了两者之间的矛盾与冲突。研究建议治理出生性别比问题的政策体系应当从"控制导向"转变为"支持导向"，具体在四个方面进一步完善。

（1）将对个体行为认知或态度的影响更为广泛地纳入到政策体系中，通过重构理性认知的过程引导个体行为的改变。

（2）增强对个体情感维度的影响，尤其可以充分利用社会福利项目的灵活性，来加强该政策类型对个体情感的影响力度。

（3）强化对正向行为的激励程度，建立和完善社会性别平等的制度环境，构建长期、稳定的性别平等利益导向机制，打破男孩偏好的成本－收益结构。

（4）不同的政策类型虽然政策重点和方式有所不同，但应该从整体上统筹协调不同的政策类型，形成对个体行为引导的合力，如增强社会福利项目在情感维度上的影响力，加大综合性法规和专项法规对个体正向行为的激励力度，加强不同政策类型对个体认知重构的引导作用（吴帆，2010）。

资料来源：李树茁、韦艳、任锋：《国际视野下的性别失衡与治理》，社会科学文献出版社2010年版；吴帆：《治理出生性别比失调公共政策的困境与"帕累托改进"路径》，《人口研究》，2010年第5期。

三、性别平等与妇女保护

剧烈的社会变迁把中国带入了一个全新的社会情景，它深刻地影响着整个社会，以及每一个家庭和每一个人。社会结构转变的直接后果是社会权力结构和利益结构的改变，在变化着的社会结构中，社会成员之间的利益分配和地位变化都会通过各种机制传递到整个社会，并导致或加剧社会风险。由于历史和现实的原因，这些风险对妇女的影响更大，她们同时还面临着一些特殊的风险。

第一，妇女的健康风险。由于生理和心理方面的原因，妇女的健康风险要比男性更为复杂，这不仅体现在妇女在经期、孕期、哺乳期、更年期所面临的健康风险，以及妇科疾病的威胁（如乳腺癌、宫颈癌、卵巢癌），而且一些社会行为也给妇女的身心健康造成威胁和损害，如人工流产、针对妇女的性犯罪和性暴力、性传播疾病、拐卖妇女、家庭暴力、性骚扰，等等。

第二，女婴和女童的生存风险。男孩偏好导致女婴缺失和对女婴、女童的生存环境和健康状况的不利影响，国内外诸多的相关研究证实了这一点。上世纪 90 年代以来，中国无论是城市还是乡村，0 岁和 1~4 岁女婴和女童的死亡率一直高于男婴和男童。2000 年全国女婴死亡率为 33.75‰，比男婴高出 10 个千分点，其中农村地区尤为显著：女婴死亡率是 42.87‰，男婴死亡率是 22.16‰，前者比后者高出将近一倍。这一现象在全国非常普遍，全国 31 个省、自治区和直辖市中，有 27 个地区的女婴死亡率高于男婴死亡率。这种违背自然生物规律的现象是人为干预的结果。

第三，女性就业仍面临困难。总体上，中国女性劳动力发挥着"半边天"的作用，但与男性相比，女性在就业机会和就业结构中处于相对弱势的地位。尽管城镇就业人口中的女性比例仍在上升，但与城乡总就业人口中女性所占比例相比，城镇就业者中的女性所占比例略低。进一步看，城镇单位就业中的女性比例又低于城镇就业者中的女性比例（见表 9-4）。女性就业者中，单位负责人、专业技术人员、办事人员及有关人员的比例为 9.8%，比男性低 1.4 个百分点。作为雇主的女性比例仅为 1.3%，男性比例为 3.1%，是女性的 2.39 倍；女性雇员比例为 28.7%，比男性低 5.6 个百分点，而作为自营劳动者和家庭帮工的女性就业者比例高达 70%，比男性高近 8 个百分点。即使男女在同一行业内，其工资差距中约 93% 是由性别歧视等不可解释因素造成，只有 6.9% 是可以由人力资本差异等可解释因素造成的（王美艳，2005）。因此，在经济结构调整过程中，女性劳动者的就业状况仍需改善。

第四，老年妇女的贫困风险。由于社会性别不平等的存在，老年妇女群体因受教育程度低、收入水平低、保障享有率低、遭受歧视的可能性大等方面的原因而成为在老年人这个弱势群体中更加脆弱的社会群体。根据 2009 年全国人口变动抽样调查数据计算，以离退休金和养老金为主要生活来源的 60 岁及以上老人中，老年妇女仅占 41.35%；以最低生活保障金为主要生活来源者中老年妇女超过一半，占 51.69%；以家庭其他成员供养为主要生活来源

表9－4　　　　2000年以来按登记注册类型分的城镇单位就业人员中的女性比例（%）

年　份	国有单位	城镇单位	其他单位
2000	36.44	40.41	41.52
2001	36.5	39.5	41.5
2002	36.69	38.94	40.42
2003	36.79	38.39	40.16
2004	36.97	37.53	40.38
2005	37	36.93	39.61
2006	37.12	36.37	39.42
2007	37.1	35.43	38.97
2008	37.25	35.39	38.23
2009	37.25	34.39	37.48

资料来源：根据《中国人口和就业统计年鉴》2010年计算。

的老人中，女性比例更高，达到68.13%。老年妇女的经济贫困、缺乏保障、缺乏照料的情况，在丧偶老年妇女身上表现得更加明显。

第五，女农民工面临的困境。农民工这个弱势群体中，女性农民工处于更加弱势的位置。女性农民工除了面对劳动关系不合理、工作时间长、工资水平低和遭拖欠等与男性农民工同样的问题以外，往往得不到正规部门就业妇女所享有的保护，并且遭受性骚扰的情况比较普遍。

由于上述各种风险，中国妇女的生存与发展面临着更大的挑战。妇女所面临的风险对整个家庭特别是下一代人口的发展和素质提升都会带来很大威胁。因此，妇女保护应该成为社会性别平等战略的优先和重点领域。按照联合国（2001）和世界银行（2000）对社会保护的定义①，妇女保护应该是指政府为了帮助妇女防范和应对各种风险而做出的制度安排。为了实现妇女的平等人权，联合国条约监督机构提出，必须把暂行特别措施作为实现男女平等战略的组成部分。在中国社会转型的特殊时期，这些制度安排更应该体现给妇女提供特殊保护的原则。

---

① 联合国的定义："社会保护是对社会认为不可能接受的风险程度和剥夺水平而采取的社会反应措施。"世界银行的定义："社会保护是为了帮助个人、家庭和社区更好地管理风险，以及为极端贫困的人群提供支持而采取的公共措施。"

四、促进社会性别平等的举措

尽管中国的妇女发展和性别平等取得了历史性的进步，但在许多领域仍然存在着社会性别不平等现象。如果不能彻底消除性别歧视，实现性别平等，也就无法在一半人口面临歧视的情况下实现构建社会主义和谐社会的目标。因此，更加需要将性别平等落实到相关政策之中。

首先，为推动性别平等投入更多资源。在加强性别统计的基础上，积极推动性别预算制度，以政府财政预算保障妇女和女孩获得平等的发展机会，并在发展中平等受益。支持以消除性别歧视、推动性别平等为目的的项目，如扶植妇女能力提升和儿童早期发展项目，将性别平等纳入经济政策和公共资源分配。

第二，建立科学的公共政策性别评估机制。保证在公共政策的制定、修订、实施及评估等各个环节充分体现性别平等。针对人力资源和社会保障政策的性别影响进行评估，改变阻碍女性职业发展的法规政策，为政治、经济、科技和社会各领域的女性人才成长创造条件。增强公共政策的赋权性和可操作性，杜绝出台歧视性政策。

第三，治理出生性别比失调问题。强化对非医学需要的妊娠中止和胎儿性别鉴定的打击，废止一切性别不平等的公共政策，为女孩发展创造更好的环境。

第四，充分挖掘和利用女性人力资源。加大对女性的教育和职业培训。发展和完善公共服务体系，使得女性劳动者更好地平衡工作和家庭。实行男女同龄退休，同时推行女性弹性退休制度。重视保障迁移流动中的女性劳动者权益，特别是她们的生殖健康及职业安全，并保障其有平等的机会接受培训，不断增强发展能力。

第五，将性别平等纳入国家应对人口老龄化的战略。一是重视男女两性老年人对政策的不同需求，并制定满足这些需求的具体措施；二是重视既有的老年政策对男女两性的不同影响，消除性别不平等。

第十章

激发老龄化社会的发展活力

- 提高养老保障覆盖水平

- 提高老年人的劳动参与率

- 探索中国特色的养老模式

- 开发朝阳期的养老产业

按照联合国的标准，60 岁以上老年人口在人口中的比例达到 10%，或者 65 岁及以上的老年人口占总人口的比例达到 7%，一个国家或地区就成为老龄化社会。中国早在 2000 年就已经进入老龄化社会。21 世纪前 10 年是中国人口老龄化速度明显加快的 10 年。老龄化发生过早、过快，对中国提出了严峻的挑战，也为中国养老保障制度和老龄事业的发展提供了机遇。本章讨论激发老龄化社会发展活力的综合措施，重点关注提高养老保障覆盖水平和老年人的劳动参与率的举措，以及构建中国特色养老模式和发展朝阳期养老产业问题。

一、提高养老保障覆盖水平

完善涵盖城乡、方便人口流动的养老保障制度，让老年人能够无后顾之忧地生活，是中国所面临的一项重大挑战。

中国的养老保障有几个特点：分地区看，由退休金与养老金供养的人口比例，从城市到镇再到村依次降低，而靠自己劳动或者家庭供给的老年人口比例相应提高；分性别看，男性老年人靠离退休金、养老金的人口比例要高于女性老年人，女性老年人靠家庭成员供养的比例要高于男性老年人（见图 10 - 1 和 10 - 2）；分年龄组看，随着年龄的增加，依赖家庭成员供养的老年人比例迅速增加，通过自己劳动获取主要收入来源的老年人口比例迅速下降（见图 10 - 3）。

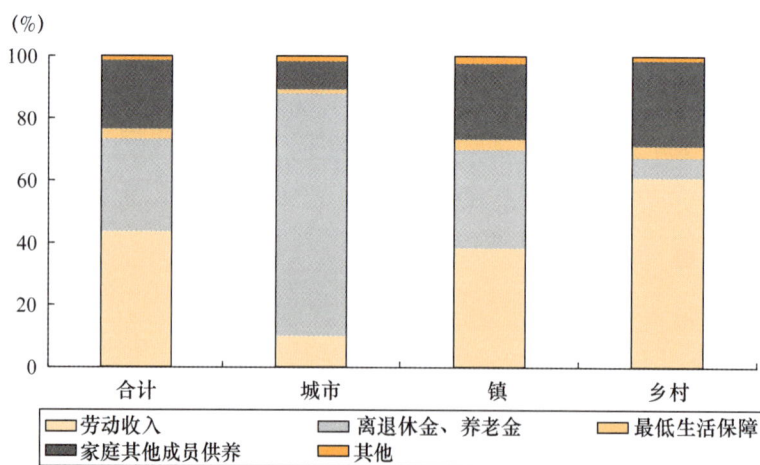

图 10 - 1　2009 年中国 60 岁以上男性分地区主要生活来源的人口
资料来源：2010 年《中国人口和就业统计年鉴》。

这种情况与中国养老保障体系不健全、城乡之间差距大、保障水平和覆盖率低有关。上

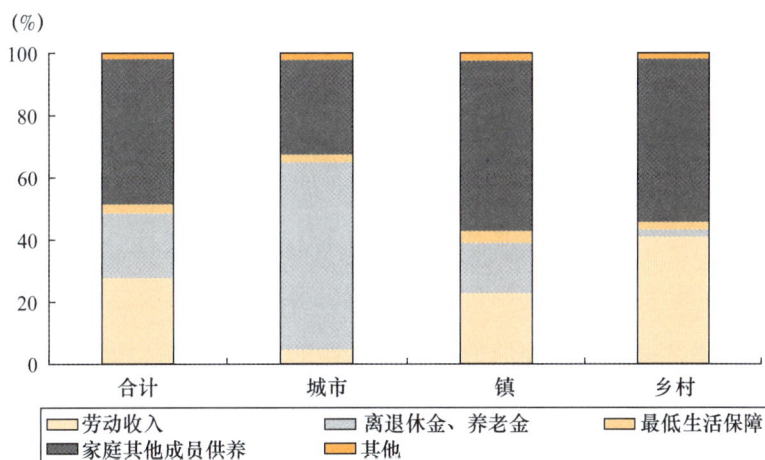

图 10－2　2009 年中国 60 岁以上女性分地区主要生活来源的人口

资料来源：2010 年《中国人口和就业统计年鉴》。

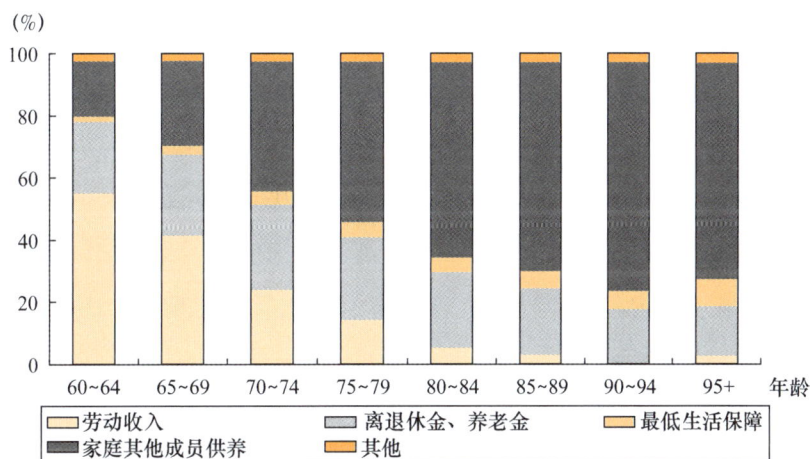

图 10－3　2009 年中国分年龄组、分主要收入来源的老年人口组成

资料来源：2010 年《中国人口和就业统计年鉴》。

图显示的是老年人生活来源的现状，从就业年龄人群加入养老保障项目的情况可以发现，如果没有显著的制度建设成效，这种状况仍将延续。制约中国养老保障覆盖水平的制度性因素有三个。

第一，以正规就业为基础的基本养老保险安排。目前，加入基本养老保险的主要途径是在工作单位，由个人和雇主共同缴纳养老保险金。这种方式使得那些没有工作、自我雇佣或者处于非正规就业状态的群体，被遗漏在覆盖范围之外。例如，在社会养老保险覆盖程度最低的人群中，可以十分容易地识别出非正规就业和自谋职业者，以及农村人口和城镇无业人员，他们一旦进入老年，往往成为特殊困难群体。特别是他们中的独生子女或双女户，困难程度更增加一重。为了解决这个问题，政府积极推进农村和城镇居民养老保险制度，从

2009年开始试行新型农村社会养老保险制度，从2011年开始试行城镇居民社会养老保险制度，并且有望在短期内实现制度全覆盖。

第二，基本养老保险缴费率较高，加上其他4类基本社会保险项目的缴费率，可以高达45%，按照国际标准来看，过高缴费负担会伤害企业加入基本社会保险的积极性。在基本养老保险、基本医疗保险、失业保险、工伤保险和生育保险这几类社会保险项目中，失业保险、工伤保险和生育保险都属于现收现付式的项目，并不需要形成结余或积累，而在2010年，这三项社会保险累计结余资金分别为当年支出额的4.13倍、2.49倍和2.38倍。因此，降低失业、工伤和生育这三类保险项目的缴费率，有助于提高企业和职工参保的积极性。

第三，基本养老保险尚未有效实现跨地区转移，影响农民工及其雇主的参保积极性。农民工的流动率比较高，如果不能跨地区转移接续，他们往往需要退保，而退保时并不返还企业缴付的统筹部分。因此，形成了事实上的缴费不受益的现象。政府虽然已经发布了关于基本养老保险转移接续的要求和办法，但是在实际执行中依然面临一些问题，尚未得到有效实施。

解决上述问题，应该把握以下原则：第一，按照适度普惠性原则，形成一个非缴费型养老保险项目，为那些具有特殊性和持久性的困难群体解决养老问题；其次，增加基本养老保险的积累性质，尽快做实个人账户，一石二鸟地解决未来的养老金欠债问题和保持经济增长所需要的储蓄率；第三，按照"广覆盖、保基本、多层次、可持续"的原则，把分散、碎片化的养老保险项目整合起来。

除了克服以上三方面的制度性因素，提高中国养老保障覆盖水平，还需要对如何实施个人补充养老保险，提高养老金的替代率问题进行探索。在这个领域，美国的401K模式①等具体做法提供了有益的经验和教训，可以作为此问题研究的重要参考。

二、提高老年人的劳动参与率

在理解人口老龄化原因时，人们往往忽略由于寿命延长所起的作用。很明显，即使新进

---

① 美国养老保障体系包括了三个支柱：第一支柱是政府主办的社会保险；第二支柱是市场化经营的补充养老保险，即享受税收优惠、由雇主资助的私营养老金计划；第三支柱是个人养老保险及其他储蓄。401k计划是补充养老保险计划之一，是指美国1978年《国内税收法》新增的第401条k项条款的规定，适用于私人盈利公司。该计划是一种缴费确定型计划，实行个人账户积累制。401k计划由雇员和雇主共同缴费，缴费和投资收益免税，只在领取时征收个人所得税。雇员退休后养老金的领取金额取决于缴费的多少和投资收益状况。2010年底，401K计划资产总额约为3.1万亿美元，占当年GDP的21%，占美国养老金总额的17%左右（资料来源：中国保险报，2011年11月29日）。

入老年的人口数量保持不变，如果老年人活得更长，以老年人在全部人口中占比这个指标来观察的老龄化程度也会提高。在健康寿命延长的条件下，老年人是宝贵的人力资源和人力资本，因此，新的人口红利也只有从劳动力供给和人力资本积累的角度来观察，才具有更积极、更显著的意义。

在大多数发达国家，挖掘劳动力供给潜力的一个政策手段，是提高退休年龄以扩大老年人的劳动参与率。例如，有大约半数的经合组织国家，已经或者计划提高法定退休年龄，其中 18 个国家着眼于提高妇女退休年龄，14 个国家着眼于提高男性劳动者的退休年龄。2010年，经合组织国家男性平均退休年龄为 62.9 岁，女性为 61.8 岁；按照目前的趋势估计，2050 年男女平均退休年龄将达到 65 岁，即在 2010 年的基础上，男性退休年龄提高接近 2.1年，女性退休年龄提高大约 3.2 年（见图 10 - 4）（OECD，2011）。

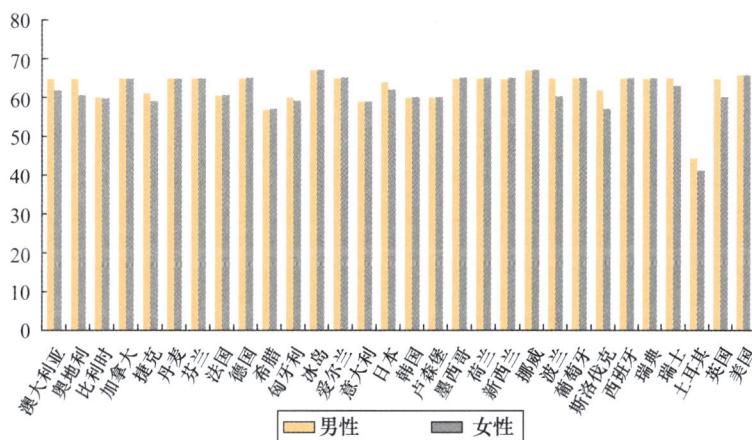

图 10 - 4　2010 年经济合作与发展组织国家退休年龄
资料来源：OECD（2011）。

提高退休年龄的政策并非没有争议，实际执行中出现的情况远比政策初衷要复杂得多。近年来欧洲国家发生的事件表明，提高退休年龄的政策在一些国家遭到民众的抵制。导致这种民众意愿与政策意图相冲突的原因，有着来自劳动者和决策者的不同解释。

反对政策调整的民众，往往认为政府政策调整的动机是减轻对养老保险金的支付负担。政府解释则是，劳动者长期耽于过于慷慨的养老保险制度，以至因为不愿意失去既得利益而加以反对。随着人口老龄化进程的加速，养老金缺口成为现实或潜在的问题。特别是在劳动年龄人口比例高的时候形成的现收现付模式，最终会因人口年龄结构的变化而日益捉襟见肘。因此，政府要从养老保险制度的可持续性出发，考虑提高退休年龄的问题。这种认识和利益的冲突，使得退休年龄的变化不可避免地成为一种政治决策。

问题在于，提高退休年龄并不意味着老年劳动者可以自然而然地获得就业岗位。即使在发达国家，劳动力市场上依然存在着年龄歧视，造成老龄劳动者就业困难。在许多国家，在青年失业率高和就业难的压力下，政府某些政策甚至还纵容了提前退休的情形，旨在让老年人给青年人"腾出"岗位。此类政策的实施结果表明，虽然在降低老年职工劳动参与率方面部分地达到了效果，但对于降低青年失业率却无济于事（Magnus，2009）。这个政策倾向至少反映了社会上流行的一种观念，即认为延长退休年龄不利于解决青年就业问题。

对于中国来说更大的挑战还在于，在劳动者中，年龄越大受教育程度越低，临近退休年龄的劳动者学习新技能的能力不足，适应产业结构变化会遇到更大的困难。如果这时不能退休，就意味着把他们推到脆弱的劳动力市场地位。在雇主感受到年轻劳动力严重不足的同时，他们并不愿意雇用年龄偏大的劳动者；当具有高教育水平和高技能的老专家受到劳动力市场青睐时，年近退休的普通劳动者仍然面临就业困难。

至少就中国目前条件而言，单纯提高退休年龄并不是提高老年人劳动参与率的唯一出路。退休人员是巨大的资源库，可以通过退休返聘等多种有效途径，开发中国丰富的老龄人力资源，从经济、社会关系和身心健康等方面提高老年人的退休生活质量，同时促进社会发展（见专栏 10.1）。

专栏 10.1　　　　　退休老人受青睐，返聘实现"老有所为"

退休返聘是中国近年来普遍出现的一种新型的劳动关系，是指已经达到或者超过退休年龄的人员，或者是其他原因自愿或经单位同意办理退休手续的人员，在退出劳动岗位后，通过订立合同契约或者以事实工作的方式而继续工作。在人口老龄化加速的背景下，随着离退休人员的迅速增长，老年人才队伍将不断扩大，退休返聘将是充分利用这笔宝贵的人才资源的有效途径，也是缓解老龄化所带来的社会负担和开发老龄人才资源的重要选择。

老龄人力资源具有熟悉企业、行业或单位情况的特点，部分退休人才具备较高的技术水平与丰富的知识经验。尤其是在知识和技术密集型单位，对退休高级知识、技术人员返聘现象突出，不少离退休人员担任管理、顾问等工作。智联招聘的专项调查发现，有75.5%的受访者反映自己单位有或者曾经有过退休返聘人员；有近50%的受访者表示支持退休人员选择继续工作。从单位的发展来看，老龄人才是一种低成本的人力资本，可以节约成本，扩大效益，适应简约的报酬体系等。

根据第六次人口普查资料，2010 年全国 60～69 岁老龄人口 9978 万人，其中老龄城市人口为 2571 万人，老龄人才的社会储备非常丰富。一些劳动者在退休时，仍有能力并且愿意继续工作，尤其是在高智力密集性行业。一些活跃在社会上的各类退休人员退而不休，继续发挥余热，服务社会。全国老龄委开展"银龄行动"，多名 70 岁以下老专家通过"传、帮、带"和"以会代训"、"举办讲座"等多种形式，为西部地区的基层医院、中小学校，培训了一大批医务专业骨干和中小学师资。上海市以"周末工程师"、"假日教授"、"特聘医生"等各种形式向周边地区辐射技术服务，这些人中老年人的比例很高。退休后继续工作是有效应对衰老和提高身心健康水平的手段，是老年人发挥余热，为社会贡献智慧和力量，参与社会生活的重要体现。

———————————

资料来源：《中国 2010 年人口普查资料》，中国统计出版社 2012 年版；朱正威、刘慧君、肖群鹰：《中国退休返聘公共政策环境分析》，西安交通大学学报，2005 年第 2 期。

总体来看，中国应该选择有差别和选择自由的退休年龄制度，在近期内主要着眼于提高实际退休年龄而不是法定退休年龄。这个制度框架应该通过立法和严格执法、发展教育和培训，以及广泛的劳动力市场制度和社会保险制度安排逐步推进。

首先，严格执行现行法定退休年龄，制止提前退休现象。在遭遇经济冲击和就业压力大的时期，企业在政策的默许之下推动许多尚未达到退休年龄的职工提前退休，导致实际退休年龄大大低于法定退休年龄。在 20 世纪 90 年代末的宏观经济低迷时期，大量职工提前退休导致实际退休年龄一度降低到平均只有 51 岁。在 2009 年遭遇世界性金融危机期间，返乡农民工中那些年龄偏大的，虽然往往只有 40 岁左右，但许多人从此不再回到城市打工。

其次，对于就业者要求受教育程度高、技能需求强的部门，如高科技企业、科研机构、高校等事业单位，实行具有弹性的退休年龄制度，在单位和劳动者都有意愿的条件下，适当延缓退休时间。女性职工与男性职工退休年龄的统一，也可以从这些部门着手进行。养老保险制度应对此做出必要的调整，形成合理、适度的激励机制。

第三，国家通过发展教育和在职培训，提高新成长劳动力教育水平和在职劳动者的技能，并使其具备适应产业结构调整的能力，为未来整体提高法定退休年龄做好人力资本准备。这是一项关系长期增长潜力和具有未雨绸缪性质的事业，政府应该承担主要的财政责任，不断加大投入。

最后，加强对就业促进法的宣传和执法检查力度，制止和消除就业中存在的性别歧视、年龄歧视和户籍身份歧视。政府公共就业服务应该向那些临近法定退休年龄的劳动者倾斜，为他们提供更加积极的就业保护和扶持政策。

三、探索中国特色的养老模式

在独生子女家庭逐渐增多的情况下，养老困境及其严重程度因家庭类型、家庭生命周期、父母年龄段以及城乡社区不同而有所不同，需要从多方面进行探讨和解决。

传统的家庭养老在低生育率条件下面临严重的挑战，再也不能像长期以来那样独力支撑中国社会的养老重任。家庭也不再是唯一的养老场所。要针对少子家庭的养老困境，构建起家庭、社区、养老机构分工协作、多层次互补的养老保障体系。

首先是有针对性地做好养老支持和保障，倡导和发扬"孝"文化。特别是要针对少子家庭的"空巢"特点，对不同阶段老年人的不同生活内容，考虑不同的养老保障问题。有研究者注意到，目前的空巢家庭在许多方面并不一样，比如有些是中年家庭，有些是老年家庭。这些家庭在生活方式、亲子联系、家庭成员的身心状态方面都存在极大的差异。在空巢中期阶段，夫妻双方的身体虽然逐步衰老，但日常生活照料基本上可以在夫妻的"互养"中完成。到了空巢后期，夫妻双方的身体进一步衰老，疾病增多和加重，日常生活照料逐渐变得困难，此时的重要生活内容才是养老支持和保障问题。家庭养老一直是中国优良的传统，继续倡导和发扬"孝"文化，鼓励家庭成员与空巢老人同住，尤其是在空巢后期，为老人提供生活照料和精神慰藉。

其次是统筹规划、积极试点各种形式的社区养老模式。建立社区养老综合服务体系，在城市建设规划、居民小区建设、社区工作管理、城市文明发展中都加入老年人的因素，加入养老保障的因素，探索健康、文明、可靠、高效的社区养老保障体系。现在，机构养老成本过高，许多家庭负担不起；家庭养老又因子女数量的锐减受到冲击。城市社区养老作为一种新型养老方式，是辅助居家养老的最佳载体。这种养老方式结合了家庭养老和社会养老两者的优点，是适合于当前国情的养老选择。社区养老的优势在于社区是老年人生活和活动的主要场所，是老年人所熟悉的社会环境。它不仅熟悉和了解老年人的生活需要，而且就近为老人服务有利于降低服务成本，老年人可以用较低的费用获得周到的服务（王树新等，2007）。

第三是积极扶持，逐步完善各种类型的养老机构。家庭养老以及社区养老的方式不能完全覆盖全体老年人的养老生活，特别是当它们不能满足特定老年人群体养老需求的情况下，机构养老会有一个较大的发展空间。如果老年人普遍做好了到机构养老的心理准备，再加上养老机构在规范和实效上逐步走上正轨，那么，机构养老或许会成为与家庭养老和社区养老同样重要的一种养老方式，在解决养老问题中发挥同样重要的作用。当人们普遍接受机构养老的方式时，中国社会的养老文化也会逐渐向现代化方向前进一步。为此，政府应制定相关政策，大力支持和鼓励养老产业发展，积极制定老年社会工作计划，培训专职助老工作人员，吸收兼职服务人员，对不同经济状况的老人接受各项社会服务时采取不同的收费标准，开展养老照顾服务，使机构养老进一步规范化、社会化、制度化。

第四，建立老年人照护保险制度。随着老年人特别是高龄老人数量的增加，对照护的需求将会迅速增长。由于家庭人力资源的短缺甚至缺失，需要从家庭外部获得。对于中低收入家庭而言，这将是一个沉重的负担。为了防止这种困境的出现，可以借鉴其他国家的成熟经验（见专栏10.2），建立养老照护保险制度。

专栏10.2 **日本的护理保险制度**

作为世界上老龄化程度最为严重的国家，日本做了很多尝试来应对老龄化带来的冲击。从20世纪80年代开始，日本在全国积极推行老年设施的建设。修建设施的费用以中央政府1/2，县级政府（相当于中国省级政府）和当地政府各1/4的比例负担。大量设施的修建使一部分老年人的生活得到了保障，但远远不能满足老龄化迅猛发展带来的急剧膨胀的护理需求。在财政负担上，由于不能有效界定医疗和护理之间的界限，政府在医疗费用上的开支急剧膨胀，20世纪80年代前期国民医疗费用开支就突破了20兆日元，1999年又突破了30兆日元。

面对上述困境，日本政府从90年代中期开始探讨，如何既能为需要护理的老人提供护理服务，又能抑制政府医疗费用的过度膨胀，2000年4月正式推出护理保险制度。

护理保险制度是通过向40岁以上的人群征收护理保险费，向要接受护理服务的人群提供护理服务的相互支持的保险制度。需要接受护理服务的人员首先需要通过居住地区政府负责部门的认定，之后才可以选择自己合适的护理服务内容。护理内容大致上分为两大类，一类是居家护理服务，另一类是机构护理服务。居家护理服务中分为居家访问护理、日托服务，短期入住设施服务等15小类；机构护理服务包括特别养护老人院、老人保健设施和护理疗养型机构3小类。在费用承担上，原则上使用者个人只负担全部费用的10%，在使用设施的时候，需要负担一部分伙食费。

护理保险的实施，创造了保健、医疗和福利方面的新概念和新文化。它通过将医疗和护理做出有效区分达到了抑制国民医疗费支出的目的，也改变了既有的护理服务由政府统一规定的局面，在赋予需要接受护理的老年人对服务更多选择权的同时，有效地减轻了家庭对老人护理方面的负担。

————————————

资料来源：日本老龄综合研究中心：《老龄社会基础资料》，2012～2013 年版；日本介护工作研究所组织：《日本介护保险》。

总之，在家庭少子化的条件下，未来的养老模式应该是社会、社区与家庭三方面供养资源的整合，走居家养老、社区养老、社会机构养老等多种形式相互结合的道路，为少子家庭构筑起完善的养老保障网。

四、开发朝阳期的养老产业

伴随老龄而来的是对老龄事业和产业发展的巨大需求。根据 2005 年"全国老年人口健康影响因素调查"，近18％的老年人日常生活需要他人帮助。在有照料需求的老人中，多数没有自己独立的生活来源，完全需要照料的比例高达64％[1]。如果老年人口的生活自理能力按照1992～2002 年期间每年 1％的改善率不断改善[2]，2005 年中国估计有 1500 万～2000 万的老年人日常生活需要照料。由于城乡有不同的老人伤残调整寿命年[3]、医疗条件和社会福利水平，城镇老年人在其余生中所需要的日常照料费用明显高于农村。按照 2005 年不同年龄照料成本水平、死亡率、自理能力状态的转移概率计算，中国一个 65 岁的城镇老人和农村老人在其余生中需要日常照料的直接费用，每年大约分别为 9200 元和 4200 元[4]。中国老年人有着包括养老保障、医疗保健、养老服务、老年日常生活用品等诸多方面的需求，正是这些需求呼唤着中国老龄事业和产业的更快发展与相关政策的出台。

————————————

[1]　周云、柳玉芝、陈明灼、黄绣丽：《中国老年人的照料需求与社会养老机构》，载曾毅等著：《老年人口家庭、健康与照料需求成本研究》，科学出版社 2010 年版，第 168～193 页。

[2]　顾大男、曾毅：《1992～2002 年中国中国老年人生活自理能力变化研究》，《人口与经济》第 4 期。

[3]　伤残调整寿命年（disability adjusted life year, DALY）是指因发病或死亡所损失的全部健康寿命，包括因早死所致的寿命损失年（YLL）和疾病所致伤残引起的健康寿命损失年（Years Lived with Disability, YLD）两部分（WHO, 2004）。

[4]　蒋承、顾大男、柳玉芝、曾毅：《中国老年照料成本的多状态生命表分析》，载曾毅等著：《老年人口家庭、健康与照料需求成本研究》，科学出版社 2010 年版，第 209～219 页。

1. 养老产业发展现状

在为老年人服务方面，国家颁布了一系列的政策，通过社区建设与服务工作提供便民服务，改善居家养老服务的环境，并逐步将其由城市向农村延伸（见专栏10.3）。中国老龄化呈现出增长快、高龄化、未富先老、相关养老保障不健全等突出特点，因而老龄事业也面临诸多挑战。集中体现在如下几方面：

专栏10.3　　　　　　　"十一五"期间为老服务事业发展

"十一五"期间，全国各类社区服务中心达到17.5万个，城市便民、利民服务网点69.3万个，近半数的城镇社区和80%的农村乡镇建有为老服务设施和场所。养老服务床位大幅增加，全国养老机构38060个，床位266.2万张，比"十五"期末增长62%，收养老年人近210.9万人，比"十五"期末增长了71%。其中，全国正式注册登记的民办养老机构有4141家，占全国养老服务机构总数的10.6%，养老服务床位41.2万张，占全国养老服务床位的15%，入住老年人总数为23.8万人，占收养老年人总数的11%以上，床位使用率为57.8%[①]。国家颁布了《关于加快实现社会福利社会化的意见》、《关于加快发展养老服务业的意见》、《国家级福利院评定标准》、《社会福利机构基本规范》等一系列政策推动国家养老机构的较快发展，通过发展专职社工，发展志愿者组织，加强了养老服务的专业化和规范化建设。

第一，社会经济水平地域差异大，城乡差异大，老龄事业发展明显不均衡。一些基本的社会保障在农村地区、经济欠发达地区覆盖率偏低。

第二，老龄人口"空巢化"趋势明显，传统的居家养老方式面临挑战，在经济保障、生活照料、精神慰藉方面，现有的养老保障、医疗保健和为老服务模式都不适应需要。

第三，随着预期寿命的延长，高龄老人的增多，高龄老人较高的残障发生率使老龄事业发展内容和模式面临新的情况和问题，集中体现在高额的日常生活照料费用上。

加快老龄产业的发展，不仅需要政府和社会更多的扶持，也需要借助市场的力量。在第一次人口红利消失后，创造新的人口红利需要老龄产业有一个大的发展，老龄产业蕴含着巨大的商机。

---

① 引自《"十一五"期间中国老龄事业发展状况》报告。

2. 养老产业的发展空间

老龄化、少子化带来空巢家庭比例增加，养老服务业的发展成为巨大的市场需求。这种需求往往是多方面的，传统的保姆做饭、清洁的家政服务方式显然不能完全满足老年人的需求，诸如老年人精神慰藉、情感交流、娱乐互动、理财与医疗咨询的需求势必增多。高龄老人相对欠佳的生活自理能力与身体健康状态意味着，老年人卫生保健业蕴含着巨大的商机。

大量研究表明，除了因为增龄过程中的老年人认知障碍、器官功能症等常规性老年健康问题增多之外，老年人的两周犯病率与患慢性病率都远远高于其他年龄组人群。首先，老年人对保健品与药物的消费会大幅增加，其中抗肿瘤药物、心脑血管药物以及减肥药物是老年人最为需求的三类药品[①]。其次，相对于老年护理服务的需求，现在存在着巨大的护理人员供给短缺。再次，能够提高老年人自理能力与生活质量的老年人医疗器械会越来越走俏，比如可以随时监测老年人身体状况的器械、紧急情况的呼救系统等。

伴随着较高的老人死亡风险率，老人婚姻介绍服务、婚姻咨询、法律咨询等相关行业也有了发展契机。高学历、高收入老年群体呼唤着老年文娱事业、老年人理财与保险咨询业的发展。近些年来，中国老年人旅游业发展势头很好，但是还不能完全满足老年人的休闲旅行需求，专门为老年人设计的娱乐中心或者会所更是少之又少，这方面也蕴含着市场前景。

在诸多老龄产业中，老年日常生活用品业的市场容量稳步增长。除了传统的诸如衣服、拐杖、老花镜、牙套、助听器、尿壶、尿布外，通过巧妙设计可以显著提高老年人生活自理能力与生活质量的产品都很受市场青睐。比如可以方便文化水平较低、视力不好、手脚不方便老年人的大屏幕、大键盘的手机，方便老人坐后站起用的易折叠、能粘在凳子上的拐杖。即使是在传统的老年服务业，方便老年人购物的专门性老年商场、电子商务都有着大量的商机等待挖掘。

由于独生子女家庭和无子女家庭的大量出现，空巢和独居老年人的数目逐年增加，空巢老人对自助自理性质的老年产品需求更是迫切。根据国家老龄委提供的数据，中国老年人用品市场的需求量 2010 年为 10 万亿元，而提供的产品不足 10%。

根据 2005 年全国老人健康状况调查中 4 个直辖市数据显示，中国老年人的居住意愿发生了很大变化。虽然在城市中占总体的 58.3% 的老人仍趋向于与子女居住，但已有相当一

---

① 《中国将入老龄社会 银发产业万亿商机凸显》，《上海证券报》，2011 年 5 月 30 日（http：//www.menet.com.cn/Articles/Subject/201105/201105301751385138_ 50187.html）。

部分老人趋向于独立居住，这部分老人占总体的大约39%①。更多老年人选择与子女分开居住的方式；同时，很多老年人的收入与储蓄都有显著增加，而市场缺乏老年住宅项目，这意味着对高级老年住宅有巨大的市场需求。美国调查表明，生活在服务较好的老年社区，老年人的平均寿命要延长10年，这显示出中国老年住宅业的前景。

3. 发展养老产业的政策需求

在对待老龄事业上，政府、企业、家庭层面都存在着思想观念与认知的偏差。因为对老龄化的大趋势与长远影响一开始难以有直观的把握，政府部门对老龄化问题关注的时间相对较晚，一些地方政府更是将老龄事业当成一种负担或者边缘事务来处理，不能充分利用这个产业潜力。企业习惯性地认为老龄产业投资回报周期长、利润低、风险高，因而并不觉得是一个有潜力的商业领域，并不积极研发老龄产品，开发老龄市场。因为传统中国老人多持有不愿意增添子女负担的想法，甚至患病了也扛着不就医，从而大大降低了老年人的消费意愿与潜力。因此，政府所要做的，是通过制度建设处理好养老产业盈利性和公益性的关系，创造更大的市场激励。

中国现在出台的相关老龄政策呈现出碎片化的特点，缺乏系统的从场地、贷款、税收、补贴等引导企业投资与老龄消费的配套政策，民营资本的流入得不到鼓励。由于老年产品投资与获利周期相对较长、中前期利润微薄，使得老龄产业的发展举步维艰，结果形成了"厂家不愿做，商家不愿卖，消费者无处买"的怪圈。例如，业界在考虑老年地产战略时普遍存在一个疑惑，即用于养老地产的土地是属于经营性的还是非经营性的，是应该通过协议转让还是"招拍挂"？这些政策并没有得到细化落实，很多地产商因而迟迟不敢开发老龄住宅项目。此外，养老保障、医疗保障、长期照料保险等基本涉老制度的不完善，使老年人无法无后顾之忧地进行各种层次的消费，也是中国老龄产业所面临的一项挑战。

中国现有的老龄产业市场缺乏统一合理的行业规范、产品与服务标准、行业准入制度，是阻碍老龄产业发展的一个重要原因。这会从两方面起到抑制作用：一是老年人的权益难以得到有效的保障，老年人的消费需求与特点得不到很好的体现，影响到老龄消费者的积极性。二是企业商机与风险意识很强，老龄化为他们带来了商机，但由于缺乏相关行业标准，无法可依，经营处于鱼龙混杂、政策导向不确定的状态，很多民营企业只得观望，想做又不

---

① 陆杰华、白铭文、柳玉芝：《城市老年人居住方式意愿研究——以北京、天津、上海、重庆为例》，《人口学刊》2008年第1期。

敢做。

针对上述情况，要加快制定老年产业发展的战略规划，循序渐进、逐步推进老龄产业的健康快速发展。要根据老年人的客观需求和市场的成熟程度，确定优先发展的主导型支柱产业，发挥其带动作用，推动老龄产业的全面发展。要逐步完善相关公共政策，进一步规范市场行为，加强行业自律，开创老龄产业各个行业共同发展的繁荣局面。政府的责任是提供基本公共服务，构建具有可持续性的养老保障制度，着力解决城市无劳动能力、无生活来源、无法定赡养人的"三无"老人、孤残老人的生活，大幅度增加老年人照料机构和床位数以及医护、照料人员，大力推进以资金保障和服务保障为支撑，以巩固居家养老、扩大社区支持、提升机构服务能力、促进养老服务产业发展为着力点的养老服务体系建设。

第十一章

家庭发展能力建设

- ● 家庭变迁及特点
- ● 社会转型期家庭面临的问题
- ● 家庭变迁与代际关系
- ● 社会政策对象的偏离与矫正
- ● 家庭政策与家庭发展能力建设

作为社会细胞，家庭是人类物质生活和精神生活的微观环境，是人类活动基本的决策单位和执行单位，也是社会关系中核心的利益共同体。在人口转变、经济发展和社会转型的现代化大潮中，中国家庭已经发生了巨大的变迁，人们的生活方式也随之发生了重要改变。但是，家庭作为社会的基本单位，仍然承担着极其重要的功能，对经济社会可持续发展和社会稳定具有重要的影响。家庭发展能力的建设，与中国经济和社会的现代化大业息息相关。本章探讨加强家庭发展能力建设的具体举措，重点关注家庭变迁的特点和影响，社会转型期家庭面临的主要问题，以及实施有效社会政策加强家庭能力建设的具体办法。

一、家庭变迁及特点

家庭不仅投射出人类历史变迁和社会发展的基本轨迹，也构成了社会变迁的核心内容。可以将家庭变迁视为家庭在规模、结构、功能、特征、家庭关系与家庭观念等方面的转变，以及由此所引致的社会化。家庭变迁是社会变迁的重要部分，社会的变化必然会引起家庭的变动，同时，由于家庭是个人最亲密的团体，其变动也会引起大的社会变动（费孝通，1982）。在所有社会组织中，家庭对社会生活变化的反映是最敏感、最迅速的。当社会发生变化时，家庭也会随之而变，不论是家庭结构、家庭功能，还是家庭关系，抑或有关家庭的价值观念，都会发生一系列的变化。

经济发展、文化传播、社会流动、政策变动等因素都会引起家庭变迁，导致家庭在规模、结构、模式、类型、关系等方面的转变。具体而言，初婚年龄推迟、家庭结构简单化、职业母亲增多、高离婚率、同居现象增多、预期寿命延长、生育更倾向于个人选择，以及家庭教育、家庭看护与抚养孩子的变化、家务劳动社会化及其性别分工的变化等，都是家庭变迁的表现，家庭的内涵和外延呈现出明显的结构性变化。

人口转变改变了家庭的人口基础，致使家庭的结构和形式呈现多元化，家庭关系也表现出新的特征：家庭逐渐从以核心家庭为主体，迅速扩展为包括单亲家庭、丁克家庭、空巢家庭在内的各种类型的家庭①。家庭内部传统的"女主内，男主外"的性别分工模式也随着更多的女性进入劳动力市场而被解构：一方面，女性由照顾家庭者转变为劳动力市场的参与

---

① 核心家庭是指由父母及其未婚子女所组成的家庭。单亲家庭是指至少有一个孩子与单身家长（母亲或父亲）居住在一起的家庭。丁克家庭是指具有生育能力但选择不生育的夫妇组成的家庭。空巢家庭是指子女长大成人后相继离开，只剩下父母独自生活的家庭。

者，家庭在抚幼、养老、保障等方面的功能弱化，家庭功能的社会化趋势更加明显；另一方面，多元化的家庭模式，尤其是那些结构与功能不完整的家庭，如单亲家庭、丁克家庭、单身老人家庭等又进一步弱化了家庭的功能。中国的家庭变迁主要体现在以下方面：

第一，家庭规模小型化。自 20 世纪 80 年代以来，中国的家庭规模一直处于缩减之中，平均家庭规模从 1982 年的 4.41 人减少到 2000 年的 3.81 人，2010 年进一步缩减至 3.10 人（见图 11 - 1）。导致家庭规模小型化主要有三个原因：一是生育率的迅速下降和人口流动直接缩减了家庭规模；二是婚姻观念、财产关系和生活方式的改变导致了家庭更容易发生裂变；三是居住条件改善为家庭的分蘖提供了必要条件。值得注意的是，中国家庭规模缩减的显著特征是城市和农村的趋同，以往在农村常见的大家庭现在也基本上不复存在。

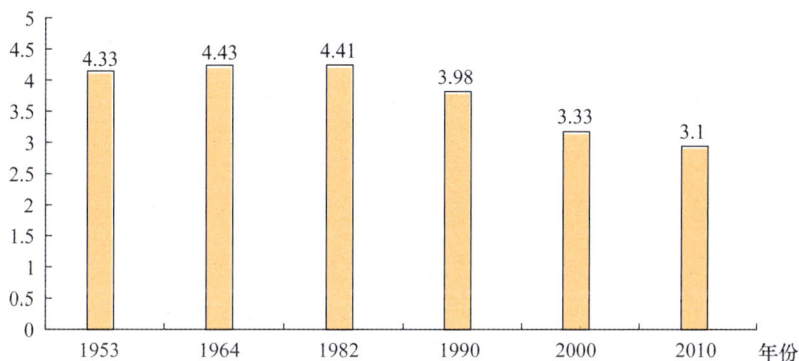

图 11 - 1　中国居民家庭户规模变化趋势

数据来源：国家统计局：《中国人口和就业统计年鉴 2010》，中国统计出版社 2010 年版；中国第六次人口普查主要数据公报。

第二，核心家庭成为家庭的主体模式。目前中国的家庭结构在形式上表现为以核心家庭为主并呈多样化特点。生育政策的实施限制了家庭规模，核心家庭成为中国家庭的主要形式（见图 11 - 2）。2000 年中国核心家庭的比例为 68.15%，目前城市的核心家庭已经超过 70%，农村的核心家庭比例也在 65% 以上（第五次人口普查，2000）。家庭的核心化导致了中国家庭的代际关系由"家庭户"内为主，向以"家际"为主转变（王跃升，2006）。

第三，家庭关系简单化。家庭是由血缘关系和婚姻关系所缔结的一种社会关系，生育率下降在很大程度上削弱了家庭关系的人口基础，家庭关系简单化，尤其是在独生子女家庭中，只存在纵向的亲子关系，缺乏横向的兄弟姐妹关系。另一方面，家庭关系的核心也开始从亲子关系为主向夫妻关系为主转变。根据"中国综合社会调查（2006）"的数据显示，配偶之间的亲密度最强，也最为重要，有 51.4% 的调查对象将配偶关系排在家庭关系的首位，不足 15% 的人将子女排在家庭关系的首位，这说明中国家庭内部的代际关系逐渐弱化，夫妻关系取代亲子关系成为家庭关系主轴的趋势已经显现出来。

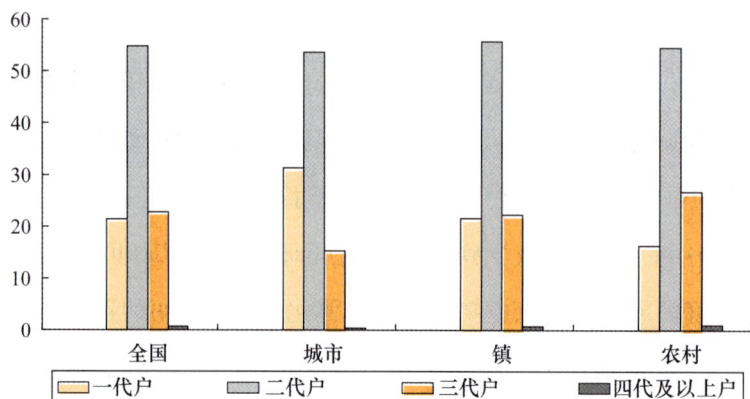

图 11 - 2　2009 年中国城乡居民家庭户类别

资料来源：国家统计局：《中国人口和就业统计年鉴 2010》，中国统计出版社 2010 年版。

第四，家庭空巢化。全国老龄委公布的《我国城市居家养老服务研究》报告（2009）称，目前中国城市老年人空巢家庭（包括独居）的比例高达 49.7%，与 2000 年相比增加 7.7 个百分点，这一比例在大中城市更高达 56.1%，其中独居老人占 12.1%。家庭空巢化的另一个表征是中年人空巢家庭的迅速增长，风笑天（2009）对北京、上海、南京、武汉、成都五城市的调查结果显示，在夫妻年龄为 48～60 岁的家庭中，空巢家庭比例为 20.5%，而独生子女在结婚后有大约超过 50% 的人会离开父母家庭，导致父母的家庭成为空巢家庭的比例接近 60%。根据国家统计局人口抽样调查的结果，2009 年以 60 岁及以上老年人作为户主的比例已接近 1/4（见图 11 - 3）。

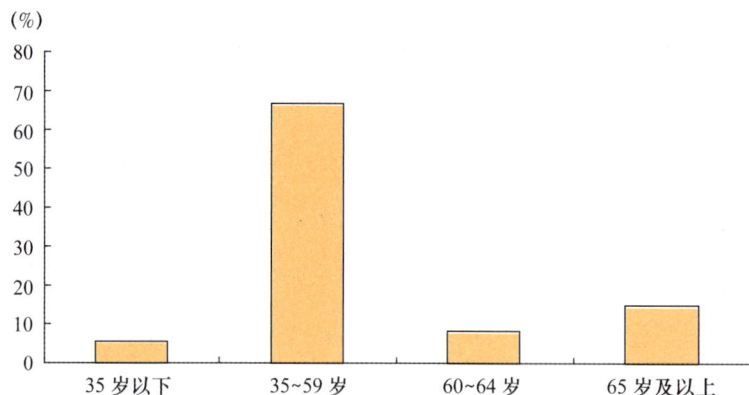

图 11 - 3　2009 年中国家庭户按户主年龄分布

资料来源：国家统计局：《中国人口和就业统计年鉴 2010》，中国统计出版社 2010 年版。

第五，家庭生命周期的结构性变化。家庭规模与家庭结构的变迁带来家庭生命周期的变化。与传统社会家庭相比，现代家庭生命周期呈现如下特点：晚婚晚育，导致家庭生命周期的起始时间推迟，扩展与稳定期较短，空巢期长。平均预期寿命长，也延长了整个家庭生命周期。

第六，家庭类型多样化。非传统类型的家庭大量出现，特别是丁克家庭、单亲家庭、单人家庭数量的增长更为显著。此外，由于人口的大规模流动，出现了大量的留守家庭和流动人口家庭。"中国流动人口问题研究"调查的结果表明：对于已婚流动人口，全家外出型已经成为最主要的外出方式（中国人民大学人口与发展研究中心，2009），流动人口家庭化的趋势明显。第七，家庭功能弱化。家庭功能可以具体化为：人口再生产功能、经济功能、消费功能、社会化功能、教育功能、抚幼和养老功能、情感交流功能、风险防范功能，等等。中国的家庭功能发生了显著的变化：一是家庭经济功能结构的改变，绝大多数家庭的生产功能已经完全丧失；二是养老功能、教育功能、风险防范功能弱化；三是家庭功能的外化和社会化趋势明显，即转向家庭外部，主要是体现在家庭在教育、抚幼养老和风险防范等方面的需求更多的是从社会获得满足。

二、社会转型期家庭面临的问题

尽管家庭功能呈现出社会化和外部化的趋势，但是家庭在生育、未成年子女教育、促进健康以及养老等方面仍然承担着主要的角色。家庭变迁以及家庭在某些功能方面的不可替代性，决定了家庭对社会资源具有更大的需求。毋庸置疑，进入工业化和低生育率时代，无论是发达国家还是发展中国家，家庭都需要相应的政策予以支持。与家庭结构和形式发生的巨大变化相比，家庭政策却远远滞后于现代生活方式的变化（Crawford，1999）。

中国的社会发展滞后于人口转变，家庭和子女功能的社会替代品（特别是公共物品）的供给和相关制度安排的构建，也滞后于生育率下降和老年人口增长所产生的社会需求。这一点在农村地区更为明显。未来，家庭变迁引致的社会需求将会出现更为迅猛的增长，当前面临的挑战及政策需求主要来自以下几个方面：

第一，家庭传统保障能力弱化。作为老龄化和家庭结构变迁的必然结果之一，养老保障功能在家庭诸多功能弱化的趋势中最为明显。通过支持家庭养老能力建设的政策安排来加强家庭养老功能，是一项非常紧迫的任务。同时，家庭功能的失调或缺失对未成年人犯罪的影响，对儿童孤独感和疏离感的影响，对农村留守儿童和城市流动儿童的影响，等等，都已经成为中国社会转型过程中普遍存在的问题。这些问题的解决，亟待完善政策，为家庭功能的发展提供支持。

　　第二，家庭应对风险能力降低。随着社会经济发展和社会流动性的增强，家庭经济能力在普遍增强的前提下，对外界社会与经济环境更为敏感，家庭面对的风险增强。换言之，随着风险多元化特征的日益凸现，家庭与外界的联系程度加强，使家庭在很大程度受到外界环境变化的制约，家庭对风险的判断和承受能力在减弱。

　　第三，家庭内部的性别分工模式仍然失衡。一方面，女性受教育程度普遍提高，更多地进入了劳动力市场，婚姻与生育的自主权提升，家庭关系更为平等；另一方面，女性依然承担了绝大部分的家务劳动，也是孩子和老人的主要照料者。因此，亟须从政策层面上支持家庭，实施工作－家庭支持平衡计划，增强家庭成员，尤其是女性在就业与家庭之间的平衡。

　　第四，特殊家庭的发展能力欠缺。诸如贫困家庭、单亲家庭、残疾人家庭、艾滋病患者家庭等结构或功能不完整的家庭自我保障能力不健全，在家庭发展能力方面的困境更为突出。由于收入分配政策的不合理、社会保障政策的不完善、城乡二元社会结构，这些特殊家庭更容易受到外界环境变化的影响，从经济或社会危机中自我恢复的能力更弱、恢复期更长。

三、家庭变迁与代际关系

　　家庭变迁的主要表征之一是家庭内部代际关系的变化。家庭代际关系是以血缘和婚姻关系为基准划分的辈分之间的关系，并依据这种关系构建出家庭内部的结构和秩序。家庭代际关系的核心是家庭资源（包括财产、收入、时间和照料等）在代与代之间的交换与流动。中国传统家庭代际关系是"养育—反哺"，即"反哺模式"（费孝通，1983）。在传统农业社会中，作为一家之长的老年人，他们基于传统道德的力量和对家庭生活与生产资源的控制，在家庭代际关系中居于支配地位。但在现代社会，随着工业化和城镇化，传统形式的家庭财富不断贬值，传统道德的约束力不断弱化，年轻人涌向城市，寻求新的财富形式、新的收入手段、新的生活方式，在很大程度上脱离了父辈的控制。因此，虽然"反哺"模式依然是中国目前的家庭代际关系的基础，但更多的是体现在"收入反哺"，"时间反哺"变得非常稀缺[①]。

---

　　①　这里所谓的"收入反哺"和"时间反哺"，分别指的是子女对父母辈的收入支持和亲自照料、看护和陪伴的时间投入。

　　家庭代际关系在独生子女家庭中显得更为特殊。在家庭代际反哺中，经济支持、生活照料和精神慰藉是最主要的内容，但对于独生子女家庭而言，这种家庭养老模式的客观基础被大大削弱了。因为只有一个孩子，不仅常常导致独生子女父母更早地步入、并且更长时间地经历着人生"空巢"阶段的生活，同时也将他们置于一种更为脆弱的家庭养老基础之上。无论是经济来源、生活照料，还是亲子交往、精神慰藉，他们能够从唯一的孩子身上得到的都非常有限。这就是独生子女家庭养老问题与普通多子女家庭养老问题的最大差别，也是独生子女父母养老所面临的现实困境。

　　随着现代化社会转型过程和家庭的变迁，家庭代际关系也出现了社会化趋势，即代际关系逐步地从微观层面的家庭内部转向了宏观层面的社会。由于个人收入的获得方式、个人时间及其他资源配置方式的变化、家庭功能的弱化、个人和家庭对社会支持需求的增加、公共资源代际分配与社会资源代际转移更为普遍等变化，许多资源的代际交换已经超出了家庭的范围，传统的家庭代际关系已经不可能维系整个社会代际关系的运行。在这个背景下，资源在代际之间的转移更多地受到了来自社会因素的影响，尤其是社会福利制度。

　　老龄化也加速了代际关系的社会化，强化了社会代际关系对经济、社会、政治等领域的影响，使劳动力市场、公共资源分配、社会保障等领域的代际利益关系格局都在发生着改变。因此，老龄化对中国社会发展的挑战是：能否建立一个公平、合理、有效的社会代际关系调节机制。

四、社会政策对象的偏离与矫正

　　面对家庭社会需求的迅速增长，亟待政府在社会政策上做出回应，积极应对由于家庭变迁带来的挑战，以及家庭由此产生的需求。目前，中国与家庭相关的社会政策主要有五个方面的内容。

　　（1）财政支持政策，包括对家庭及家庭成员的现金支持，税务减免，对低收入家庭的援助；

　　（2）支持妇女就业，实现家庭工作平衡，包括女性在孕期和哺乳期的劳动权利、女性产假，育儿假期等；

　　（3）对家庭中儿童的支持和服务，包括对儿童提供的资助和托儿等服务；

　　（4）计划生育家庭的奖励扶助制度，专门针对计划生育家庭，尤其是农村地区实施的补助和优惠政策；

（5）其他与家庭直接相关的政策，包括对家庭养老的支持、对住房的优惠制度等。

虽然中国的家庭社会政策在不同政策层次和不同领域中都有一定程度的体现，但呈现出碎片化特征，到目前为止并没有构建起一个系统完整的家庭社会政策体系。中国家庭社会政策中存在着两个悖论：第一，家庭变成了儿童、老人以及其他生活在家庭中的弱势群体获得政府和社会支持的障碍，即一个拥有结构完整家庭的社会成员就意味着得不到政府或社会的直接支持（张秀兰、徐月宾，2003）；第二，家庭政策对家庭的支持滞后于家庭的现实需求。具体而言，主要存在以下几个方面问题。

首先，缺乏普遍的专门以家庭为基本单位的社会政策。对家庭在政策层面的支持大多散见在综合性法律和法规条例中，只有"低保"政策和计划生育奖励扶助政策是以家庭为直接的对象。

其次，家庭政策表现出明显的碎片化特征。由于缺乏国家层面上统一的政策，无法应对家庭结构快速变迁及其产生的需求。碎片化的特征表现在两个方面：一是制定家庭政策的政府部门分散化，涉及民政部、计生委、妇联等不同部门，部门之间缺乏有效的整合与协商机制；二是部门之间的分散性导致政策内容趋于碎片化，家庭政策虽然覆盖家庭内部的不同主体，涵盖儿童、妇女、特殊家庭成员，但是对象分散，资源难以实现整合并进行最有效的配置。

第三，缺乏具体、操作性强的旨在提高家庭福利的政策安排。家庭政策体系中法律层面的制度安排居多，虽然在法律上明确了政府对家庭的责任，但是缺乏操作性较强的法规条例和社会福利项目。例如针对家庭就业的支持，主要体现在宏观层面对女性劳动就业参与权利、生育权利和保护、教育权利、健康权利等方面基本权益的保障，尤其通过各种法律来保护女性在生育期和特殊生理期的基本权益，促进女性就业。但是，随着女性就业率提高，"平衡工作和家庭"成为家庭政策的重点，包括为父母亲提供更长的有薪育儿假期，提供更普及和多元化的托儿所服务，这种趋势在国家层面的家庭政策上并没有得到充分体现。

第四，各项与家庭福利相关的政策基本是补充型和残补式的，仍然停留在家庭自我保障阶段。家庭是满足社会成员保障和发展需要的核心系统，在社会保护体系中起着最为重要的作用。目前，中国家庭政策的主要对象是贫困家庭、计划生育家庭、特殊儿童等功能不完整的家庭，结构较为完整的家庭更多依靠自我保障。家庭政策覆盖范围小，实施范围窄，有很强的补充型导向。

导致上述问题的直接原因是社会政策对象的偏误。中国现行的社会政策及其他与个人或家庭福利有关的政策（如个人所得税），其对象基本上都是孤立的个人，并不考虑其家庭成员的情况，特别是负担人口的情况，甚至收入再分配制度、税收制度、社会保障制度也是如此。这种政策目标对象的偏误，直接导致了中国现行的社会政策在公平性、合理性和效率性上的缺陷。因此，中国社会政策的改革要确立以家庭为对象，即使以个人为标识对象，也应该充分考虑其家庭成员情况，把个体视为"家庭中的个人"。

五、家庭政策与家庭发展能力建设

家庭发展能力可以定义为：家庭凭借其所获得的资源满足每一个家庭成员生活与发展需要的能力。家庭发展能力与家庭功能有着密切联系，也可以说，家庭发展能力是保证家庭功能正常发挥的能力。

家庭发展能力包括以下几个方面。

（1）家庭经济能力，即家庭获取收入以支持家庭成员生存和发展的能力；

（2）家庭支持能力，即家庭在日常生活、抚幼、养老、教育、心理慰藉、照护等方面的能力；

（3）家庭学习能力，即能根据成员个人学习、成长和职业发展需求以及外部环境变化的需求，帮助家庭成员完成在个人生命周期不同阶段的主要任务和目标，促进家庭成员的成长；

（4）家庭社会交往能力，包括家庭获取社会资源，以及和外界环境的良好互动能力；

（5）家庭风险应对能力，包括家庭对内部和外界社会环境变化的反应能力、调节能力和应对能力。

这五个方面的能力是保障家庭功能正常发挥的基础。家庭发展能力具有结构性特征，上述各个方面的能力具有互联、互动、互补、互促的关系。在家庭发展能力结构体系当中，任何一个方面能力的弱化或丧失都会导致家庭整体发展能力的下降。

家庭发展能力建设有两个基本的途径：一是家庭内部发展能力的建设；二是外部社会的支持。从家庭内部看，家庭发展能力的强弱主要取决于四个基本资源，即物质资本、人力资本、时间资本和社会资本。在家庭功能外化和社会化的趋势下，家庭的对政策支持的需求不断加强，家庭能力建设更加依赖于外部社会的支持，特别是来自于社会保障制度、社会福利制度和公共服务等方面的支持。

一些国家外部支持的经验值得借鉴。20 世纪 80 年代以来，发达国家在对传统福利国家模式批评与反思的基础之上，提出"发展型社会政策"或称"积极福利"的新模式并进行相应的改革，对政府－家庭责任重新界定，强化家庭的功能与责任。特别是进入 90 年代以后，随着国际经济和政治环境的变化，西方福利国家越来越多的转向对家庭的支持，对家庭福利承担更多的责任，提升家庭的发展能力，以使家庭更好的适应社会环境的变化。目前，一些发达国家的家庭政策价值取向在以下两个方面有所变化。

一是家庭的自我保障转向社会与政府共同支持的导向。社会转型过程中，随着低生育率、人口老龄化和离婚率的上升，社会关系和家庭关系被重新建构，家庭传统功能逐渐弱化，呈现出社会化的趋势。面对家庭的新变化，原有的社会福利安排已难以满足社会需求，各国政府需要探索新的福利政策安排，来应对家庭功能及其投射到需求层面的变化，家庭也逐渐成为社会政策的主要对象。

二是家庭政策体系安排从支持型转为发展型的导向。随着社会福利普惠制的取向，很多国家的社会政策安排也做出了相应的调整，福利政策的对象开始从一部分贫困阶层扩大到一般居民生活的层面，福利内容也从单一的经济补助转变为非货币化的福利服务。这一变化的趋势反映了社会福利从支持性政策逐渐过渡到发展性政策。相应的，家庭政策也从单纯满足家庭的经济需求，转向满足家庭非货币化的福利需求；从满足家庭最基本的生存需求，转向建构家庭的功能，提升家庭的发展能力。

在中国，家庭政策还是一个新的政策领域。我们将中国的家庭政策定义为：政府以家庭为对象，旨在增强家庭发展能力、完善家庭功能和提升家庭成员福利水平而做出的制度安排。家庭政策属于国家基础性的民生制度，是社会政策的重要组成部分，应该由政府通过社会政策和公共服务等手段具体实施。从本质上讲，家庭政策是国民收入再分配的重要渠道，是家庭安全的重要保障，也是促进人口长期均衡发展与社会和谐的重要途径。家庭政策在一定程度上代表了一个国家的社会发展和国民福祉水平。中国的家庭政策改革应从以下几个方面着手。

第一，改变政策对象基础，即从以个人为基本对象单位转向以家庭整体为基本对象单位。家庭政策应该从城乡居民家庭需求的现实出发，以家庭整体作为政策实施对象，建立个人与家庭并重、个人与家庭关联的家庭政策。在涉及民生的社会经济制度改革中，充分考虑家庭的整体利益，以及家庭成员之间的利益关联。

第二，提升家庭政策的层级。家庭政策不应是"拾遗补缺"性质的社会政策，而是国家基础性的民生制度安排。提升家庭政策的层级具有三个方面的含义：一是由中央政府制定统一的基本制度框架，制定统一的基本家庭政策，规制统一的法律基础，由中央财政提供可持续的资金保障；二是基本的家庭政策必须覆盖全体城乡居民家庭，城乡之间和地区之间必须实现政策对接，防止家庭福利政策的"碎片化"和"地方化"倾向；三是从收入分配、教育、医疗、就业、住房、社会保障等基本民生制度入手，扩大家庭政策的基础和范围。

第三，提高对特殊家庭和特殊社会群体的支持力度。在增进城乡居民家庭福利与社会经济发展水平同步提高的同时，把对贫困家庭、单亲家庭、残缺家庭、老年空巢家庭、残疾人家庭、计划生育家庭等特殊家庭的支持与保障作为家庭政策改革的优先、重点领域。

第四，积极鼓励社会资源进入家庭福利与服务领域。在家庭政策体系中，应该制定专门政策，合理运用行政手段、市场手段和社会手段，积极鼓励各种社会资源进入家庭福利与服务领域，积极鼓励家庭功能的社会替代品和补充品的有效供给；建立以公共服务为基础，以社会服务和市场服务为补充的"三位一体"家庭服务体系，促进全社会关注和推动家庭发展和家庭福利水平提高。

第十二章

政策建议

- 调整生育政策

- 投资健康和教育

- 注重农村地区儿童发展

- 统筹城乡发展中的人口流动

- 激发老龄社会的发展活力

- 促进性别社会平等

- 加强家庭发展能力建设

　　中国人口面临的主要矛盾已经发生根本性变化：增长过快不再是中国人口的主要矛盾，取而代之的是源于结构、素质和分布上的问题。这一历史性转折的发生，对中国未来经济社会的发展将会产生深远的影响。从出生到成年，人类大约需要20年的时间。这一客观事实决定了人口政策发挥效果的时效性要远远滞后于经济政策和社会政策。要解决日益凸显的人口结构上的问题，需要对既有政策做出迅速调整，并果断制定实施新的对策和措施。

　　综合本报告的分析，我们认为，在新的人口形势下，需要实施"生育自主、倡导节制、素质优先、全面发展"的新人口政策，调整生育政策和落实提高人口素质促进人的全面发展的各项政策。涉及的改革包括如下七大领域。

一、调整生育政策

　　对生育政策的调整可分为近期、中期和远期三个阶段进行。在近期，逐步放开二孩生育政策；在中期，实现生育自主；在远期，适时出台鼓励生育政策。在具体操作上，可分如下四个步骤：

　　（1）分步放开二孩生育政策（现在～2015年）。具体的做法为：首先在城市地区和严格执行一孩政策的农村地区放开二胎；2015年，在实行"一孩半"政策的地区放开二胎，实现全国全面放开二胎的目标。

　　（2）提倡节制生育，完善服务体系（现在～2020年）。大力普及优生优育，完善生殖健康服务的政策体系，包括：恢复强制婚前检查制度，全面推行孕前免费检查，加强孕期指导和服务，提高住院分娩的服务水平。贯彻男女平等的原则，大力提倡生男生女都一样的生育文化。普及科学育儿的知识，在城乡全面推行促进儿童早期发展各项政策措施。

　　（3）实现生育自主（2020年前后）。到2020年前后，随着人们在生育问题上更加理性，没有必要继续对个人最基本的生育权进行计划控制，可以完全实现生育自主。

　　（4）鼓励生育（2026年之后）。在这个阶段，鉴于我国将面临生育率长期超低的问题，需要从限制生育向鼓励生育转变。

　　在政策调整过程中，需要承上启下地实现生育政策的平稳过渡，不能忽略长期计划生育政策对社会发展和人民生活造成的既有影响。建议实施如下措施配合生育政策的调整：加大对独生子女及其家庭的奖励扶持力度；设立国家人口基金，用于扶助计划生育弱势家庭，帮助"失独家庭"、独生子女父母养老照料等；在全国范围内进行户口整顿，取消超生户落户的费用，简化落户手续，解决超生户落户问题，取消"社会抚养费"的征收；加强对人口动态的统计和监测；实现人口和计划生育委员会职能的改变，把工作重点转到以提供服务为主的轨道上来。

二、投资健康和教育

加大对健康和教育的投资，通过促进教育发展、提升国民健康水平和构建国家创新体系，引导我国全要素生产率的提高，创造新的人口红利，为经济社会可持续发展提供长久保障。

在健康方面，重点要做好以下工作。首先，公共医疗卫生体系要坚持公益性质，坚持预防为主，坚持公平导向，公共医疗卫生资源投入要向农村倾斜、向贫困弱势人群倾斜。其次，完善城乡医疗保险制度和医疗救助制度。加快实现城乡医疗保障体制的衔接，扩大纳入医疗保险和救助体系的基本疾病范围，完善医保报销的程序，加大对医保报销行为的监督和管理力度。第三，加大对恶性肿瘤、脑血管疾病、心脏病、呼吸系统疾病等重大慢性疾病的预防工作，提高医疗保险体系对重大慢性疾病的保障水平。第四，把防止出生缺陷作为人口健康发展的重要目标，加大生殖健康知识的教育和宣传力度，公共卫生部门要提高生殖健康服务的覆盖范围和服务标准。第五，大力推广爱国卫生运动，加强健康教育宣传，完善预防保健工作。在"十二五"期间制定明确的国家控烟规划，使中国在未来十年左右从世界最大的烟草生产和消费国转变为全面、主动的控烟国家。第六，加大对环境健康风险的评估和监督，特别是对大型工程的健康风险评估，提高对生态脆弱地区、弱势人群的环境健康风险防护。

在教育方面，要同时加强几方面的工作。首先，要将学前教育至高中阶段的教育全面纳入政府的义务教育责任体系之内，政府在义务教育的经费承担中要进一步起主要角色。其次，加大总体教育经费投入。第三，提高教育经费和其他教育资源分配的公平性，加大对农村地区和经济相对落后的中小城市的投入，提升这些区域的教师质量，缩小城乡、地区之间教育质量不平等。第四，大力发展中等和高等职业教育，实现职业教育与普通教育在各阶段的制度衔接，提高人才培养机制的灵活性和适应性，为产业结构升级和制造业的长期发展储备坚实的劳动力队伍。第五，进一步深化高等教育体制改革，构建起大学、政府和企业三者之间的紧密合作机制，使高校人才的培养更符合经济和社会的需求。第六，完善终生学习体系，建立学习型社会，规范企业用工培训机制，确保劳动者在就业后的技能能够获得不断提升。

三、注重农村地区儿童发展

将儿童早期发展上升为国家战略，从营养和学前教育两个方面入手，采取综合干预措施，优先保证农村地区儿童发展。对我国农村贫困地区6~24个月婴幼儿及孕妇实施免费营养干预；结合当地具体条件，创建山村幼儿学前教育体系，建设高质量的学前教育教师队伍，使农村贫困地区所有3~5岁的幼儿都能免费接受到学前教育；开展家访指导，提高父母和看护人的育儿技能，增强农村家庭的儿童保健和早期教育功能，保证儿童早期发展项目的质量。

在巩固既有成果的基础上，根据农村偏远山区、人口分散牧区，以及少数民族地区的具体情况，坚持方式简单、成本合理、服务可及、保证质量、促进公平原则，制定可持续的农村儿童早期发展政策，将其纳入国家扶贫战略。实施农村儿童发展政策的社会效果需要长期才能体现，需要及时加强绩效评估，将儿童营养改善、学前教育普及等工作列入政府考核目标。

在操作层面，建议结合既有试点经验，尽快推广农村地区的儿童早期发展。要保证资金投入，协调农业、教育、卫生等多部门合作，鼓励企业、非政府组织、民间团体等多方参与，并组织开展监测评估。以政府为主导，通过全社会共同努力，争取到2015年农村婴幼儿营养不良状况得到基本控制，贫困地区学前教育普及率明显提高，农村义务教育学生营养保障全面实现。

四、统筹城乡发展中的人口流动

继续积极稳妥地推进城镇化发展，积极引导和推动有就业能力的流动人口市民化，创造全国统一的劳动力市场。同时要防止农村空洞化现象的蔓延，确保在提升供给潜力的同时，劳动力能够在城乡之间合理配置，使工业化、城市化和农业、农村地区的现代化建设获得必要劳动力支撑。

在具体方法上，建议采取"保留户籍、总量控制、放宽条件、逐步推进"的办法深化户籍制度改革，以促进农民工的市民化。不再出台与户籍制度挂钩的公共政策，创造条件逐步取消与户籍制度挂钩的公共政策。考虑到与现行政策的衔接，可以采取"人地挂钩"和"人钱挂钩"的办法。

逐步构建起覆盖全国的统一的社会保障体系。逐步打破社会保障各地分割的局面，实现居民社保在全国范围内的转移和接续。加快实现社会保障对社会所有人群全覆盖的目标，并在此基础上逐步消除社会各个群体之间在社会保障制度上的差异。

五、激发老龄社会的发展活力

城市规划设计要考虑应对老龄化的需要，将适于老年人居住和生活作为今后城市规划中的一项重要标准。在居民小区建设、城市整体功能布局、城市交通、生活设施建设等的设计上，都要考虑是否适合老年人生活。

加强社区养老能力建设，使社区逐步成为解决居民养老的主要依托。在社区规划上，要修建提供为老服务的设施和老年人活动的场所；在人员配备上，要逐步建立起一支能够满足本社区老年人养老需求的社工队伍；在体系构建上，要建立起社区同医疗、餐厅、商店等各种相关服务机构之间的联动机制，形成以社区为基本依托的老年人综合护理体系。

构建社会养老的制度保障。一方面，通过构建诸如护理保险等新的制度，确保政府在财政上逐步建立起为老年人提供护理服务的资金储备；另一方面，要制定统一标准，积极开展护工的培训和就业认证，加快建设为老护理人员队伍。

采取措施实现健康积极的老龄化。基层卫生机构要强化对老年人应对慢性病的指导和服务，将服务重点从以治疗为主转变到以预防为主；要采取措施丰富老年人的生活，促进老年人对社会活动的参与，使老年人的健康水平和社会参与程度获得实质性的提高。

加大老年人产品开发，积极发展银色产业。要调查老年群体的生活需求，加大为老服务的建设和面向老年群体的产品开发，使银色产业在满足日益增多的老年人口需求的同时，成为经济增长的新领域。

六、促进性别社会平等

在加强性别统计的基础上，积极推动性别预算制度。通过政府财政预算保障妇女获得平等的发展机会并在发展中平等受益，支持以消除性别歧视、推动性别平等为目的和内容的计划和项目，将性别平等纳入宏观经济政策和公共资源分配决策过程中。

推动制度改革，为女性劳动者平等就业、充分就业创造条件。建立预防和制止性别歧视的监督机制，保障妇女平等参与经济活动的权利和机会。针对目前的人力资源和社会保障政策的性别影响进行评估，改变阻碍女性职业发展的法规政策，为政治、经济、科技和社会各领域的女性人才成长创造条件，并促进女性参与各领域的决策。不断发展和完善公共服务体系，帮助女性劳动者更好地平衡工作和家庭。以工作能力和健康状况而不是性别来决定男女性退休时间，实行男女同龄退休，同时推行女性弹性退休制度。重视保障迁移流动中的女性劳动者权益，特别是她们的生殖健康及职业安全，并保障其有平等的机会接受培训，不断增强其发展能力。

七、加强家庭发展能力建设

建议改变社会政策对象的基本单位，从以个人为基本单位转向以家庭整体为基本单位。在涉及民生的社会经济制度改革中，充分考虑家庭的整体利益，以及家庭成员之间的利益关联。同时，以家庭发展能力为导向重构家庭政策的价值基础。

采取多种措施，提升家庭政策的层级。一是由中央政府制定统一的基本制度框架，制定统一的基本家庭政策，规制统一的法律基础，由中央财政提供可持续的资金保障；二是基本的家庭政策必须覆盖全体城乡居民家庭，城乡之间和地区之间必须实现政策对接，防止家庭福利政策的"碎片化"和"地方化"倾向；三是从收入分配、教育、医疗、就业、住房、社会保障等基本民生制度入手，扩大家庭政策的基础和范围。

建议提高对特殊困难家庭和社会群体的支持力度。把对贫困家庭、单亲家庭、残缺家庭、老年空巢家庭、残疾人家庭、计划生育家庭等特殊困难家庭的支持与保障，作为家庭政策改革的优先和重点领域。

建立以公共服务为基础，以社会服务和市场服务为补充的"三位一体"家庭服务体系，促进全社会关注并推动家庭发展和家庭福利水平的提高。制定专门政策，合理运用行政手段、市场手段和社会手段，积极鼓励社会资源进入家庭福利与服务领域，积极鼓励家庭功能的社会替代品和补充品的有效供给。

附　　录

附表 1　　　　　　　　　　　　中国各省人类发展指数（2010 年）

地　区	2010 年 HDI 指数	2010 年 GDP 指数	2010 年 预期寿命 指数	2010 年 教育指数	2010 年 HDI 排序	2008 年 HDI 排序	2008～2010 年 HDI 排序变化
全　国	0.818	0.775	0.820	0.858			
北　京	0.944	0.930	0.969	0.934	1	1	0
天　津	0.912	0.924	0.884	0.928	3	3	0
河　北	0.826	0.768	0.846	0.863	16	13	−3
山　西	0.810	0.753	0.812	0.865	21	18	−3
内蒙古	0.847	0.851	0.772	0.918	10	10	0
辽　宁	0.874	0.833	0.875	0.913	4	6	+2
吉　林	0.845	0.784	0.818	0.933	11	9	−2
黑龙江	0.814	0.758	0.796	0.887	18	17	−1
上　海	0.931	0.931	0.944	0.919	2	2	0
江　苏	0.872	0.870	0.856	0.889	5	5	0
浙　江	0.867	0.866	0.866	0.869	6	4	−2
安　徽	0.782	0.715	0.814	0.818	26	26	0
福　建	0.835	0.823	0.816	0.866	12	12	0
江　西	0.812	0.718	0.830	0.887	19	23	+4
山　东	0.850	0.828	0.847	0.876	9	8	−1
河　南	0.804	0.741	0.813	0.859	25	20	−5
湖　北	0.831	0.763	0.838	0.891	14	15	+1
湖　南	0.828	0.743	0.847	0.894	15	16	+1
广　东	0.857	0.842	0.858	0.870	7	7	0
广　西	0.809	0.710	0.830	0.888	22	21	−1
海　南	0.816	0.737	0.876	0.834	17	19	+2
重　庆	0.851	0.762	0.883	0.908	8	11	+3
四　川	0.806	0.717	0.855	0.845	23	24	+1

续表

地 区	2010年 HDI 指数	2010年 GDP 指数	2010年 预期寿命 指数	2010年 教育指数	2010年 HDI 排序	2008年 HDI 排序	2008～2010年 HDI 排序变化
贵　州	0.716	0.637	0.748	0.762	30	30	0
云　南	0.736	0.668	0.757	0.782	29	28	-1
西　藏	0.658	0.684	0.720	0.571	31	31	0
陕　西	0.835	0.759	0.840	0.906	12	14	+2
甘　肃	0.738	0.672	0.784	0.759	28	29	+1
青　海	0.774	0.739	0.787	0.795	27	27	0
宁　夏	0.811	0.757	0.849	0.826	20	25	5
新　疆	0.805	0.745	0.816	0.854	24	22	-2

资料来源：《中国统计年鉴2011》。

附表2　　　　　　　　　　　　各省人均GDP及GDP指数（2010年）

地　区	人均GDP（元）	人均GDP（PPP/USD）	GDP指数	GDP指数排序
全　国	29992	10413.889	0.775	
北　京	75943	26369.097	0.930	2
天　津	72994	25345.139	0.924	3
河　北	28668	9954.167	0.768	12
山　西	26283	9126.042	0.753	18
内蒙古	47347	16439.931	0.851	6
辽　宁	42355	14706.597	0.833	8
吉　林	31599	10971.875	0.784	11
黑龙江	27076	9401.389	0.758	16
上　海	76074	26414.753	0.931	1
江　苏	52840	18347.222	0.870	4
浙　江	51711	17955.208	0.866	5
安　徽	20888	7252.778	0.715	26
福　建	40025	13897.569	0.823	10
江　西	21253	7379.514	0.718	24
山　东	41106	14272.917	0.828	9
河　南	24446	8488.194	0.741	21
湖　北	27906	9689.583	0.763	13
湖　南	24719	8582.986	0.743	20
广　东	44736	15533.333	0.842	7
广　西	20219	7020.486	0.710	27
海　南	23831	8274.653	0.737	23

地　区	人均 GDP（元）	人均 GDP（PPP/USD）	GDP 指数	GDP 指数排序
重　庆	27596	9581.944	0.762	14
四　川	21182	7354.861	0.717	25
贵　州	13119	4555.208	0.637	31
云　南	15752	5469.444	0.668	30
西　藏	17319	6013.542	0.684	28
陕　西	27133	9421.181	0.759	15
甘　肃	16113	5594.792	0.672	29
青　海	24115	8373.264	0.739	22
宁　夏	26860	9326.389	0.757	17
新　疆	25034	8692.361	0.745	19

注：名义人均 GDP 数据来自《中国统计年鉴 2011》；2010 年人均 GDP（PPPUSD）根据世界银行计算的 PPP 指数折算。

附表 3　　　　　　　　　各省三级教育入学率及教育指数（2010 年）

	综合入学率	成人识字率	教育指数	教育指数排序
全　国	0.744	0.916	0.858	
北　京	0.891	0.955	0.934	1
天　津	0.869	0.958	0.928	3
河　北	0.698	0.946	0.863	20
山　西	0.696	0.949	0.865	19
内蒙古	0.792	0.981	0.918	5
辽　宁	0.781	0.979	0.913	6
吉　林	0.770	1.014	0.933	2
黑龙江	0.707	0.977	0.887	13
上　海	0.861	0.948	0.919	4
江　苏	0.795	0.936	0.889	11
浙　江	0.793	0.908	0.869	17
安　徽	0.719	0.868	0.818	26
福　建	0.754	0.922	0.866	18
江　西	0.779	0.941	0.887	14
山　东	0.755	0.937	0.876	15
河　南	0.693	0.942	0.859	21
湖　北	0.790	0.941	0.891	10
湖　南	0.742	0.970	0.894	9
广　东	0.692	0.959	0.870	16
广　西	0.713	0.976	0.888	12

续表

	综合入学率	成人识字率	教育指数	教育指数排序
海　南	0.678	0.912	0.834	24
重　庆	0.822	0.951	0.908	7
四　川	0.778	0.879	0.845	23
贵　州	0.641	0.822	0.762	29
云　南	0.642	0.852	0.782	28
西　藏	0.613	0.549	0.571	31
陕　西	0.786	0.966	0.906	8
甘　肃	0.706	0.786	0.759	30
青　海	0.713	0.837	0.795	27
宁　夏	0.732	0.873	0.826	25
新　疆	0.657	0.952	0.854	22

注：A. 初中阶段毛入学率（普通初中、职业初中）

$$初中阶段毛入学率 = \frac{初中阶段在校学生总数（不含成人）}{12 \sim 14\ 岁年龄组人口数} \times 100\%$$

B. 高中阶段毛入学率（普通高中、成人高中、普通中专、成人中专、职业高中、技工学校）

$$高中阶段毛入学率 = \frac{高中阶段在校学生总数}{15 \sim 17\ 岁年龄组人口数} \times 100\%$$

C. 高等教育毛入学率

$$高等教育毛入学率 = \frac{高等教育在校学生总数}{18 \sim 22\ 岁年龄组人口数} \times 100\%$$

D. 小学学龄儿童入学率数据来自于《中国统计年鉴 2011》与《中国教育统计年鉴》数据。

E. 综合入学率为小学、初中、高中、大学毛入学率的平均。

附表 4　　　　　各省预期寿命和预期寿命指数（2000～2010 年）①

地　区	2000 年预期寿命	2005 年预期寿命	2008 年预期寿命	2010 年预期寿命	2010 年预期寿命指数	2010 年预期寿命指数排序
全　国	71.4	73	73.98	74.200	0.820	
北　京	76.1	80.09	82.58	83.144	0.969	1
天　津	74.91	76.71	77.81	78.057	0.884	3
河　北	72.54	74.38	75.51	75.763	0.846	14
山　西	71.65	72.83	73.55	73.711	0.812	24
内蒙古	69.87	70.7	71.2	71.312	0.772	28
辽　宁	73.34	75.71	77.17	77.498	0.875	6
吉　林	73.1	73.67	74.01	74.086	0.818	19
黑龙江	72.37	72.6	72.74	72.771	0.796	25

①　本表中 2010 年预期寿命根据 2005 年与 2000 年之间的年平均增长率推算。

地区	2000年预期寿命	2005年预期寿命	2008年预期寿命	2010年预期寿命	2010年预期寿命指数	2010年预期寿命指数排序
上　海	78.14	80.13	81.35	81.624	0.944	2
江　苏	73.91	75.32	76.18	76.372	0.856	9
浙　江	74.7	76	76.79	76.967	0.866	7
安　徽	71.85	73	73.7	73.856	0.814	22
福　建	72.55	73.37	73.87	73.982	0.816	20
江　西	68.95	72.25	74.31	74.776	0.830	18
山　东	73.92	75.02	75.69	75.840	0.847	12
河　南	71.54	72.82	73.6	73.774	0.813	23
湖　北	71.08	73.48	74.96	75.293	0.838	16
湖　南	70.66	73.6	75.42	75.831	0.847	13
广　东	73.27	75.1	76.22	76.471	0.858	8
广　西	71.29	73.29	74.52	74.796	0.830	17
海　南	72.92	75.55	77.17	77.535	0.876	5
重　庆	71.73	75.27	77.48	77.980	0.883	4
四　川	71.2	74.11	75.91	76.316	0.855	10
贵　州	65.96	68.2	69.58	69.890	0.748	30
云　南	65.49	68.29	70.03	70.423	0.757	29
西　藏	64.37	66.56	67.91	68.214	0.720	31
陕　西	70.07	73.11	75	75.427	0.840	15
甘　肃	67.47	70.06	71.66	72.020	0.784	27
青　海	66.03	69.55	71.75	72.248	0.787	26
宁　夏	70.17	73.44	75.47	75.929	0.849	11
新　疆	67.41	71.12	73.44	73.966	0.816	21

资料来源：《中国统计年鉴2011》。

附表5　　　　　　　　　各省人口数、城镇人口比例、出生率

地　区	总人口（年末）（万人）			城镇人口（年末）（万人）		城镇人口比例（年末）（%）		出生率（‰）		
	2007	2008	2010	2007	2008	2007	2008	2007	2008	2010
全　国	132129	132802	134091	59379	60667	44.94	45.68	12.10	12.14	11.90
北　京	1633	1695	1962	1380	1439	84.50	84.90	8.32	8.17	7.48
天　津	1115	1176	1299	851	908	76.31	77.23	7.91	8.13	8.18
河　北	6943	6989	7194	2795	2928	40.25	41.90	13.33	13.04	13.22
山　西	3393	3411	3574	1494	1539	44.03	45.11	11.30	11.32	10.68
内蒙古	2405	2414	2472	1206	1248	50.15	51.71	10.21	9.81	9.30

续表

地　区	总人口（年末）（万人）			城镇人口（年末）（万人）		城镇人口比例（年末）（%）		出生率（‰）		
	2007	2008	2010	2007	2008	2007	2008	2007	2008	2010
辽　宁	4298	4315	4375	2544	2591	59.20	60.05	6.89	6.32	6.68
吉　林	2730	2734	2747	1451	1455	53.16	53.21	7.55	6.65	7.91
黑龙江	3824	3825	3833	2061	2119	53.90	55.40	7.88	7.91	7.35
上　海	1858	1888	2303	1648	1673	88.70	88.60	9.07	8.89	7.05
江　苏	7625	7677	7869	4057	4169	53.20	54.30	9.37	9.34	9.73
浙　江	5060	5120	5447	2894	2949	57.20	57.60	10.38	10.20	10.27
安　徽	6118	6135	5957	2368	2485	38.70	40.50	12.75	13.05	12.70
福　建	3581	3604	3693	1744	1798	48.70	49.90	11.90	12.20	11.27
江　西	4368	4400	4462	1738	1820	39.80	41.36	13.86	13.92	13.72
山　东	9367	9417	9588	4379	4483	46.75	47.60	11.11	11.25	11.65
河　南	9360	9429	9405	3214	3397	34.34	36.03	11.26	11.42	11.52
湖　北	5699	5711	5728	2525	2581	44.30	45.20	9.19	9.21	10.36
湖　南	6355	6380	6570	2571	2689	40.45	42.15	11.96	12.68	13.10
广　东	9449	9544	10441	5966	6048	63.14	63.37	11.96	11.80	11.18
广　西	4768	4816	4610	1728	1838	36.24	38.16	14.19	14.40	14.13
海　南	845	854	869	399	410	47.20	48.00	14.62	14.71	14.71
重　庆	2816	2839	2885	1361	1419	48.34	49.99	10.10	10.10	9.17
四　川	8127	8138	8045	2893	3044	35.60	37.40	9.21	9.54	8.93
贵　州	3762	3793	3479	1062	1104	28.24	29.11	13.28	13.49	13.96
云　南	4514	4543	4602	1426	1499	31.60	33.00	13.08	12.63	13.10
西　藏	284	287	301	80	65	28.30	22.61	16.40	15.50	15.80
陕　西	3748	3762	3735	1522	1584	40.62	42.10	10.21	10.29	9.73
甘　肃	2617	2628	2560	827	845	31.59	32.15	13.14	13.22	12.05
青　海	552	554	563	221	227	40.07	40.86	14.93	14.49	14.94
宁　夏	610	618	633	269	278	44.02	44.98	14.80	14.31	14.14
新　疆	2095	2131	2185	820	845	39.15	39.64	16.79	16.05	15.99

资料来源：《中国统计年鉴2011》。

附表6　　　　　　　　各地区按三次产业分就业人员数（2010年末）

地　区	全部就业人员（万人）	全部就业人员构成					
		第一产业就业人员		第二产业就业人员		第三产业就业人员	
		（万人）	（%）	（万人）	（%）	（万人）	（%）
全　国	76105.0	27930.5	36.7	21842.1	28.7	26332.3	34.6
北　京	1317.7	65.1	4.9	275.8	20.9	976.8	74.1

续表

地　区	全部就业人员	全部就业人员构成					
		第一产业就业人员		第二产业就业人员		第三产业就业人员	
	（万人）	（万人）	（%）	（万人）	（%）	（万人）	（%）
天　津	520.8	75.9	14.6	213.5	41	231.4	44.4
河　北	3790.2	1469.6	38.8	1261.1	33.3	1059.5	28
山　西	1665.1	638.2	38.3	440.2	26.4	586.7	35.2
内蒙古	1184.7	571.0	48.2	206.2	17.4	407.5	34.4
辽　宁	2238.1	700.2	31.3	586.4	26.2	951.5	42.5
吉　林	1248.7	524.9	42	266.3	21.3	457.5	36.6
黑龙江	1743.4	774.8	44.4	337.4	19.4	631.2	36.2
上　海	924.7	36.3	3.9	347.4	37.6	540.9	58.5
江　苏	4731.7	883.3	18.7	2141.9	45.3	1706.5	36.1
浙　江	3989.2	633.9	15.9	1914.0	48	1441.3	36.1
安　徽	3846.8	1538.5	40	1132.4	29.4	1175.8	30.6
福　建	2181.3	636.5	29.2	815.9	37.4	728.9	33.4
江　西	2306.1	867.2	37.6	684.2	29.7	754.8	32.7
山　东	5654.7	2004.4	35.4	1839.9	32.5	1810.4	32
河　南	6041.6	2711.7	44.9	1753.4	29	1576.5	26.1
湖　北	3116.5	920.6	29.5	907.9	29.1	1288.0	41.3
湖　南	4007.7	1871.9	46.7	860.9	21.5	1275.0	31.8
广　东	5776.9	1483.3	25.7	2018.0	34.9	2275.6	39.4
广　西	2945.3	1571.2	53.3	619.5	21	754.7	25.6
海　南	445.7	222.1	49.8	53.6	12	170.1	38.2
重　庆	1912.1	632.7	33.1	555.7	29.1	723.7	37.8
四　川	4997.6	2142.1	42.9	1153.6	23.1	1701.9	34.1
贵　州	2402.2	1192.1	49.6	285.0	11.9	925.1	38.5
云　南	2814.1	1671.5	59.4	382.6	13.6	759.9	27
西　藏	175.0	93.0	53.1	19.4	11.1	62.7	35.8
陕　西	1952.0	856.0	43.9	487.8	25	608.2	31.2
甘　肃	1431.9	731.5	51.1	216.3	15.1	484.1	33.8
青　海	294.1	123.4	41.9	66.4	22.6	104.3	35.5
宁　夏	326.0	128.3	39.4	86.2	26.4	111.5	34.2
新　疆	852.6	436.1	51.2	119.8	14.1	296.6	34.8

资料来源：《中国统计年鉴 2011》。

　　　　　　　　　　各省登记失业人数和登记失业率（2010 年）

地　区	失业人员（万人）							
	1990	2004	2005	2006	2007	2008	2009	2010
北　京	1.7	6.5	10.56	10	10.6	10.3	8.2	7.7
天　津	8.1	11.8	11.71	12	15.0	13.0	15.0	16.1
河　北	7.7	28	27.82	29	29.3	32.2	34.5	35.1
山　西	5.5	13.7	14.27	16	16.1	17.5	21.6	20.4
内蒙古	15.2	18.5	17.74	18	18.5	19.9	20.1	20.8
辽　宁	23.7	70.1	60.4	54	44.5	41.7	41.6	38.9
吉　林	10.5	28.2	27.64	26	23.9	24.3	23.4	22.7
黑龙江	20.4	32.9	31.3	31	31.5	32.1	31.4	36.2
上　海	7.7	27.4	27.5	28	26.7	26.6	27.9	27.7
江　苏	22.5	42.9	41.62	40	39.3	41.1	40.7	40.6
浙　江	11.2	30.1	28.97	29	28.6	30.7	30.7	31.1
安　徽	15.2	26.1	27.77	28	27.2	29.3	30.1	26.9
福　建	9	14.5	14.86	15	14.9	15.0	15.2	14.5
江　西	10.3	22.4	22.83	25	24.3	26.0	27.3	26.3
山　东	26.2	42.3	42.9	44	43.5	60.7	45.1	59.5
河　南	25.1	31.2	33.02	35	33.1	36.5	38.5	38.2
湖　北	12.7	49.4	52.64	53	54.1	55.1	55.3	55.7
湖　南	15.9	43	41.86	43	44.4	47.0	47.8	43.2
广　东	19.2	35.9	34.49	36	36.2	38.1	39.5	39.3
广　西	13.9	17.8	18.5	20	18.5	18.8	19.1	19.1
海　南	3.5	4.7	5.08	5	5.4	5.6	5.3	4.8
重　庆		16.8	16.88	15	14.1	13.0	13.4	13.0
四　川	38	33.3	34.3	36	34.5	37.9	36.3	34.6
贵　州	10.7	11.6	12.13	12	12.1	12.5	12.3	12.2
云　南	7.8	11.9	12.97	14	14.0	14.8	15.4	15.7
西　藏		1.2					2.0	2.1
陕　西	11.2	18.5	21.54	21	21.0	20.8	21.5	21.4
甘　肃	12.5	9.5	9.25	10	9.5	9.4	10.3	10.7
青　海	4.2	3.5	3.63	4	3.7	3.9	4.1	4.2
宁　夏	4	4.1	4.35	4	4.4	4.8	4.8	4.8
新　疆	9.6	13.3	11.13	12	11.7	11.8	11.9	11.0

地　区	失业率（%）							
	1990	2004	2005	2006	2007	2008	2009	2010
北　京	0.4	1.3	2.11	2	1.8	1.8	1.4	1.4
天　津	2.7	3.8	3.7	3.6	3.6	3.6	3.6	3.6
河　北	1.1	4	3.93	3.8	3.8	4.0	3.9	3.9
山　西	1.2	3.1	3.01	3.2	3.2	3.3	3.9	3.6
内蒙古	3.8	4.6	4.26	4.1	4.0	4.1	4.0	3.9
辽　宁	2.2	6.5	5.62	5.1	4.3	3.9	3.9	3.6
吉　林	1.9	4.2	4.2	4.2	3.9	4.0	4.0	3.8
黑龙江	2.2	4.5	4.42	4.3	4.3	4.2	4.3	4.3
上　海	1.5	4.5		4.4	4.2	4.2	4.3	4.4
江　苏	2.4	3.8	3.56	3.4	3.2	3.3	3.2	3.2
浙　江	2.2	4.1	3.72	3.5	3.3	3.5	3.3	3.2
安　徽	2.8	4.2	4.4	4.2	4.1	3.9	3.9	3.7
福　建	2.6	4	3.95	3.9	3.9	3.9	3.9	3.8
江　西	2.4	3.6	3.48	3.6	3.4	3.4	3.4	3.3
山　东	3.2	3.4	3.33	3.3	3.2	3.7	3.4	3.4
河　南	3.3	3.4	3.45	3.5	3.4	3.4	3.5	3.4
湖　北	1.7	4.2	4.33	4.2	4.2	4.2	4.2	4.2
湖　南	2.7	4.4	4.27	4.3	4.3	4.2	4.1	4.2
广　东	2.2	2.7	2.58	2.6	2.5	2.6	2.6	2.5
广　西	3.9	4.1	4.15	4.1	3.8	3.8	3.7	3.7
海　南	3	3.4	3.55	3.6	3.5	3.7	3.5	3.0
重　庆		4.1	4.12	4	4.0	4.0	4.0	3.9
四　川	3.7	4.4	4.61	4.5	4.2	4.6	4.3	4.1
贵　州	4.1	4.1	4.2	4.1	4.0	4.0	3.8	3.6
云　南	2.5	4.3	4.17	4.3	4.2	4.2	4.3	4.2
西　藏		4					3.8	4.0
陕　西	2.8	3.8	4.18	4	4.0	3.9	3.9	3.9
甘　肃	4.9	3.4	3.26	3.6	3.3	3.2	3.3	3.2
青　海	5.6	3.9	3.93	3.9	3.8	3.8	3.8	3.8
宁　夏	5.4	4.5	4.52	4.3	4.3	4.4	4.4	4.4
新　疆	3	3.5	3.92	3.9	3.9	3.7	3.8	3.2

资料来源：《中国统计年鉴 2011》。

附表 8　　　　　　　　　　　　　　　　　2010 年各省地方财政收入和支出

地　区	一般预算收入（亿元）	一般预算支出（亿元）	人均财政收入（元）	人均财政支出（元）
北　京	2353.93	2717.32	11998.217	13850.438
天　津	1068.81	1376.84	8226.103	10596.861
河　北	1331.85	2820.24	1851.444	3920.490
山　西	969.67	1931.36	2713.022	5403.756
内蒙古	1069.98	2273.50	4328.076	9196.361
辽　宁	2004.84	3195.82	4582.585	7304.888
吉　林	602.41	1787.25	2193.289	6507.125
黑龙江	755.58	2253.27	1971.040	5877.988
上　海	2873.58	3302.89	12479.406	14343.781
江　苏	4079.86	4914.06	5184.500	6244.564
浙　江	2608.47	3207.88	4789.242	5889.795
安　徽	1149.40	2587.61	1929.581	4344.032
福　建	1151.49	1695.09	3118.040	4590.010
江　西	778.09	1923.26	1743.722	4310.076
山　东	2749.38	4145.03	2867.567	4323.207
河　南	1381.32	3416.14	1468.632	3632.081
湖　北	1011.23	2501.40	1765.444	4367.039
湖　南	1081.69	2702.48	1646.383	4113.294
广　东	4517.04	5421.54	4326.271	5192.570
广　西	771.99	2007.59	1674.603	4354.861
海　南	270.99	581.34	3120.041	6693.191
重　庆	952.07	1709.04	3300.520	5924.646
四　川	1561.67	4257.98	1941.191	5292.757
贵　州	533.73	1631.48	1534.176	4689.586
云　南	871.19	2285.72	1893.227	4967.236
西　藏	36.65	551.04	1218.645	18323.786
陕　西	958.21	2218.83	2565.324	5940.277
甘　肃	353.58	1468.58	1381.196	5736.689
青　海	110.22	743.40	1957.643	13204.321
宁　夏	153.55	557.53	2425.915	8808.274
新　疆	500.58	1698.91	2290.850	7774.952

资料来源：《中国统计年鉴 2011》。

附表 9　　　　　　　各省城镇居民平均每人全年家庭收入来源（2010 年）　　　　　　　单位：元

地　区	可支配收入	总收入	工资性收入	经营净收入	财产性收入	转移性收入
全　国	19109.44	21033.42	13707.68	1713.51	520.33	5091.90
北　京	29072.93	33360.42	23099.09	1170.65	655.91	8434.77
天　津	24292.60	26942.00	16780.41	931.81	333.17	8896.61
河　北	16263.43	17334.42	10566.30	1043.72	323.97	5400.43
山　西	15647.66	16893.00	10784.74	1044.85	198.59	4864.81
内蒙古	17698.15	19014.24	12614.46	2013.77	432.82	3953.19
辽　宁	17712.58	20014.57	11712.68	1797.82	249.59	6254.48
吉　林	15411.47	16794.45	10621.43	1363.73	163.83	4645.45
黑龙江	13856.51	15095.55	9087.59	1266.72	102.05	4639.19
上　海	31838.08	35738.51	25439.97	1628.22	512.12	8158.20
江　苏	22944.26	25115.40	14816.87	2519.06	471.04	7308.57
浙　江	27359.02	30134.79	18313.60	3640.87	1470.13	6710.19
安　徽	15788.17	17626.71	11442.43	1172.36	427.01	4584.91
福　建	21781.31	24149.59	15682.48	2135.92	1420.84	4910.35
江　西	15481.12	16558.01	10613.83	1266.21	344.77	4333.20
山　东	19945.83	21736.94	15731.23	1703.72	490.22	3811.78
河　南	15930.26	17141.80	10804.88	1478.06	222.07	4636.80
湖　北	16058.37	17572.83	11460.49	1391.83	378.34	4342.17
湖　南	16565.70	17657.06	10782.04	1880.90	541.11	4453.02
广　东	23897.80	26896.86	18902.43	2666.53	956.60	4371.30
广　西	17063.89	18742.21	12061.82	1474.90	576.87	4628.62
海　南	15581.05	16929.63	10957.92	1716.74	559.76	3695.21
重　庆	17532.43	18990.54	12738.20	1263.20	312.64	4676.51
四　川	15461.16	17128.89	11310.70	1198.69	378.08	4241.43
贵　州	14142.74	15138.80	9627.99	1174.02	213.83	4122.96
云　南	16064.54	17478.91	10845.21	1122.89	1162.12	4348.70
西　藏	14980.47	16538.98	14707.14	395.66	233.04	1203.14
陕　西	15695.21	17064.71	12078.35	573.19	187.39	4225.78
甘　肃	13188.55	14307.28	9882.50	687.96	72.23	3664.59
青　海	13854.99	15480.81	10061.58	943.96	73.90	4401.37
宁　夏	15344.49	17536.78	10821.22	2238.13	189.52	4287.91
新　疆	13643.77	15421.59	11327.91	1131.78	151.94	2809.96

资料来源：《中国统计年鉴 2011》。

附表 10　　　　　　　　各省农村居民家庭人均纯收入及收入来源（2010 年）　　　　　　单位：元

地　区	纯　收　入	分项收入来源			
		工资性收入	家庭经营纯收入	财产性收入	转移性收入
全　国	5919.01	2431.05	2832.80	202.25	452.92
北　京	13262.29	8229.19	1816.84	1339.88	1876.38
天　津	10074.86	5261.97	3895.19	368.41	549.29
河　北	5957.98	2653.42	2729.80	182.45	392.31
山　西	4736.25	2108.60	2028.46	214.17	385.01
内蒙古	5529.59	1036.78	3669.93	164.26	658.61
辽　宁	6907.93	2649.97	3486.14	234.15	537.67
吉　林	6237.44	1072.14	4085.92	377.45	701.93
黑龙江	6210.72	1241.59	3941.65	344.10	683.39
上　海	13977.96	9605.73	589.74	970.25	2812.24
江　苏	9118.24	4896.39	3215.02	398.94	607.89
浙　江	11302.55	5822.48	4307.13	525.38	647.57
安　徽	5285.17	2203.94	2626.42	141.95	312.86
福　建	7426.86	3094.60	3558.44	245.10	528.71
江　西	5788.56	2394.62	2919.42	100.21	374.31
山　东	6990.28	2958.06	3456.89	238.29	337.04
河　南	5523.73	1943.86	3240.43	59.29	280.14
湖　北	5832.27	2186.11	3234.94	106.92	304.30
湖　南	5621.96	2655.59	2463.90	101.58	400.89
广　东	7890.25	4799.52	2203.74	401.15	485.85
广　西	4543.41	1707.18	2510.15	33.78	292.30
海　南	5275.37	1261.86	3563.31	107.77	342.43
重　庆	5276.66	2335.23	2323.51	90.50	527.41
四　川	5086.89	2248.18	2263.34	144.01	431.36
贵　州	3471.93	1303.85	1706.33	117.19	344.56
云　南	3952.03	930.00	2510.12	176.84	335.07
西　藏	4138.71	1108.84	2308.78	169.12	551.97
陕　西	4104.98	1734.48	1882.21	97.02	391.27
甘　肃	3424.65	1199.45	1855.99	39.87	329.34
青　海	3862.68	1269.81	1973.12	120.68	499.07
宁　夏	4674.89	1788.28	2421.50	98.66	366.45
新　疆	4642.67	556.26	3649.98	126.53	309.91

资料来源：《中国统计年鉴2011》。

附表 11　　　　　　　各省城镇居民家庭平均每人全年消费性支出（2010 年）　　　　　　单位：元

地　区	消费性支出	分项支出						
		食　品	居　住	家庭设备用品及服务	医疗保健	交通和通信	教育文化娱乐服务	其他商品和服务
全　国	13471.45	4804.71	1332.14	908.01	871.77	1983.70	1627.64	499.15
北　京	19934.48	6392.90	1577.35	1377.77	1327.22	3420.91	2901.93	848.49
天　津	16561.77	5940.44	1615.57	1119.93	1275.64	2454.38	1899.50	688.73
河　北	10318.32	3335.23	1344.47	693.56	923.83	1398.35	1001.01	395.93
山　西	9792.65	3052.57	1245.00	612.59	774.89	1340.90	1229.68	331.14
内蒙古	13994.62	4211.48	1384.45	948.87	1126.03	1768.65	1641.17	710.37
辽　宁	13280.04	4658.00	1314.79	785.67	1079.81	1773.26	1495.90	585.78
吉　林	11679.04	3767.85	1344.41	710.28	1171.25	1363.91	1244.56	506.09
黑龙江	10683.92	3784.72	1128.14	618.76	948.44	1191.31	1001.48	402.69
上　海	23200.40	7776.98	2166.22	1800.19	1005.54	4076.46	3363.25	1217.70
江　苏	14357.49	5243.14	1234.05	1026.32	805.73	1935.07	2133.25	514.41
浙　江	17858.20	6118.46	1418.00	916.16	1033.70	3437.15	2586.09	546.36
安　徽	11512.55	4369.63	1229.64	678.75	737.05	1356.57	1479.75	435.62
福　建	14750.01	5790.72	1606.27	972.24	617.36	2196.88	1786.00	499.30
江　西	10618.69	4195.38	1109.82	854.60	524.22	1270.28	1179.89	345.66
山　东	13118.24	4205.88	1408.64	915.00	885.79	2140.42	1401.77	415.55
河　南	10838.49	3575.75	1080.10	866.72	941.32	1374.76	1137.16	418.04
湖　北	11450.97	4429.30	1187.54	867.33	709.58	1205.48	1263.16	372.90
湖　南	11825.33	4322.09	1182.33	903.81	776.85	1541.40	1418.85	402.52
广　东	18489.53	6746.62	1925.21	1208.03	929.50	3419.74	2375.96	653.76
广　西	11490.08	4372.75	1166.85	853.59	625.45	1973.04	1243.71	328.27
海　南	10926.71	4895.96	1103.76	616.33	579.89	1805.11	1004.62	284.90
重　庆	13335.02	5012.56	1275.96	1072.38	1021.48	1384.28	1408.02	462.79
四　川	12105.09	4779.60	1126.65	876.34	661.03	1674.14	1224.73	503.11
贵　州	10058.29	4013.67	890.75	673.33	546.84	1270.49	1254.56	306.24
云　南	11074.08	4593.49	835.45	509.41	637.89	2039.67	1014.40	284.95
西　藏	9685.54	4847.58	726.59	376.43	385.63	1230.94	477.95	481.82
陕　西	11821.88	4381.40	1126.92	723.73	935.38	1194.77	1595.80	435.67
甘　肃	9895.35	3702.18	910.34	597.72	828.57	1076.63	1136.70	387.53
青　海	9613.79	3784.81	923.52	644.01	718.78	1116.56	908.07	332.49
宁　夏	11334.43	3768.09	1181.71	716.22	890.05	1574.57	1286.20	500.12
新　疆	10197.09	3694.81	898.38	669.87	708.16	1255.87	1012.37	444.20

资料来源：《中国统计年鉴 2011》。

附表12　　　　　　　各省农村居民家庭平均每人生活消费支出（2010年）　　　　　　单位：元

地　区	生活消费支出合计	分项支出							
		食　品	衣　着	居　住	家庭设备及服务	交通和通讯	文教娱乐用品及服务	医疗保健	其他商品及服务
全　国	3859.33	1313.18	263.37	801.38	233.55	461.10	366.72	326.04	94.01
北　京	9182.24	2924.34	699.42	1989.74	473.62	1112.44	950.61	840.61	191.47
天　津	4854.60	1978.70	365.86	888.32	233.02	467.48	462.25	360.47	98.50
河　北	3534.63	1065.23	250.56	815.91	218.90	464.80	296.11	344.25	78.87
山　西	3395.13	1124.93	315.78	593.54	173.61	357.74	420.21	328.92	80.40
内蒙古	3951.17	1186.22	317.53	731.87	177.35	598.61	374.19	467.97	97.41
辽　宁	4093.30	1344.34	369.12	718.67	185.23	448.97	500.28	413.83	112.87
吉　林	3772.82	1210.00	309.75	691.57	171.92	368.64	454.05	462.42	104.47
黑龙江	4161.15	1337.47	387.17	710.25	164.63	455.90	560.71	443.16	101.86
上　海	10044.91	3642.01	554.13	2069.50	528.01	1459.45	997.65	584.51	209.66
江　苏	6041.86	2002.22	350.01	1159.24	327.61	785.53	908.10	362.28	146.87
浙　江	8677.87	2833.57	551.32	2015.59	410.57	1145.99	839.19	709.30	172.34
安　徽	3541.90	1215.05	232.13	814.16	231.15	338.99	363.92	264.39	82.11
福　建	4994.88	2100.78	310.14	798.80	292.33	638.07	462.17	251.36	141.23
江　西	3269.06	1212.20	174.43	744.24	201.84	331.81	285.23	243.84	75.48
山　东	4469.47	1468.05	304.77	832.50	324.63	649.21	421.91	383.89	84.51
河　南	3292.00	1024.32	261.44	722.56	253.81	401.44	250.47	287.83	90.14
湖　北	3406.12	1096.33	213.95	802.71	261.68	331.35	288.12	295.24	116.73
湖　南	3552.70	1358.19	209.73	691.82	243.39	343.82	315.93	293.59	96.23
广　东	4884.58	2110.72	215.47	875.39	234.69	637.08	326.53	307.43	177.27
广　西	2783.18	1044.79	110.46	651.02	192.77	310.30	182.55	228.99	62.30
海　南	2803.35	1151.30	117.36	540.06	135.22	312.53	318.04	138.35	90.49
重　庆	2837.12	994.70	224.12	518.09	258.43	281.73	239.03	270.31	50.70
四　川	3121.72	1122.70	226.62	608.42	239.02	360.70	218.62	276.06	69.59
贵　州	2159.14	637.84	137.47	610.20	135.49	229.66	186.19	178.07	44.21
云　南	2575.92	839.68	160.69	580.62	167.58	337.85	206.45	239.94	43.11
西　藏	2088.48	782.59	300.94	343.67	180.86	282.43	51.06	71.16	75.77
陕　西	3506.16	1025.18	237.87	823.98	233.33	336.22	397.61	376.20	75.77
甘　肃	2329.36	712.36	184.15	541.96	146.93	256.70	238.03	203.13	46.09
青　海	3095.47	779.94	252.76	933.52	190.66	369.60	198.53	307.92	62.55
宁　夏	3446.81	975.41	302.61	776.44	188.12	444.02	241.08	417.92	101.22
新　疆	2838.03	850.08	301.17	625.91	133.90	382.14	170.15	314.73	59.94

资料来源：《中国统计年鉴2011》。

附表 13　各省卫生机构数和人员数（2010 年）

单位：个

地区	卫生机构数											人员合计			
	合计	医院	社区卫生服务中心(站)	街道卫生院	乡镇卫生院	门诊部(所)	村卫生室	疾病预防控制中心	专科疾病防治院(所/站)	妇幼保健院(所/站)	卫生监督所(中心)	卫生人员	卫生技术人员	#执业(助理)医师	#注册护士
全 国	936927	20918	32739	929	37836	181781	648424	3513	1274	3025	2992	8207502	5876158	2413259	2048071
北 京	9411	544	1583			4096	2972	31	27	19	20	223586	171326	66163	67332
天 津	4542	277	877	1	160	1222	1855	24	16	23	17	96732	70460	28892	24199
河 北	81403	1226	1172		1962	10082	66277	195	7	186	179	437415	292157	133994	87351
山 西	41098	1198	754	513	1201	7630	29253	146	15	133	130	275955	193891	88007	62628
内蒙古	22565	467	1027	4	1331	4709	14500	127	50	117	111	168884	125831	56245	38251
辽 宁	34805	821	947	33	1001	10728	20591	132	88	110	111	316828	232079	96862	88882
吉 林	19385	568	2076	9	768	5760	9862	67	54	70	38	187106	138393	62050	45776
黑龙江	22073	917	1035	13	954	5318	13141	188	110	147	154	262600	192048	80282	62759
上 海	4708	306	931			1893	1437	21	19	21	19	171935	137131	53009	55866
江 苏	30956	1155	2177	8	1268	8515	17127	130	46	103	109	459025	328243	128943	122509
浙 江	29939	687	6103	42	1508	7346	13643	101	25	87	100	352871	288481	120440	99610
安 徽	22997	728	1711	9	1437	2958	15636	124	50	119	110	309318	211539	86511	77317
福 建	27017	455	486		869	4806	20032	94	25	87	73	199519	142916	58630	53511
江 西	34068	504	700	10	1570	3835	26904	113	109	111	109	230945	158007	61887	58405
山 东	66967	1377	2248	76	1646	10356	50471	204	121	148	165	645889	448861	185164	156692
河 南	75741	1198	861	5	2079	6780	64140	180	20	167	146	591059	372818	154801	121384
湖 北	34269	602	1130	44	1149	6729	24112	115	84	100	98	349495	255793	99542	93844
湖 南	59359	752	540	6	2309	9935	45182	146	85	139	130	370261	269219	110444	92346
广 东	44880	1088	2267	84	1272	11056	28339	134	147	126	141	592800	454799	174536	167882
广 西	32741	450	285		1278	7888	22405	105	43	103	109	266138	189554	70816	70243
海 南	4678	188	105	3	305	1554	2412	26	24	24	20	51985	39520	14456	16319
重 庆	17495	417	450	10	1022	4821	10597	43	16	41	42	160055	111079	47969	37611

续表

地区	卫生机构数											人员合计			
	合计	医院	社区卫生服务中心（站）	街道卫生院	乡镇卫生院	门诊部（所）	村卫生室	疾病预防控制中心	专科疾病防治院（所/站）	妇幼保健院（所/站）	卫生监督所（中心）	卫生人员	卫生技术人员	#执业（助理）医师	#注册护士
四　川	74283	1261	741	3	4671	14124	52705	206	37	203	203	467126	325608	145194	104886
贵　州	25420	554	370	8	1443	2894	19783	103	8	89	96	154246	103954	43389	36165
云　南	22888	780	367	2	1385	6562	13189	150	31	147	146	207663	143139	63306	49408
西　藏	4960	101	8		672	430	3608	81		55	2	16694	10083	4469	1988
陕　西	35696	828	466	29	1700	5495	26699	122	5	117	110	260056	181438	66040	61816
甘　肃	26673	381	422	8	1338	7747	16415	103	7	100	91	137501	98865	39331	29868
青　海	5781	129	163		404	693	4243	56	1	21	55	35224	24909	10564	8339
宁　夏	4129	157	96		233	1005	2544	25		22	25	39674	29962	12267	10341
新　疆	16000	802	641	9	901	4814	8350	221	4	90	133	158917	124055	49056	44543

资料来源：《中国统计年鉴2011》。

附表14　各省基本养老保险情况（2010年）

地区	城镇企业职工基本养老保险情况			失业保险情况		城镇基本医疗保险参保人数			
	年末参加企业职工基本养老保险人数（万人）	其中		年末参加失业保险人数（万人）	年末领取失业保险金人数（万人）	年末参保人数合计（万人）	城镇职工	其中	
		职工	离退休人员					在岗职工	退休人员
全　国	25707.3	19402.3	6305.0	13375.6	209.1	43262.9	23734.7	17791.2	5943.5
北　京	981.3	785.9	195.5	774.2	1.6	1207.3	1063.7	848.5	215.1
天　津	431.5	287.9	143.6	246.1	3.5	960.9	470.0	312.5	157.5
河　北	988.4	728.9	259.5	493.4	9.0	1518.1	848.0	610.0	238.0
山　西	591.0	443.7	147.3	305.7	4.6	923.5	562.0	422.0	140.0
内蒙古	430.7	311.5	119.2	230.9	2.1	886.4	433.5	308.9	124.7

续表

地区	城镇企业职工基本养老保险情况			失业保险情况			城镇基本医疗保险参保人数				
	年末参加城镇企业职工基本养老保险人数(万人)	其中		年末参加失业保险人数(万人)	年末领取失业保险金人数(万人)	年末参保人数合计(万人)	城镇职工	其中			
		职工	离退休人员					在岗职工	退休人员		
辽宁	1496.9	1024.2	472.7	626.9	11.4	2056.2	1408.7	944.6	464.1		
吉林	599.5	392.9	206.6	245.1	7.8	1333.8	550.1	370.3	179.9		
黑龙江	952.2	589.2	363.0	472.9	8.8	1560.8	873.7	595.3	278.4		
上海	1049.5	657.3	392.2	556.2	11.6	1665.2	1405.9	1017.1	388.8		
江苏	2033.0	1583.9	449.1	1153.8	19.7	3249.4	1848.3	1405.1	443.2		
浙江	1702.2	1478.6	223.6	875.0	5.8	1963.8	1344.4	1117.6	226.8		
安徽	669.5	492.0	177.5	384.0	7.8	1529.3	598.5	429.2	169.3		
福建	635.5	522.0	113.5	374.2	3.2	1200.6	546.6	425.9	120.7		
江西	607.6	462.1	145.5	265.3	8.2	1326.4	532.1	365.6	166.5		
山东	1773.0	1427.9	345.1	931.2	20.7	2770.6	1541.3	1224.6	316.7		
河南	1079.3	809.0	270.3	696.7	14.7	2043.7	957.4	698.7	258.7		
湖北	1039.8	738.2	301.6	469.7	6.4	1860.0	847.8	608.0	239.8		
湖南	938.9	673.5	265.4	399.5	5.9	1894.5	777.4	540.5	236.9		
广东	3215.2	2875.6	339.6	1627.3	10.6	5043.2	3000.0	2685.6	314.5		
广西	449.3	311.2	138.1	238.4	6.2	935.2	413.5	290.5	123.0		
海南	180.8	135.4	45.4	112.5	1.6	323.3	166.9	123.7	43.2		
重庆	584.4	391.9	192.5	237.4	3.7	830.8	406.2	280.6	125.6		
四川	1300.9	861.9	439.0	464.7	9.1	2063.1	1051.9	703.6	348.3		
贵州	257.3	190.3	67.0	152.5	1.2	602.5	293.5	205.3	88.2		
云南	317.4	225.1	92.3	209.6	3.2	820.5	414.8	293.3	121.4		
西藏	9.9	6.8	3.2	9.3		38.6	23.5	16.9	6.6		

续表

地 区	城镇企业职工基本养老保险情况			失业保险情况		城镇基本医疗保险参保人数			
	年末参加城镇企业职工基本养老保险人数（万人）	其 中		年末参加失业保险人数（万人）	年末领取失业保险金人数（万人）	年末参保人数合计（万人）	城镇职工	其 中	
		职 工	离退休人员					在岗职工	退休人员
陕 西	550.4	400.1	150.3	331.6	7.5	947.2	474.2	322.9	151.2
甘 肃	242.5	171.1	71.3	164.2	2.4	588.8	290.2	204.4	85.9
青 海	74.4	54.4	20.0	36.6	0.4	140.3	78.7	53.5	25.2
宁 夏	107.8	77.3	30.5	47.6	1.0	188.3	94.1	67.7	26.4
新 疆	393.8	274.5	119.2	242.9	8.3	790.5	417.7	298.8	119.0

资料来源：《中国统计年鉴2011》。

附表15　各省教育、卫生支出占地方财政支出和GDP的比重（2010年）

地 区	教育支出								地方财政卫生事业费支出							
	占地方财政支出的比例				占GDP的比例				占地方财政支出的比例				占GDP的比重			
	2000	2005	2008	2010	2000	2005	2008	2010	2000	2005	2008	2010	2000	2005	2008	2010
全 国	0.157	0.148	0.173	0.160	0.016	0.020	0.028	0.029	0.047	0.040	0.055	0.064	0.005	0.006	0.009	0.012
北 京	0.136	0.138	0.161	0.166	0.024	0.021	0.030	0.032	0.064	0.062	0.074	0.069	0.012	0.010	0.014	0.013
天 津	0.165	0.152	0.163	0.167	0.019	0.018	0.022	0.025	0.047	0.043	0.048	0.051	0.005	0.005	0.007	0.008
河 北	0.177	0.174	0.200	0.182	0.015	0.017	0.023	0.025	0.042	0.046	0.064	0.083	0.003	0.005	0.007	0.012
山 西	0.170	0.153	0.179	0.170	0.023	0.024	0.034	0.036	0.046	0.042	0.054	0.059	0.006	0.007	0.010	0.012
内蒙古	0.120	0.115	0.142	0.142	0.021	0.020	0.027	0.028	0.037	0.031	0.041	0.053	0.007	0.005	0.008	0.010
辽 宁	0.127	0.118	0.142	0.127	0.014	0.018	0.023	0.022	0.033	0.029	0.039	0.047	0.004	0.004	0.006	0.008
吉 林	0.137	0.118	0.159	0.140	0.020	0.021	0.029	0.029	0.036	0.033	0.050	0.062	0.005	0.006	0.009	0.013
黑龙江	0.128	0.135	0.166	0.133	0.015	0.019	0.031	0.029	0.036	0.036	0.046	0.060	0.004	0.005	0.009	0.013
上 海	0.138	0.111	0.126	0.126	0.019	0.020	0.024	0.024	0.054	0.032	0.047	0.048	0.007	0.006	0.009	0.009
江 苏	0.199	0.154	0.182	0.176	0.014	0.014	0.020	0.021	0.055	0.045	0.046	0.051	0.004	0.004	0.005	0.006

续表

地区	教育支出占地方财政支出的比例				教育支出占 GDP 的比例				地方财政卫生事业费支出占地方财政支出的比例				地方财政卫生事业费支出占 GDP 的比重			
	2000	2005	2008	2010	2000	2005	2008	2010	2000	2005	2008	2010	2000	2005	2008	2010
浙江	0.181	0.183	0.206	0.189	0.013	0.017	0.021	0.022	0.063	0.051	0.065	0.070	0.005	0.005	0.007	0.008
安徽	0.167	0.165	0.174	0.149	0.018	0.022	0.032	0.031	0.036	0.035	0.063	0.071	0.004	0.005	0.012	0.015
福建	0.191	0.188	0.205	0.193	0.016	0.017	0.022	0.022	0.050	0.044	0.065	0.069	0.004	0.004	0.007	0.008
江西	0.171	0.156	0.171	0.155	0.019	0.022	0.032	0.031	0.046	0.039	0.064	0.078	0.005	0.005	0.012	0.016
山东	0.193	0.170	0.204	0.186	0.014	0.013	0.018	0.020	0.046	0.037	0.052	0.060	0.003	0.003	0.005	0.006
河南	0.174	0.168	0.195	0.178	0.015	0.018	0.024	0.026	0.039	0.038	0.064	0.079	0.003	0.004	0.008	0.012
湖北	0.156	0.153	0.172	0.147	0.014	0.018	0.025	0.023	0.052	0.040	0.058	0.072	0.005	0.005	0.008	0.011
湖南	0.146	0.141	0.176	0.149	0.014	0.019	0.028	0.025	0.034	0.028	0.050	0.067	0.003	0.004	0.008	0.011
广东	0.134	0.144	0.186	0.170	0.015	0.015	0.020	0.020	0.044	0.036	0.053	0.056	0.005	0.004	0.006	0.007
广西	0.173	0.172	0.194	0.183	0.022	0.026	0.035	0.038	0.045	0.043	0.061	0.082	0.006	0.006	0.011	0.017
海南	0.150	0.160	0.155	0.169	0.019	0.027	0.038	0.048	0.044	0.043	0.052	0.060	0.005	0.007	0.013	0.017
重庆	0.136	0.125	0.151	0.141	0.016	0.020	0.030	0.030	0.043	0.031	0.051	0.055	0.005	0.005	0.010	0.012
四川	0.143	0.130	0.125	0.127	0.016	0.019	0.030	0.031	0.049	0.046	0.049	0.062	0.006	0.007	0.011	0.015
贵州	0.158	0.179	0.218	0.179	0.032	0.047	0.069	0.063	0.055	0.050	0.064	0.078	0.011	0.013	0.020	0.028
云南	0.151	0.160	0.165	0.164	0.032	0.035	0.042	0.052	0.054	0.059	0.071	0.080	0.011	0.013	0.018	0.025
西藏	0.116	0.110	0.124	0.110	0.059	0.082	0.119	0.120	0.054	0.038	0.043	0.058	0.028	0.028	0.041	0.063
陕西	0.142	0.155	0.185	0.170	0.023	0.026	0.039	0.037	0.031	0.034	0.055	0.071	0.005	0.006	0.011	0.015
甘肃	0.146	0.157	0.189	0.155	0.028	0.035	0.058	0.055	0.043	0.042	0.060	0.068	0.008	0.009	0.018	0.024
青海	0.107	0.120	0.134	0.111	0.028	0.037	0.051	0.061	0.041	0.052	0.068	0.052	0.011	0.016	0.026	0.029
宁夏	0.133	0.122	0.167	0.146	0.030	0.032	0.049	0.048	0.039	0.034	0.053	0.061	0.009	0.009	0.016	0.020
新疆	0.164	0.140	0.188	0.185	0.023	0.028	0.047	0.058	0.056	0.050	0.055	0.061	0.008	0.010	0.014	0.019

资料来源:《中国统计年鉴 2011》。

附表16　　　　　　　　　　　各省进出口额占 GDP 的比重（2010 年）

地 区	出口占 GDP 的比重						进口占 GDP 的比重					
	2000	2006	2007	2008	2009	2010	2000	2006	2007	2008	2009	2010
全 国	0.208	0.364	0.360	0.330	0.241	0.266	0.188	0.298	0.283	0.262	0.202	0.236
北 京	0.4	0.384	0.398	0.381	0.164	0.147	1.258	1.216	1.171	1.418	0.326	0.384
天 津	0.436	0.612	0.573	0.460	0.276	0.277	0.431	0.566	0.503	0.419	0.378	0.395
河 北	0.06	0.088	0.094	0.103	0.076	0.093	0.025	0.039	0.047	0.062	0.084	0.113
山 西	0.062	0.069	0.087	0.093	0.038	0.050	0.027	0.042	0.067	0.051	0.049	0.052
内蒙古	0.057	0.036	0.037	0.032	0.027	0.025	0.098	0.064	0.060	0.048	0.039	0.042
辽 宁	0.192	0.244	0.244	0.217	0.147	0.157	0.145	0.173	0.167	0.157	0.167	0.192
吉 林	0.057	0.056	0.055	0.052	0.031	0.035	0.060	0.092	0.093	0.093	0.080	0.098
黑龙江	0.037	0.109	0.132	0.140	0.051	0.056	0.039	0.057	0.054	0.053	0.056	0.064
上 海	0.461	0.874	0.897	0.858	0.618	0.683	0.534	0.876	0.867	0.775	0.623	0.758
江 苏	0.249	0.591	0.601	0.545	0.411	0.460	0.192	0.455	0.431	0.353	0.314	0.355
浙 江	0.267	0.511	0.519	0.499	0.439	0.491	0.115	0.194	0.197	0.184	0.187	0.211
安 徽	0.059	0.089	0.091	0.089	0.057	0.060	0.032	0.070	0.074	0.069	0.049	0.068
福 建	0.273	0.432	0.411	0.366	0.285	0.306	0.176	0.224	0.202	0.179	0.168	0.202
江 西	0.049	0.064	0.075	0.083	0.068	0.085	0.018	0.042	0.055	0.063	0.056	0.066
山 东	0.15	0.212	0.220	0.208	0.167	0.191	0.092	0.132	0.139	0.146	0.163	0.199
河 南	0.024	0.042	0.042	0.040	0.031	0.036	0.013	0.020	0.022	0.026	0.022	0.023
湖 北	0.037	0.066	0.067	0.072	0.050	0.059	0.025	0.058	0.055	0.055	0.043	0.051
湖 南	0.037	0.054	0.054	0.052	0.033	0.036	0.019	0.024	0.026	0.026	0.028	0.030
广 东	0.788	0.919	0.903	0.789	0.627	0.687	0.670	0.685	0.648	0.543	0.466	0.540
广 西	0.06	0.059	0.065	0.071	0.044	0.046	0.022	0.051	0.053	0.057	0.076	0.092
海 南	0.128	0.104	0.085	0.076	0.072	0.071	0.077	0.111	0.134	0.140	0.278	0.269
重 庆	0.052	0.077	0.083	0.078	0.043	0.060	0.041	0.048	0.054	0.052	0.038	0.041
四 川	0.029	0.061	0.062	0.073	0.056	0.049	0.024	0.041	0.042	0.050	0.048	0.055
贵 州	0.035	0.036	0.041	0.040	0.027	0.030	0.020	0.020	0.022	0.031	0.021	0.021
云 南	0.05	0.067	0.076	0.061	0.041	0.048	0.027	0.056	0.065	0.056	0.042	0.049
西 藏	0.08	0.061	0.073	0.124	0.041	0.072	0.012	0.029	0.015	0.010	0.003	0.007
陕 西	0.065	0.064	0.065	0.055	0.034	0.038	0.041	0.030	0.031	0.030	0.038	0.041
甘 肃	0.035	0.053	0.047	0.035	0.017	0.021	0.013	0.081	0.109	0.098	0.074	0.100
青 海	0.035	0.066	0.037	0.030	0.012	0.016	0.015	0.015	0.022	0.019	0.033	0.025
宁 夏	0.102	0.106	0.093	0.080	0.050	0.062	0.036	0.055	0.042	0.039	0.049	0.041
新 疆	0.073	0.187	0.248	0.319	0.174	0.156	0.064	0.051	0.048	0.048	0.083	0.110

注：2009 与 2010 年进出口数据按按境内目的地和货源地分货物进出口总额。

资料来源：《中国统计年鉴2011》。

附表 17　　　　　　　　　　　各地方土地拥有情况（2010 年）

地　区	土地总面积（万平方公里）	平均每人土地面积（平方米）	森林面积（万公顷）	平均每人森林面积（平方米）	森林覆盖率（%）
全　国	960.62	70.090	19545.22	1426.099535	20.36
北　京	1.68	8.570	52.05	265.394	31.72
天　津	1.131	8.738	9.32	72.035	8.24
河　北	18.7	26.025	418.33	582.193	22.29
山　西	15.6	43.683	221.11	619.146	14.12
内蒙古	118.3	478.825	2366.40	9578.116	20.00
辽　宁	14.81	33.854	511.98	1170.338	35.13
吉　林	18.74	68.239	736.57	2682.114	38.93
黑龙江	45.48	118.709	1926.97	5029.648	42.39
上　海	0.63	2.754	5.97	25.935	9.41
江　苏	10.26	13.043	107.51	136.677	10.48
浙　江	10.18	18.704	584.42	1073.771	57.41
安　徽	13.96	23.462	360.07	605.154	26.06
福　建	12.14	32.905	766.65	2077.968	63.10
江　西	16.69	37.449	973.63	2184.620	58.32
山　东	15.7	16.389	254.46	265.635	16.72
河　南	16.7	17.762	336.59	357.985	20.16
湖　北	18.59	32.478	578.82	1011.256	31.14
湖　南	21.18	32.245	948.17	1443.539	44.76
广　东	17.96	17.219	873.98	837.923	49.44
广　西	23.6	51.275	1252.50	2721.251	52.71
海　南	3.5	40.362	176.26	2032.631	51.98
重　庆	8.24	28.565	286.92	994.655	34.85
四　川	48.41	60.198	1659.52	2063.612	34.31
贵　州	17.6	50.653	556.92	1602.810	31.61
云　南	39.4	85.715	1817.73	3954.489	47.50
西　藏	122	4063.733	1462.65	48719.824	11.91
陕　西	20.58	55.134	767.56	2056.292	37.26
甘　肃	45.44	177.672	468.78	1832.944	10.42
青　海	72.23	1283.696	329.56	5857.051	4.57
宁　夏	5.18	82.205	51.10	810.937	9.84
新　疆	166	761.002	661.65	3033.236	4.02

资料来源：《中国统计年鉴 2011》。

　　　　　　　　　　　中国历代人口数

年		人口数（万人）
公元前5000	出现原始农业	493
公元前340	战国初期	3000
公元前221	秦朝初期	2000
公元前202	西汉初期	1300
2	西汉平帝元始二年	6300
157	东汉桓帝永寿三年	7200
265	三国末期	2500
300	晋惠帝永康元年	3379
368～407	十六国东晋中后期	3128
520	南北朝中期	5240
581	南北朝末期	4430
609	隋炀帝大业五年	5542
624	唐高祖武德元年	2274
755	唐玄宗天宝十四年	8775
860	唐懿宗咸通元年	6700
960	五代十国末期	3979
1110	宋徽宗大观四年	11946
1207～1223	南宋金章宗泰和七年－南宋宁嘉宗十六年	12540
1351	元惠宗至正十一年	9730
1566	明世宗嘉靖四十五年	16480
1661	清世祖顺治十八年	8490
1691	清圣祖康熙三十年	11023
1751	清高宗乾隆十六年	20560
1805	清仁宗嘉庆十年	33218
1851	清文宗咸丰元年	43216
1874	清穆宗同治十三年	35890
1912	中华民国元年	44294

资料来源：国家人口计生委发展规划与信息司、中国人口与发展研究中心编：《人口与计划生育常用数据手册》，中国人口出版社2009年版。

附表 19　　　　　　　　　　新中国的人口变化（1949～2011 年）　　　　　　　　单位：万人,‰

年	总人口	出生率	死亡率	自然增长率	比上年增加人口数	性别比（女＝100）
1949	54167	36	20	16	—	108.16
1950	55196	37	18	19	1029	108.07
1951	56300	37.8	17.8	20	1104	107.99
1952	57482	37	17	20	1182	107.9
1953	58796	37	14	23	1314	107.56
1954	60266	37.97	13.18	24.79	1470	107.64
1955	61465	32.6	12.28	20.32	1199	107.25
1956	62828	31.9	11.4	20.5	1363	107.43
1957	64653	34.03	10.8	23.23	1825	107.34
1958	65994	29.22	11.98	17.24	1341	107.56
1959	67207	24.78	14.59	10.19	1213	107.94
1960	66207	20.86	25.43	△4.57	△1000	107.38
1961	65859	18.02	14.24	3.78	△348	105.93
1962	67295	37.01	10.02	26.99	1436	105.3
1963	69172	43.37	10.04	33.33	1877	105.63
1964	70499	39.14	11.5	27.64	1327	105.2
1965	72538	37.88	9.5	28.38	2039	104.85
1966	74542	35.05	8.83	26.22	2004	105.04
1967	76368	33.96	8.43	25.53	1826	105
1968	78534	35.59	8.21	27.38	2166	105
1969	80671	34.11	8.03	26.08	2137	104.83
1970	82992	33.43	7.6	25.83	2321	105.9
1971	85229	30.65	7.32	23.33	2237	105.8
1972	87177	29.77	7.61	22.16	1948	105.76
1973	89211	27.93	7.04	20.89	2034	105.86
1974	90859	24.82	7.34	17.48	1648	105.89
1975	92420	23.01	7.32	15.69	1561	106.04
1976	93717	19.91	7.25	12.66	1297	106.14
1977	94974	18.93	6.87	12.06	1257	106.19
1978	96259	18.25	6.25	12	1285	106.16
1979	97542	17.82	6.21	11.61	1283	106
1980	98705	18.21	6.34	11.87	1163	105.98
1981	100072	20.91	6.36	14.55	1367	106.11

续表

年	总人口	出生率	死亡率	自然增长率	比上年增加人口数	性别比（女＝100）
1982	101654	22.28	6.6	15.68	1582	106.19
1983	103008	20.19	6.9	13.29	1354	106.61
1984	104357	19.9	6.82	13.08	1349	106.61
1985	105851	21.04	6.78	14.26	1494	107.04
1986	107507	22.43	6.86	15.57	1656	107.04
1987	109300	23.33	6.72	16.61	1793	106.19
1988	111026	22.37	6.64	15.73	1726	106.27
1989	112704	21.58	6.54	15.04	1678	106.4
1990	114333	21.06	6.67	14.39	1629	106.27
1991	115823	19.68	6.7	12.98	1490	105.52
1992	117171	18.24	6.64	11.6	1348	104.27
1993	118517	18.09	6.64	11.45	1346	104.18
1994	119850	17.7	6.49	11.21	1333	104.5
1995	121121	17.12	6.57	10.55	1271	104.21
1996	122389	16.98	6.56	10.42	1268	103.34
1997	123626	16.57	6.51	10.06	1237	104.36
1998	124761	15.64	6.5	9.14	1135	105.13
1999	125786	14.64	6.46	8.18	1025	105.89
2000	126743	14.03	6.45	7.58	957	106.74
2001	127627	13.38	6.43	6.95	884	106
2002	128453	12.86	6.41	6.45	826	106.06
2003	129227	12.41	6.4	6.01	774	106.2
2004	129988	12.29	6.42	5.87	761	106.29
2005	130756	12.4	6.51	5.89	768	106.3
2006	131448	12.09	6.81	5.28	692	106.29
2007	132129	12.1	6.93	5.17	681	106.19
2008	132802	12.14	7.06	5.08	673	106.07
2009	133450	11.95	7.08	4.87	648	105.93
2010	134091	11.9	7.11	4.79	641	105.21
2011	134735	11.93	7.14	4.79	644	105.18

注：上述统计中不含香港、澳门和台湾地区的人口。

资料来源：国家统计局编：《中国统计年鉴》各年版。

附表 20　　　　　　　　　城乡人口的变化（1949～2011 年）　　　　　　单位：万人

| 年 | 总人口 | 城　镇 | | 农　村 | | 比上年增加城镇人口数 |
		人口数	比重（%）	人口数	比重（%）	
1949	54167	5765	10. 64	48402	89. 36	
1950	55196	6169	11. 18	49027	88. 82	404
1951	56300	6632	11. 78	49668	88. 22	463
1952	57482	7163	12. 46	50319	87. 54	531
1953	58796	7826	13. 31	50970	86. 69	663
1954	60266	8249	13. 69	52017	86. 31	423
1955	61465	8285	13. 48	53180	86. 52	36
1956	62828	9185	14. 62	53643	85. 38	900
1957	64653	9949	15. 39	54704	84. 61	764
1958	65994	10721	16. 25	55273	83. 75	772
1959	67207	12371	18. 41	54836	81. 59	1650
1960	66207	13073	19. 75	53134	80. 25	702
1961	65859	12707	19. 29	55152	80. 71	△366
1962	67295	11659	17. 33	55636	82. 67	△1048
1963	69172	11646	16. 84	57526	83. 16	△13
1964	70499	12950	18. 37	57549	81. 63	1304
1965	72538	13045	17. 98	59493	82. 02	95
1966	74542	13313	17. 86	61229	82. 14	268
1967	76368	13548	17. 74	62820	82. 26	235
1968	78534	13838	17. 62	64696	82. 38	290
1969	80671	14117	17. 5	66554	82. 5	279
1970	82992	14424	17. 38	68568	82. 62	307
1971	85229	14711	17. 26	70518	82. 74	287
1972	87177	14935	17. 13	72242	82. 87	224
1973	89211	15345	17. 2	73866	82. 8	410
1974	90859	15595	17. 16	75264	82. 84	250
1975	92420	16030	17. 34	76390	82. 66	435
1976	93717	16341	17. 44	77376	82. 56	311
1977	94974	16669	17. 55	78305	82. 45	328
1978	96259	17245	17. 92	79014	82. 08	576
1979	97542	18495	18. 96	79047	81. 04	1250
1980	98705	19140	19. 39	79565	80. 61	645

续表

年	总人口	城　镇		农　村		比上年增加城镇人口数
		人口数	比重（%）	人口数	比重（%）	
1981	100072	20171	20.16	79901	79.84	1031
1982	101654	21480	21.13	80174	78.87	1309
1983	103008	22274	21.62	80734	78.38	794
1984	104357	24017	23.01	80340	76.99	1743
1985	105851	25094	23.71	80757	76.29	1077
1986	107507	26366	24.52	81141	75.48	1272
1987	109300	27674	25.32	81626	74.68	1308
1988	111026	28661	25.81	82365	74.19	987
1989	112704	29540	26.21	83164	73.79	879
1990	114333	30195	26.41	84138	73.59	655
1991	115823	31203	26.94	84620	73.06	1008
1992	117171	32175	27.46	84996	72.54	972
1993	118517	33173	27.99	85344	72.01	998
1994	119850	34169	28.51	85681	71.49	996
1995	121121	35174	29.04	85947	70.96	1005
1996	122389	37304	30.48	85085	69.52	2130
1997	123626	39449	31.91	84177	68.09	2145
1998	124761	41608	33.35	83153	66.65	2159
1999	125786	43748	34.78	82038	65.22	2140
2000	126743	45906	36.22	80837	63.78	2158
2001	127627	48064	37.66	79563	62.34	2158
2002	128453	50212	39.09	78241	60.91	2148
2003	129227	52376	40.53	76851	59.74	2164
2004	129988	54283	41.76	75705	58.24	1907
2005	130756	56212	42.99	74544	57.01	1929
2006	131448	58288	44.34	73160	55.66	2076
2007	132129	60633	45.89	71496	54.11	2345
2008	132802	62403	46.99	70399	53.01	1770
2009	133450	64512	46.59	68938	53.41	2109
2010	134091	66978	49.68	67415	50.32	2466
2011	134735	69079	51.27	65656	48.73	2101

资料来源：国家统计局：《中国统计年鉴》各年版。

附表 21　　　　各地区人口分布的变化和增减情况（1982、1990、2000、2010 年）　　　单位：万人,%

地区	总人口					1982~1990			1990~2000				2000~2010	
	1933	1982	1990	2000	2010	增加人数	增长率	年均增长率	增加人数	增长率	年均增长率	增加人数	增长率	年均增长率
全　国	48163	100818	113368	126583	133281	12550	12.45	1.48	13215	11.66	1.07	7389	5.84	0.57
北　京	331	923	1082	1382	1961	159	17.21	2.00	300	27.73	2.40	579	41.91	3.56
天　津	350	776	879	1001	1294	102	13.15	1.56	122	13.94	1.27	293	29.25	2.60
河　北	2698	5301	6108	6744	7185	808	15.24	1.79	636	10.41	0.96	441	6.55	0.64
山　西	1160	2529	2876	3297	3571	347	13.71	1.62	421	14.64	1.33	274	8.32	0.80
内蒙古	450	1927	2146	2376	2471	218	11.32	1.35	230	10.73	0.99	95	3.98	0.39
辽　宁	1348	3572	3946	4238	4375	374	10.46	1.25	292	7.40	0.69	137	3.22	0.32
吉　林	818	2256	2466	2728	2745	210	9.30	1.12	262	10.63	0.98	18	0.67	0.07
黑龙江	674	3267	3521	3689	3831	255	7.80	0.94	168	4.76	0.45	142	3.86	0.38
上　海	606	1186	1344	1674	2302	148	12.50	1.48	340	25.47	2.22	628	37.51	3.24
江　苏	3016	6052	6706	7438	7866	654	10.80	1.29	732	10.92	1.01	428	5.75	0.56
浙　江	2056	3888	4145	4677	5443	256	6.59	0.80	532	12.85	1.18	766	16.37	1.53
安　徽	2239	4967	5618	5986	5950	652	13.12	1.55	368	6.55	0.62	△36	△0.60	△0.06
福　建	1268	2587	3005	3471	3689	417	16.14	1.89	466	15.51	1.41	218	6.29	0.61
江　西	1659	3318	3771	4140	4457	453	13.64	1.61	369	9.78	0.91	317	7.65	0.74
山　东	3735	7442	8439	9079	9579	997	13.40	1.58	640	7.58	0.71	500	5.51	0.54
河　南	3294	7442	8551	9256	9403	1109	14.90	1.75	705	8.25	0.77	146	1.58	0.16
湖　北	2495	4780	5397	6028	5724	617	12.90	1.53	631	11.69	1.08	△304	△5.05	△0.52
湖　南	3028	5401	6066	6440	6570	665	12.31	1.46	374	6.17	0.58	128	1.99	0.20
广　东	2944	5363	6283	8642	10432	920	17.15	2.00	2359	37.55	3.13	1788	20.69	1.90
广　西	1420	3642	4225	4489	4602	582	15.99	1.87	264	6.26	0.59	114	2.53	0.25
海　南	221	567	656	787	867	89	15.70	1.84	131	20.02	1.78	80	10.18	0.97
重　庆	1532	2706	2886	3090	2885	180	6.65	0.81	204	7.07	0.66	△205	△6.65	△0.69
四　川	5271	7265	7836	8329	8042	571	7.86	0.95	493	6.29	0.59	△287	△3.45	△0.35
贵　州	1450	2855	3239	3525	3475	384	13.44	1.59	286	8.83	0.82	△50	△1.43	△0.14
云　南	1240	3255	3697	4288	4597	442	13.57	1.60	591	15.98	1.44	309	7.20	0.70
西　藏	96	189	220	262	300	30	16.04	1.88	42	19.31	1.72	38	14.59	1.37
陕　西	1127	2890	3288	3605	3733	398	13.76	1.62	317	9.63	0.89	128	3.54	0.35
甘　肃	548	1957	2237	2562	2556	280	14.32	1.69	325	14.52	1.32	△4	△0.17	△0.02
青　海	131	390	446	518	563	56	14.41	1.70	72	16.22	1.47	45	8.62	0.83
宁　夏	127	390	446	562	630	76	19.51	2.25	96	20.72	1.84	68	12.12	1.15
新　疆	257	1308	1516	1925	2182	207	15.85	1.86	409	27.01	2.34	256	13.32	1.26

注：2000~2010 年之间，6 个省的人口出现了下降。

资料来源：历次人口普查结果。

附表22　　　　　　　　　　　　　平均预期寿命的变化　　　　　　　　　　　　　单位：岁

年　份	地　区	合　计	男	女	差
1929～1933	17省部分农村	34.70	34.85	34.63	0.22
1950～1955	全国（联合国人口基金）	40.80	39.30	42.30	△3.00
1960～1965	全国（联合国人口基金）	49.50	48.70	50.40	△1.70
1970～1975	全国（联合国人口基金）	63.20	62.50	63.90	△1.40
1981	全国（第三次人口普查）	67.77	66.28	69.27	△2.99
1990	全国（第四次人口普查）	68.55	66.84	70.47	△3.63
2000	全国（第五次人口普查）	71.40	69.63	73.33	△3.70
2005	全国1%抽样调查	72.58	70.72	74.45	△3.73
2010	全国（第六次人口普查）	74.83	72.38	77.37	△4.99

资料来源：卫生部编：《中国卫生统计提要》，1982～2010年的数据源于《中国统计年鉴2012》。

附表23　　　　　　　　各地区的平均预期寿命（1982、1990、2000、2010年）　　　　　　　　单位：岁

地　区	1982		1990			2000			2010		
	男	女	平均	男	女	平均	男	女	平均	男	女
全　国	66.43	69.35	68.55	66.84	70.47	71.40	69.63	73.33	74.83	72.38	77.37
北　京	70.48	73.40	72.86	71.07	74.93	76.10	74.33	78.01	80.18	78.28	82.21
天　津	69.91	71.90	72.32	71.03	73.73	74.91	73.31	76.63	78.89	77.42	80.48
河　北	69.14	71.88	70.35	68.47	72.53	72.54	70.68	74.57	74.97	72.70	77.47
山　西	66.56	68.88	68.97	67.33	70.93	71.65	69.96	73.57	74.92	72.87	77.28
内蒙古	66.25	68.11	65.68	64.47	67.22	69.87	68.29	71.79	74.44	72.04	77.27
辽　宁	69.66	71.86	70.22	68.72	71.94	73.34	75.51	75.36	76.38	74.12	78.86
吉　林	68.28	69.68	67.97	66.65	69.49	73.10	71.38	75.04	76.18	74.12	78.44
黑龙江	67.33	69.21	66.97	65.50	68.73	72.37	70.39	74.66	75.98	73.52	78.81
上　海	70.53	75.13	74.90	72.77	77.02	78.14	76.22	80.04	80.26	78.20	82.44
江　苏	67.35	71.56	71.37	69.26	73.57	73.91	71.69	76.23	76.63	74.60	78.81
浙　江	67.81	71.36	71.78	69.66	74.24	74.70	72.50	77.21	77.73	75.58	80.21
安　徽	67.58	70.72	69.48	67.75	71.36	71.85	70.18	73.59	75.08	72.65	77.84
福　建	66.24	70.24	68.57	66.49	70.93	72.55	70.30	75.07	75.76	73.27	78.64
江　西	64.63	67.28	66.11	64.87	67.49	68.95	68.37	69.32	74.33	71.94	77.06
山　东	68.74	71.73	70.57	68.64	72.67	73.92	71.70	76.26	76.46	74.05	79.06
河　南	68.04	71.55	70.15	67.96	72.55	71.54	69.67	73.41	74.57	71.84	77.59
湖　北	63.98	67.18	67.25	65.51	69.23	71.08	69.31	73.02	74.87	72.68	77.35
湖　南	64.55	67.03	66.93	65.41	68.70	70.66	69.05	72.47	74.70	72.28	77.48
广　东	68.58	73.55	72.52	69.71	75.43	73.27	70.79	75.93	76.49	74.00	79.37

续表

地　区	1982		1990			2000			2010		
	男	女	平均	男	女	平均	男	女	平均	男	女
广　西	68.33	71.79	68.72	67.17	70.34	71.29	69.07	73.75	75.11	71.77	79.05
海　南	—	—	70.01	66.93	73.28	72.92	70.66	75.26	76.30	73.20	80.01
重　庆	—	—	—	—	—	71.73	69.84	73.89	75.70	73.16	78.60
四　川	62.94	64.90	66.33	65.06	67.70	71.20	69.25	73.39	74.75	72.25	77.59
贵　州	61.07	61.55	64.29	63.04	65.63	65.96	64.54	67.57	71.10	68.43	74.11
云　南	60.65	62.21	63.49	62.08	64.98	65.49	64.24	66.89	69.54	67.06	72.43
西　藏	—	—	59.64	57.64	61.57	64.37	62.52	66.15	68.17	66.33	70.07
陕　西	65.59	67.05	67.40	66.23	68.79	70.07	68.92	71.30	74.68	72.84	76.74
甘　肃	65.59	67.05	67.24	66.35	68.25	67.47	66.77	68.26	72.23	70.60	74.06
青　海	60.71	62.45	60.57	59.29	61.96	66.03	64.55	67.70	69.96	68.11	72.07
宁　夏	64.74	66.40	66.94	65.95	68.05	70.17	68.71	71.84	73.38	71.31	75.71
新　疆	59.59	60.39	62.59	61.95	63.26	67.41	65.98	69.14	72.35	70.30	74.86

资料来源：《中国人口年鉴2011》、《中国统计年鉴2012》。

附表24　　　　历次人口普查的主要结果（1953、1964、1982、1990、2000、2010年）

年　份	总人口（万人）	年均增长率（%）	性别比（女=100）	平均家庭户规模（人）
1953	58260	—	107.56	4.33
1964	69458	1.61	105.46	4.43
1982	100818	2.09	106.30	4.41
1990	113368	1.48	106.60	3.96
2000	126583	1.07	106.74	3.44
2010	133281	0.57	105.20	3.10

年　份	各年龄段人口比重（%）			少数民族			汉族
	0~14岁	15~64岁	65岁~	人数（万人）	占总人口比重（%）	年均增长率（%）	年均增长率（%）
1953	36.28	59.31	4.41	3532	6.06	—	—
1964	40.69	55.75	3.56	4002	5.76	1.14	1.64
1982	33.59	61.50	4.91	6730	6.68	2.93	2.04
1990	27.69	66.74	5.57	9120	8.04	3.87	1.29
2000	22.89	70.15	6.96	10643	8.41	1.51	1.03
2010	16.60	74.53	8.87	11379	8.49	0.67	0.56

续表

每十万人拥有的各种受教育程度人口						
年　份	大专及以上	高　中	初　中	小　学	文　盲*	
					人口（万人）	比率（%）
1964	416	1319	4680	28330	23327	33.58
1982	615	6779	17892	35237	22996	22.81
1990	1422	8039	23344	37057	18003	15.88
2000	3611	11146	33961	35701	8507	6.72
2010	8930	14032	38788	26779	5466	4.08
				2000 年人口普查（万人）	2010 年人口普查（万人）	
（全国总人口）				129533	133281	
大陆 31 个省、自治区、直辖市和现役军人				126583	133972	
香港特别行政区				678	709.7600	
澳门特别行政区				44	55.2300	
台湾地区				2228	2316.2123	

注：＊1964 年文盲人口为 13 岁及以上不识字人口，1982、1990、2000、2010 年均为 15 岁及以上不识字人口。

参 考 文 献

一、中文部分

［ 1 ］联合国人口基金（UNFPA）. 2011 年世界人口状况报告. 2011

［ 2 ］中共中央. 关于控制我国人口增长问题致全体共产党员共青团员的公开信. 1980 年 9 月 25 日

［ 3 ］蔡泳. 从联合国人口预测看中国人口的未来. 国际经济评论，2012（1）

［ 4 ］郭志刚. 中国的低生育率与被忽略的人口风险. 国际经济评论，2010

［ 5 ］王丰. 中国人口转变的国际比较与人口红利的得失. 背景报告，2011

［ 6 ］翟振武. 全国出生人口性别比研究. 研究报告，2011

［ 7 ］中国国家人口和计划生育委员会　中国流动人口发展报告 2011. 2011

［ 8 ］中国国家人口和计划生育委员会. 中国流动人口发展报告 2010. 2010

［ 9 ］中国社会科学院. 2012 年中国社会形势与预测（中国社会蓝皮书）. 2011

［10］国家统计局. 中国统计年鉴 2010. 北京：中国统计出版社，2011

［11］封志明. 中国人口分布的地区聚集格局与空间集疏变化. 研究报告，2011

［12］葛美玲，封志明. 中国人口分布的密度分级与重心曲线特征. 地理学报，2009（2）

［13］刘彦随，刘玉. 中国农村空心化问题研究的进展与展望. 地理研究，2010，29（1）

［14］崔卫国，李裕瑞，刘彦随. 中国重点农区农村空心化的特征、机制与调控——以河南省郸城县为例. 资源科学，2011，
　　　33（11）

［15］陈玉福，孙虎，刘彦随. 中国典型农区空心村综合整治模式. 地理学报，2010，65（6）

［16］国家人口发展战略课题组. 国家人口发展战略报告. 2007

［17］周婷玉. 促进人口长期均衡发展专访国家人口计生委主任李斌. 新华社北京 2010 年 12 月 20 日电

［18］何新田. 两会舆论话题层出不穷放开二胎政策争论最激烈. 2011-03-09；http://news. zaojiao. com/2011/0309/298317. html

［19］联合国. 世界生育率模式 2009. 2010

［20］林毅夫. 发展战略、人口与人口政策. 载曾毅，李玲，顾宝昌，林毅夫主编.《21 世纪中国人口与经济发展》. 北京：
　　　社会科学文献出版社，2006

［21］D. 盖尔·约翰逊. 经济发展中的农业、农村、农民问题. 北京：商务印书馆，2004

［22］罗马俱乐部报告. 增长的极限. 1972

［23］凯恩斯. 人口增长缓慢的一些经济后果. 1937

［24］汉森. 人口增长的下降与经济进步. 1939

［25］朱利安·西蒙. 人口增长的经济学. 1977

［26］西蒙和凯恩. 资源丰富的地球——对地球 2000 年的反映. 1984

［27］美国环境质量委员会和美国国务院. 地球 2000 年——给总统的报告. 1980

［28］都阳. 中国低生育率水平的形成及其对长期经济增长的影响. 世界经济，2005（12）

［29］蔡昉，张车伟等. 人口，将给中国带来什么. 广州：广东教育出版社，2002

［30］周婷玉. 2013 年中国人口抚养比将现"拐点"，仍有 25 年"人口红利"期. http：//news. xinhuanet. com/politics/2010 – 05/18/c_ 12115988. htm

［31］蔡昉，王德文. 中国经济增长可持续性与劳动贡献. 经济研究，1999（10）

［32］中国发展研究基金会. 中国发展报告 2010：促进人的发展的中国新型城市化战略. 北京：人民出版社，2010

［33］杜鹏. 从六普数据看中国人口老龄化新形势. 人口研究，2011，34（4）

［34］王丰，梅森. 中国经济转变过程中的人口因素. 中国人口科学，2006（3）

［35］王德文，蔡昉. 人口红利的获得与丧失. 载蔡昉、顾宝昌主编. 人口转变的社会经济后果. 北京：社会科学文献出版社，2006

［36］曾毅等著. 老年人口家庭、健康与照料需求成本研究. 北京：科学出版社，2010

［37］国家统计局. 2010 年中国人口和就业统计年鉴. 北京：中国统计出版社，2010

［38］民政部. 2009 年民政事业发展统计报告. 民政部门户网站（http：//cws. mca. gov. cn/article/tjbg/201006/20100600081422. shtml?），2010 年 6 月 10 日

［39］郑秉文主编. 中国养老金发展报告 2011. 北京：经济管理出版社，2011

［40］联合国. 马德里政治宣言. 2002

［41］国家人口与计划生育委员会. 中国流动人口发展报告 2011. 北京：中国人口出版社，2011

［42］卫生部. 中国 0～6 岁儿童营养发展报告（2012）. 2012

［43］郑京海，胡鞍钢. 中国改革时期省际生产率增长变化的实证分析（1979～2001）. 经济学（季刊），2005，4（2）

［44］张军，施少华. 中国经济全要素生产率变动：1952～1998. 世界经济文汇，2003（2）

［45］沈坤荣. 中国综合要素生产率的计量分析与评价. 数量经济技术经济研究，1997（11）

［46］顾宝昌，王丰. 八百万人的实践——来自二孩生育政策地区的调研报告. 北京：社会科学文献出版社，2009

［47］顾宝昌，郑真真，杨菊华等. 生育意愿、生育行为和生育水平. 人口研究，2011（2）

［48］联合国开发计划署（UNDP）. 人类发展报告 2011. 2011

［49］陈达著. 廖宝昀译. 现代中国人口. 天津：天津人民出版社，1981

［50］宋新明. 中国人口死亡率的转变. 研究报告，2008

［51］卫生部. 2010 中国卫生统计年鉴. 北京：中国协和医科大学出版社，2010

［52］曾毅等. 老年人口家庭、健康与照料需求成本研究. 北京：科学出版社，2010

［53］联合国艾滋病计划署. 艾滋病 30 年：各国处在十字路口. 2011

［54］联合国艾滋病计划署．中国艾滋病形势与应对．2011

［55］联合国开发计划署驻华代表处．中国人类发展报告 2009/10

［56］卫生部．2010 年中国卫生统计提要．2011

［57］卫生部，中国残疾人联合会．中国提高出生人口素质、减少出生缺陷和残疾行动计划（2002～2010）．中国生育健康杂志，2002，13（3）

［58］郑晓瑛．出生缺陷研究再思考．国际生殖健康/计划生育杂志，2011，30（3）

［59］姜春云．实施优生促进工程，提高出生人口素质．人民日报，2010 年 12 月 17 日

［60］张蕾，陈功，郑晓瑛．中国出生缺陷致残现状与预测．国际生殖健康/计划生育杂志，2011，30（3）

［61］国家统计局第二次全国残疾人抽样调查领导小组．2006 年第二次全国残疾人抽样调查主要数据公报（第一号）．2006

［62］国家统计局第二次全国残疾人抽样调查领导小组．2006 年第二次全国残疾人抽样调查主要数据公报（第二号）．2007

［63］卫生部．中国伤害预防报告．2007

［64］北京心理危机与干预中心．我国自杀状况及其对策．2007

［65］黄爱群，潘晓平，叶健莉，杜清．城市 5 岁以下流动儿童健康体检状况及影响因素分析．中国妇幼保健，2007（3）

［66］宋月萍，张耀光．农村留守儿童的健康以及卫生服务利用状况的影响因素分析．人口研究，2009（6）

［67］何春花等．1996～2006 年全国 5 岁以下儿童先天异常死亡流行病学分析．四川大学学报（医学版），2010（2）

［68］胡英．中国分城镇乡村人口平均预期寿命探析．人口与发展，2010，16（2）

［69］蔡昉，都阳．工资增长、工资趋同与刘易斯转折点．经济学动态，2011（9）

［70］马丁·特罗．高等教育从精英走向大众转化中的问题．国外高等教育资料，1999（1）

［71］北京大学课题组．2009 年高校毕业生就业状况调查统计．北京大学教育经济研究所、高等教育研究所简报，2009（1）

［72］李立国，黄海军．迈向高等教育强国之路——我国距离世界高等教育强国还有多远．清华大学教育研究，2010，31（1）

［73］李龙．农村大学生比重为何少了一半？．广州日报，2009 年 1 月 24 日

［74］杨东平．高等教育入学机会：扩大之中的阶层差距．清华大学教育研究，2006（1）

［75］岳昌君．规模扩大与高等教育入学机会均等化．北大教育经济研究（电子季刊），2009，7（4）

［76］徐卓婷．对中国普及学前教育的研究与思考．社会科学战线，2010（11）

［77］庞丽娟，夏靖，孙美红．世界主要国家和地区弱势儿童学前教育扶助政策研究．教育学报，2010，6（5）

［78］王广州，牛建林．我国教育总量结构现状、问题及发展预测．载蔡昉主编．中国人口与劳动问题绿皮书 No.9．北京：社会科学文献出版社，2009

［79］李其龙，张德伟主编．普通高中教育发展国际比较研究．北京：教育科学出版社，2008

［80］曲玥．人口红利：延续还是替代．载蔡昉主编．中国人口与劳动问题绿皮书 No.9．北京：社会科学文献出版社，2009

［81］陕西吴起推行免费教育，财政蛋糕优先分给教育，《人民日报》2010 年 9 月 15 日

［82］西方发达国家高等职业教育理念的启示，山东英才学院网站（http：//www.cettic.cn/zxzx/content/2010～10/21/content_245512.htm）

［83］亚洲开发银行．中国职业技术教育和培训融资政策建议．成果号 No.ARM091243，2009

［84］全国妇联．全国农村留守儿童状况研究报告．2008

［85］杨一鸣主编．从儿童早期发展到人类发展：为儿童的未来投资．北京：中国发展出版社，2011

［86］联合国儿童基金会．2012年世界儿童状况报告．2012

［87］中国卫生部．中国0～6岁儿童营养发展报告（2012）．2012

［88］中华人民共和国中央人民政府．国家中长期教育改革和发展规划纲要（2010～2020）．

［89］中华人民共和国中央人民政府．中国儿童发展纲要（2011～2020）．

［90］国务院人口普查办公室，国家统计局人口和就业统计司．中国2010年人口普查资料．

［91］中国青少年研究中心．中国少年儿童发展状况调查报告（1999～2010）．北京：人民日报出版社，2011

［92］王梦奎主编．为了国家的未来：改善贫困地区儿童营养状况试点报告．北京：中国发展出版社，2009

［93］中国发展研究基金会．贫困地区儿童早期发展项目青海试点中期评估报告．2011

［94］张秀兰，田明，刘凤芹，高颖，陈林，胡晓江．农民工养老保险调研报告．人力资源和社会保障部农民工养老保险研讨会，2009年9月15～16日

［95］张车伟．我国流动人口动态研究．研究报告，2010

［96］中国发展研究基金会．中国发展报告2010：促进人的发展的中国新型城市化战略．北京：人民出版社，2010

［97］蔡昉，都阳，王美艳．中国的劳动力转移与减贫．未出版的报告，2010

［98］国家统计局．中国人口和就业统计年鉴2010．北京：中国统计出版社，2010

［99］楚军红．中国农村产前性别选择的决定因素分析．中国人口科学，2010（1）

［100］南开大学课题组．中国治理出生性别比失调的问题和治理政策研究——社会性别视角的回顾与分析．研究报告，2009

［101］张二力．从"五普"地市数据看生育政策对出生性别比和婴幼儿死亡率性别比的影响．2005，29（1）

［102］杨菊华．"一孩半"生育政策的社会性别与社会政策视角分析．妇女研究论丛，2010，93（3）

［103］曾毅．二孩晚育软着陆方案有利于解决我国出生性别比偏高问题．社会科学，2009（8）

［104］李树茁，韦艳，任锋．国际视野下的性别失衡与治理．北京：社会科学文献出版社，2010

［105］吴帆．治理出生性别比失调公共政策的困境与"帕累托改进"路径．人口研究，2010（5）

［106］李路路．社会变迁：风险与社会控制．中国人民大学学报，2004（2）

［107］陈道银．风险社会的公共安全治理．学术论坛，2007（4）

［108］梁怡，陈星．经济社会转型中的农村妇女社会保护研究．社会保障研究，2008（1）

［109］世界银行．世界发展报告2012．2012

［110］国家人口发展战略研究课题组．国家人口发展战略研究报告．2012

［111］联合国开发计划署（UNDP）．人类发展报告1995．1995

［112］王树新等．第一代独生子女父母养老方式的选择与支持研究——以北京市为例．人口与经济，2007（4）

［113］蔡昉，孟昕．人口转变、体制转轨与养老保障模式的可持续性．比较，2004（10）

［114］费孝通．论中国家庭结构的变动．天津社会科学，1982（3）

［115］费孝通．1983家庭结构变动中的老年赡养问题：再论中国家庭结构的变动．北京大学学报，1983（3）

［116］国家统计局．2010年第六次全国人口普查主要数据公报（第1号）．2010

［117］李银河．中国家庭的演变．百科知识，2004（6）

［118］王跃升．当代中国城乡家庭结构变动比较．社会，2006（3）

［119］国家统计局．中国人口和就业统计年鉴2010．北京：中国统计出版社，2010

［120］全国老龄委．我国城市居家养老服务研究．2009

［121］风笑天．第一代独生子女父母的家庭结构：全国五大城市的调查分析．社会科学研究，2009（2）

［122］中国人民大学人口与发展研究中心．中国流动人口问题研究调查．2009

［123］全国妇联．第三期中国妇女社会地位调查．2011

［124］张秀兰，徐月宾．建构中国的发展型家庭政策．中国社会科学，2003（6）

［125］高侠丽，侯春在．家庭功能理论的研究进展．社会心理科学，2008（3~4）

二、英文部分

［1］Maddison，Angus（2001）．The World Economy：A Millennial Perspective. OECD. Paris.

［2］United Nations（2011a）．World Population Prospects，the 2010 Revision. http：//esa. un. org. /undp/wpp/index. htm.

［3］United Nations（2011b）．World Fertility Policies 2011.

［4］United Nations（2010）．World Urbanization Prospects：The 2009 Revision Population Database.

［5］Population Reference Bureau（2011）．World Population Data Sheet 2010. Washington DC.

［6］Ronald Lee（2003）．The Demographic Transition：Three Centuries of Fundamental Change. The Journal of Economic Perspectives，17（4）：167~190.

［7］Becker，G.（1960），"An Economic Framework Analysis of Fertility."In Universities-National Bureau Committee for Economic Research，Demographic and Economic Change in Developed Countries. Princeton：Princeton University Press.

［8］Tsuya，N. K.，Choe，M. K. & Wang Feng（2011），"Below Replacement Fertility in East Asia：Patterns，Factors，and Policy Implications"，Symposium on the Impact of Demographic Change in Thailand，Aprial，2011.

［9］Bloom，David and Jeffrey Williamson（1997），Demographic Transitions and Economic Miracles in Emerging Asia，*NBER Working Paper Series*，Working Paper 6268.

［10］Bloom，David. E.，David Canning，and Jaypee Sevilla. 2002. The Demographic Dividend：A New Perspective on the Economic Consequences of Population Change. Santa Monica，CA，RAND.

［11］Mason，Andrew. 2001. "Population and economic growth in East Asia," in Andrew Mason，ed. *Population Change and Economic Development in East Asia*：*Challenges Met*，*Opportunity Seized*. Stanford：Stanford University Press，pp. 1~30.

［12］Cai，Fang and Dewen Wang（2005）China's Demographic Transition：Implications for Growth，in Garnaut and Song（eds）The China Boom and Its Discontents，Canberra：Asia Pacific Press.

［13］Lee，Ronald and Andrew Mason（2006），What Is the Demographic Dividend？*Finance and Development*，Volume 43，Number 3.

［14］UNDP（2012）．Human Development Report 2011.

［15］United Nations（2010）．World Population Ageing 2009.

［16］United Nations（2011）．World Population Prospects，the 2010 Revision.

［17］Bloom, David. E., David Canning, and JaypeeSevilla. 2002. The Demographic Dividend: A New Perspective on the Economic Consequences of Population Change. Santa Monica, CA, RAND.

［18］Lee, Ronald D. 1994. "The Formal Demography of Population Aging, Transfers, and the Economic Life Cycle," in Demography of Aging. L. G. Martin and S. H. Preston. Washington, D. C., National Academy Press: 8～49.

［19］Chow, Gregory C and Lin, An-loh. Accounting for Economic Growth in Taiwan and Mainland China: A Comparative Analysis. Journal of Comparative Economics, 2002, 30 (3)

［20］Wang, Yan and Yudong, Yao. Sources of China's Economic Growth 1952～1999: Incorporating Human Capital Accumulation. China Economics Review, 2003, (14)

［21］Wolfgang Luts, Vegard Skirbekk, 2005, Policies Addressing the Tempo Effect in Low-Fertility Countries, Population and Development Review 31 (4): 703～723.

［22］McDonald, P. 2006. "Low Fertility and the State: the Efficacy of Policy." Population and Development Review 32 (3).

［23］Bongaarts, J. Fertility and reproductive preferences in post-transitional societies. In R. A. Bulatao and J. B. Casterline eds. Global Fertility Transit ion. New York, Population Council, 2001

［24］Serfert Harry E. (1935). Life tables for Chinese farmer, Milbank Memorial Fund Quarterly. 13 (3): 223～236.

［25］WHO (2011). Global Health Observatory Data Repository.

［26］WHO (2011). World Health Statistics 2011.

［27］UNDP (2011). The Challenge of HIV and AIDS: UNDP's Response to the Epidemic in China. Fastfacts. June.

［28］WHO (2011). Ten Facts on HIV/AIDS, December.

［29］WHO/World Bank (2011). World Report on Disability.

［30］Igor Rudan, et al. (2010). Causes of deaths in children younger than 5 years in China in 2008. Lancet. 375: 1083～89.

［31］Gao, Wenshu (2010), Providing an Education for Left-behind and Migrant Children, in Cai Fang (ed), *The China Population and Labor Yearbook No. 2: The Sustainability of Economic Growth from the Perspective of Human Resources*, Leiden · Boston: Brill, pp. 75～91.

［32］Heckman, James and Pedro Carneiro (2003), Human Capital Policy, *NBER Working Paper* No. 9495, 2003.

［33］Yoshihisa Godo, Estimation of Average Years of Schooling by Levels of Education for Japan and the United States, 1890～1990, Meiji Gakuin University.

［34］Bloom, Benjamin (1964). Stability and Change in Human Characteristics.

［35］Britto, Pia Rebello et al (2011). Quality of Early Childhood Development Programs in Global Contexts. *Social Policy Report* Vol. 25, No. 2: 1～23.

［36］Bundy, Donald edited (2011). Rethinking School Health: A Key Component of Education for All.

［37］Guterman, Neil (2001). Stopping Child Maltreatment Before It Starts: Emerging Horizons in Early Home Visitation Services.

［38］Heckman, James et al (2010). The Rate of Return to the HighScope Perry Preschool Program. *Journal of Public Economics* 94 (2010): 114～128.

［39］Naudeau, Sophie et al (2010). Investing in Young Children: An Early Childhood Development Guide for Policy Dialogue and Project Preparation.

［40］OECD（2006）. Starting Strong II：Early Childhood Education and Care.

［41］The World Bank & KDI School（2011）. The Regional Impact Evaluation Workshop "Evaluating the Impact of Development Programs：Turning Promises into Evidences". August 29-September 2，2011. Seoul，Korea.

［42］UNESCO（2007）. Strong Foundations：Early Childhood Care and Education.（EFA Global Monitoring Report 2007）.

［43］UNESCO（2010）. Reaching the Marginalized（EFA Global Monitoring Report 2010）.

［44］Ranis，Gustav and Fei，John C. H.（1961），A Theory of Economic Development，*The American Economic Review*，Vol. 51，No. 4，pp. 533 ~ 565.

［45］Minami，Ryoshin（1968），"The Turning Point in the Japanese Economy"，*Quarterly Journal of Economics*. Vol. 82，No. 3. Pp. 380 - 402.

［46］Chia-Yu Hung（2010），"A Discussion on the Lewisian Turning Point in Taiwan".

［47］Mason，Andrew（1987）. "National Saving Rates and Population Growth：A New Model and New Evidence，" in Population growth and economic development：Issues and evidence. D. G. Johnson and R. D. Lee. Social Demography series，Madison，Wis.，University of Wisconsin Press：523 ~ 60.

［48］Lee，Ronald（1994）. "The Formal Demography of Population Aging，Transfers，and the Economic Life Cycle，" in Demography of Aging. L. G. Martin and S. H. Preston. Washington，D. C.，National Academy Press：8 ~ 49.

［49］Adair Turner. Pension Challenges in an Aging World，Finance and Development，Volume 43，Number 3，2006.

［50］OECD（2011）. Pensions at a Glance 2011：Retirement-Income Systems in OECD and G20 Countries，Paris：OECD.

［51］Magnus，George（2009）. The Age of Aging：How Demographics Are Changing the Global Economy and Our World，Singapore：John Wiley & Sons.

［52］WHO，The global burden of disease 2004.

［53］http：//www. who. int/healthinfo/global_ burden_ disease/ 2004_ report_ update/en/index. html.

［54］Crawford，J. M.（1999）. Co-parent adoptions by same-sex couples：From loophole to law. Families in Society. *The Journal of Contemporary Human Services*. 80（3）：271 ~ 278.